U0090411

中國學術思想 研究輯刊

三二編

林慶彰 主編

第6冊

先民生存的艱難與悲喜
——《國風》讀注（修訂版）（下）

白鳳鳴 著

花木蘭文化事業有限公司

國家圖書館出版品預行編目資料

先民生存的艱難與悲喜——《國風》讀注（修訂版）（下）／
白鳳鳴 著 -- 初版 -- 新北市：花木蘭文化事業有限公司，
2020〔民109〕
目 6+174 面；19×26 公分
（中國學術思想研究輯刊 三二編；第 6 冊）
ISBN 978-986-518-278-6（精裝）
1. 詩經 2. 注釋
030.8   109011231

ISBN-978-986-518-278-6

中國學術思想研究輯刊
三二編 第六冊   ISBN：978-986-518-278-6

先民生存的艱難與悲喜
——《國風》讀注（修訂版）（下）

作　　者　白鳳鳴
主　　編　林慶彰
總 編 輯　杜潔祥
副總編輯　楊嘉樂
編　　輯　許郁翎、張雅淋　美術編輯　陳逸婷
出　　版　花木蘭文化事業有限公司
發 行 人　高小娟
聯絡地址　235 新北市中和區中安街七二號十三樓
　　　　　電話：02-2923-1455／傳真：02-2923-1452
網　　址　http://www.huamulan.tw 信箱 hml 810518@gmail.com
印　　刷　普羅文化出版廣告事業
封面設計　劉開工作室
初　　版　2020 年 9 月
全書字數　256692 字
定　　價　三二編 24 冊（精裝）新台幣 60,000 元　　版權所有・請勿翻印

先民生存的艱難與悲喜
——《國風》讀注（修訂版）（下）

白鳳鳴　著

目

次

鄭　風

　　前 806 年，距周厲王死於流放地彘已過去了二十二年，也是周宣王即位
的第二十二個年頭。這一年宣王出於「中興」考慮，封同父異母的少弟友於
鄭，是為鄭桓公。到周幽王時，鄭桓公並為王室之司徒——中央政府「五官」
之一，[1]掌土地、人口，權力不可謂不大。但王室氣數將盡，在太史伯的建
議下（六卿之一的朝中重臣勸諸侯另立），前 773 年鄭桓公徙民往「可居」之
「洛之東土、河濟之南」（《反經·雄略》太史伯語），在嵩山以東虢國、鄶國
間開闢了新的勢力範圍。[2]前 771 年，犬戎在驪山殺死了周幽王，也殺死了
隨從的鄭桓公——其子掘突立，即鄭武公。

　　鄭武公於平王二年（前 769 年）滅了鄶國，鄭國正式東遷，建都新鄭。
前 767 年又滅掉了虢國，之後又相繼滅掉了胡國、鄢（yān）國，佔領了弊、
補、丹、依、縣（róu）、歷、華等邑。大概因為護衛平王東遷有功，鄭武公也
繼任了周室司徒。

　　眼看周室日益衰微，鄭武公也就專心經營自己的一方天地。他開灘塗、
勸農桑，舉工商，固城擴邑、建鄉校，在推行一系列的「武公之略」後，國
勢漸強，國土漸大，基本上實現了太史伯曾經勾畫的「前華（潁）後河，右
洛左濟，主芣、騩（guī）而食溱、洧」之藍圖。鄭武公之子鄭莊公時，又滅
許國，敗宋國。前 707 年（周桓王十三年），鄭國對抗周室與蔡、衛、陳之聯
軍，射中了周桓王的肩膀，夜裏鄭莊公又差大夫祭仲去探慰名義上還是「天
子」的周桓王並問其左右，可見其強勢非同一般。（《左傳·桓公五年》、《周
本紀》）前 701 年鄭莊公死，次子突逐太子忽自立，是為鄭厲公——鄭國從此
走上了下坡路。

地處中原的鄭國都邑遍布，人口聚增，都城新鄭則更是一個「國際」大都會。「據天下之中，河山之會，商旅之所走集也。商旅集則財貨盛，財貨盛則聲色輳（còu）」（《詩古微‧檜鄭問答》）〔3〕──魏源意其經濟的繁榮造就了鄭詩之「淫」。〔4〕而我們所看到的，更多的是《鄭風》的苦情、纏綿、痛楚、惆悵、祈盼、失落，以及許許多多的困擾與無奈──這也是「風」詩的主要特徵。

〔1〕戰國，西漢人造《周禮》等紀西周中央政府三公（太師、太傅、太保）之下設六卿（太宰、太宗、太史、太祝、太士、太卜），六卿之下設五官：司徒掌土地、人口，司馬掌軍政、軍賦，司空掌工程，司士掌爵祿，司寇掌刑罰。

〔2〕見《鄭語》「史伯為桓公論興衰」，《史記‧鄭世家》。

〔3〕倘真如此，應該還是春秋初年鄭桓公「重商主義」打下的基礎。《左傳‧昭公十六年》子產曰：「昔我先君桓公與商人皆出自周（杜預注：「鄭本在周畿內，桓公東遷並與商人俱。」孔穎達疏：「《世本》云『鄭桓公封棫林』，即漢之京兆鄭縣是也，本在周之西都畿內也。《鄭語》稱史伯為桓公謀，使桓公寄帑〔nú 孥〕與賄於虢、鄶之國，桓公從之，其子武公遂滅虢、鄶而國之。當桓公東遷帑賄之時，並與商人俱來也」）。庸次比耦以艾（乂）殺此地（注：「庸，用也。用〔以〕次更相從耦耕」），斬之蓬蒿藜藋（diào），而共處之。世有盟誓，以相信也，曰：『爾無我叛，我無強賈（注：「無強市其物」），毋或匄（gài 丐）奪（孔穎達疏：「謂不得強匄乞奪取也」）。爾有利市寶賄（注：「賄，或作貨」），我勿與知。』恃此質誓，故能相保以至於今。今吾子以好來辱（引按：好，友好），而謂敝邑強奪商人，是教敝邑背盟誓也……」（較之「革命」與「治國」、「治民」，重商並尊重契約和財產權之思想在中國古代文獻中並不多見）

〔4〕《論語‧靈衛公》「放鄭聲，遠佞人。鄭聲淫，佞人殆」，何晏注引孔安國：「鄭聲、佞人亦俱能惑人心，與雅樂、賢人同，而使人淫亂危殆，故當放遠之。」朱熹《論語集注》沒有對「淫」作解釋，但他視《鄭風》中的大部分為「淫詩」。

謝肇淛（zhè）《五雜俎》：「夫子謂鄭聲淫。淫者，靡也，巧也，樂而過度也，艷而無實也。蓋鄭衛之風俗，侈靡纖巧，故其音亦然，無復大雅之致。」謝肇淛明萬曆年間進士，他其實沒有必要為「夫子」開脫。

鄭風・緇衣

　　和生活在任何政權下的社會底層人一樣，春秋時期的婦女同樣於生活擁有幻想的權利——歌謠的傳唱是其唯一途徑和形式。[1] 縫補的可能是一件粗紵粗麻之蔽衣破裳，但針綫的牽引中同樣寄託了對丈夫或兒子的希望。她們不但見過「田畯」（《豳風・七月》）、「里胥」、「鄰長」，甚至或還見過「退食自公」的「委蛇委蛇」（《召南・羔羊》）者——在中國，「公門」永遠是人們最嚮往的地方，即便是還沒有完全進入官僚政治（宗法影響尚餘）的春秋時代。

　　緇衣之宜兮，緇（zī）衣：黑色的衣服。《毛傳》：「緇，黑色。卿士聽朝之正服。」《鄭箋》：「緇衣者，居私朝之服也。天子之朝服，皮弁服也。」《孔疏》：「卿士旦朝於王，服皮弁，不服緇衣。……退適治事之館，釋皮弁而服（緇衣），以聽其所朝之政也。」弁，西周、春秋貴族之冠，有皮弁，爵弁。弁音見《衛風・淇奧》注。宜：稱身，合身。**敝，予又改為兮。**蔽：破。為：作，製。**適子之館兮，**適：往。館：宮舍，即「子」之治事的地方。《鄭箋》：「卿士所之之館，在天子宮，如今之諸廬也。」陳奐《傳疏》：「此言諸廬，正謂天子宮內卿士各立曹司，有廬舍以治事也。」**還，予授子之粲兮。**還：返回，歸來。粲：從米，精米做的飯食。朱熹《集傳》：「粲，餐也。或曰：粲，粟之精鑿者。」《說文》：「粲：稻重一石為粟二十斗，為米十斗，曰毇（huǐ）；為米六斗大半斗曰粲。」毇，徐灝《說文解字注箋》：「乃糲（lì）之誤。」糲米即粗米。

　　緇衣之好兮，好：朱熹《集傳》：「好，猶宜也。」**敝，予又改造兮。適子之館兮，還，予授子之粲兮。**

　　緇衣之蓆兮，蓆：寬大，言其緇衣寬大有威儀。《毛傳》：「蓆，大也。」陳奐《傳疏》：「蓆，大。與一章『宜』，二章『好』，不同義也。」**敝，予又改作兮。適子之館兮，還，予授子之粲兮。**

　　〔1〕《漢書・食貨志》「春將出民……冬，民既入，婦人同巷，相從夜績……必相從者，所以省費燎火，同巧拙而合習俗也。男女有不得其所者，因相與歌詠，各言其傷……」

鄭風·將仲子

「丈夫生而願為之有室，女子生而願為之有家；父母之心，人皆有之。不待父母之命，媒妁之言，鑽穴隙相窺，逾墙相從，則父母、國人皆賤之。」（《孟子·滕文公下》）孟子拿春秋歌謠說事，望文生義截取了《將仲子》的一個情節。實際上「逾墻相從」之情景只是一種過程性的自我愉悅——一如後世無數相類民歌一樣，《將仲子》者實際上是男性杜撰，艱難嚴峻的生存現實會倒逼出諸多心理平衡技巧。

將仲子兮，將：願，請。《毛傳》：「將，請也。」參《丘中有麻》注。仲子：兄弟中排行第二者，引為對青年男子的稱呼。**無踰我里**，踰：越，翻過。里：《毛傳》：「里，居也。二十五家為里。」《地官·遂人》：「掌邦（王國）之野。以土地之圖經（引按：規劃）田野。造縣鄙形體（區劃）之法：五家為鄰，五鄰為里，四里為酇（zàn），五酇為鄙，五鄙為縣，五縣為遂，皆有地域，溝樹之。」《漢書·食貨志》：「在野曰廬，在邑曰里。五家為鄰，五鄰為里，四里為族，五族為黨，五黨為州，五州為鄉。」**無折我樹杞**。折：折取。折其所植之樹枝求其愛，疑為當時之風俗。樹：栽種。《孔疏》：「無損折我所樹之杞木。」二、三章「樹桑」「樹檀」之「樹」皆栽種之意。杞：杞柳，枝條疏長，可編筐。朱熹《集傳》因《陸疏》云：「杞，柳屬也。生水旁，樹如柳，葉粗而白，色理微赤，蓋里之地域溝樹也。」**豈敢愛之？**愛：吝惜，不捨。《孟子·梁惠王上》有「齊國雖褊小，吾何愛一牛」句。之：指「樹杞」。**畏我父母。仲可懷也**，懷：從心，心儀。參《召南·野有死麕》注。**父母之言，亦可畏也。**

將仲子兮，無踰我墻，無折我樹桑。樹桑：朱熹《集傳》：「古者樹墻下以桑。」馬瑞辰《通釋》：「古者桑種於墻，檀種於園。《孟子》『樹墻下以桑』，《鶴鳴》詩『樂彼之園，爰有樹檀』是也。」「樹墻下以桑」語自《孟子·盡心上》，原文：「五畝之宅，樹墻下以桑，匹婦蠶之，則老者足以衣帛矣。」**豈敢愛之？畏我諸兄。仲可懷也，諸兄之言，亦可畏也。**

　　將仲子兮，無踰我園，無折我樹檀。檀：樹名。朱熹《集傳》：「檀，皮青，滑澤，材強韌可為車。」豈敢愛之？畏人之多言。仲可懷也，人之多言，亦可畏也。

鄭風·叔于田

　　「叔」者、「伯」者，同輩之稱，長伯少叔——《儀禮·士冠禮》鄭玄注：「伯仲叔季，長幼之稱。」朱熹《詩集傳》謂「或疑此亦民間男女相悅之辭也」，意「叔」類《衛風·伯兮》之「伯」。但春秋之「叔」，或更近後世民間傳頌之「二郎」、「三郎」、「四郎」者——當各種侵害和不虞災難不時威脅著聚落的群體和一定社會組織時，以詩歌的形式集體塑造和讚美一位年輕而英武有力的英雄形象，〔1〕也盡在情理之中。

　　叔于田，叔：對年青男子的稱呼。牟庭《詩切》：「叔亦少年之稱也。」田：打獵。《毛傳》：「田，取禽也。」《孔疏》：「田者，獵之別名，以取禽於田，因名曰田，故云『田，取禽也。』」巷無居人。巷：街巷。巷無居人：《孔疏》：「此皆悅叔之辭，時人言叔之往田獵也，里巷之內全似無復居人。豈可實無居人乎？有居人矣，但不如叔也，信美好而且有仁德。」豈無居人？不如叔也，洵美且仁。〔2〕洵：副詞，誠然。《鄭箋》：「洵，信也。」參《邶風·靜女》注。句類《論衡·藝增篇》「《易》曰：『豐其屋，蔀（引按：蔀音 bù，搭棚用的席。句意謂大其屋而家設棚席）其家，窺其戶，闃（qù）其無人也』；非其無人也，無賢人也」。見《易·豐》「上六」爻辭。

　　叔于狩，狩：《毛傳》：「冬獵曰狩。」馬瑞辰《通釋》：「狩又為田獵之通釋。于狩，猶于田也。」巷無飲酒。豈無飲酒？不如叔也，洵美且好。

　　叔適野，適：往。朱熹《集傳》：「適，之也。」野：郊野之地。參《周南·兔罝》注。巷無服馬。服馬：一車四馬，當中駕轅二馬稱服馬。外側的兩匹馬稱驂馬。《毛傳》：「服馬，乘馬也。」乘馬即駕轅者。豈無服馬？

不如叔也，洵美且武。武：英武。句類韓愈《送溫處士赴河陽軍序》「伯樂一過冀北之野，而馬群遂空……非無馬也，無良馬也」。

〔1〕《毛序》以為此篇之「叔」和下篇《大叔于田》之「叔」都是寫鄭莊公的弟弟大（tài）叔段的。字叔名段，「寵私過度，時呼為大叔」。封之京城，《左傳》謂之「京城大叔」。兵變失敗後出奔共，因此又稱「共叔段」。以其所為，當也不宜詩讚；而從《隱公元年》看，莊公所以能夠攻殺「多行不義必自斃」的共叔段，除力量上的懸殊外，一個很重要的原因就是在公子呂率領二百輛戰車去攻打京邑時，京邑的百姓背叛了共叔段，何來序言「叔處於京，繕甲治兵，以出於田，國人說（悅）而歸之」和「大叔得眾，國人愛之」（歐陽修《毛詩本義》）呢？「仁」至春秋後期才由孔子（前551年～前479年）提出，共叔段生於前754年，又如何「洵美且仁」？

崔述《讀風偶識》：「大抵《毛詩》專事附會。仲與叔皆男子之字。鄭國之人不啻數萬，且字仲與叔者不知幾何也。乃稱叔即以為共叔，稱仲即以為祭仲，情勢之合與否皆不復問。然則鄭有共叔，他人即不得復字叔，鄭有祭仲，他人即不得復字仲乎？」

鄭風·大叔于田

朱東潤先生認為「全詩言其士馬之盛。首章『獻于公所』一句，尤足以見叔之身份，亦統治階級之詩也」（《國風出於民間論質疑》）。詞語略顯生僻艱澀也表明這是一首刻意而為的作品──「袒裼暴虎，獻于公所」的英雄於歡呼和喝彩聲中極具悲壯色彩並獲得了某種心裏滿足，而這正為所謂「統治階級」所需要的。《漢書·匡衡傳》：「鄭伯好勇，而國人暴虎；〔1〕秦穆貴信，而士多從死；陳夫人好巫，而民淫祀；晉侯好儉，而民畜聚；太王躬仁，邠（bīn 豳）國貴恕。由此觀之，治天下者審所上而已。」

（「治天下者審所上而已」，顏師古注：「上，謂崇尚也。」「崇尚」並非建立在社會道義基礎上的認識自覺，而是一定政治作用下的反應與表現──當一切隨權力而動並形成「群氓效應」時，「勇敢」是醜陋和罪惡的。但其往往有獲，部分甚至會成為新的、級別不等的「在上者」；《晏子春秋·諫上一》「足走千里，手裂兕虎，任之以力，凌轢（lì）天下，威戮無罪，崇尚勇力，不顧義理，是以桀紂以滅，殷夏以衰」──中國歷史各色「桀紂」何其多，「勇者」何其多……）

　　叔于田，叔于田：依《詩經》冠題之例，本篇應題為《叔于田》，「大」字可能是後人所加，以別於上篇《叔于田》。**乘乘馬。**乘乘：前「乘（chéng）」作動詞，駕，乘坐。後「乘（shèng）」：古兩馬並駕一車曰「駢（pián）」，一車三馬曰「驂（cān）」，一車四馬曰「駟」，稱為一乘。《說文》：「駟，馬一乘也。」《玉篇》：「駟，四馬一乘也。」下「兩驂如舞」之「驂」指轅馬（或稱服馬）兩旁的馬，即「驂馬」。《鄭箋》：「在旁曰驂。」《九歌·國殤》有「左驂殪兮右刃傷」句。**執轡如組，**使御馬以左右緩疾，需操縱左右繮繩而為之。句言駕御馬匹的嫻熟和瀟灑自如。參《邶風·簡兮》注。**兩驂如舞。叔在藪，**藪：從草，草木茂盛的低濕地帶。《毛傳》：「藪，澤。禽之府也。」《孔疏》：「鄭有圃田，此言在藪，蓋圃田也。」王先謙《集疏》：「《韓》說曰：『禽獸居之曰藪。』」藪音見《周南 召南》注。**火烈具舉。**火烈：火盛烈貌。打獵時多人圍攏環燒草木，逼野獸出逃而獵。朱熹《集傳》：「火，焚而射也。烈，熾盛貌。」具舉：牟庭《詩切》：「火烈具舉，言列火之光，同時俱舉。」**袒裼暴虎，**袒裼（tǎnxī）：赤膊，脫去上衣。《毛傳》：「袒裼，肉袒也。」段玉裁《說文》裼字注：「《經》《傳》凡單言裼者，謂免上衣也。凡單言袒者，謂免衣肉袒也。肉袒，或謂之袒裼。《釋言》、《毛傳》皆曰『袒裼，肉袒也』是也。」《孟子·公孫丑上》：「爾為爾，我為我，雖袒裼裸裎（引按：裎音 chéng，露體）於我側，爾焉能浼（浼音 měi，污）我哉？」暴（bó）虎：空手搏虎。《毛傳》：「暴，以空手搏之。」陳奐《傳疏》：「暴、搏、捕，一語之轉。」**獻于公所。**公所：或國君所在處所，或指其他特定從場所。**「將叔無狃，戒其傷女。」**將：願，請。參《將仲子》注。狃（niǔ）：習以為常。《毛傳》：「狃，習也。」《左傳·桓公十三年》「莫敖狃於蒲騷之役，將自用也」。莫敖，楚國官名，即「司馬」。句意即莫敖習慣於蒲騷一戰的做法，必然會自以為是。戒：戒備，警惕。女：通「汝」，指「叔」。

　　叔于田，乘乘黃。黃：黃馬。《毛傳》：「四馬皆黃也。」**兩服上襄，**服：服馬。周代車為一轅，左右駕轅之馬稱服。《鄭箋》：「兩服，中央夾轅者。」朱熹《集傳》：「衡下夾轅兩馬曰服。」襄：同「驤」，駕車的馬。《鄭箋》：「襄，

駕也。上駕者，言為眾馬之最良也。」馬瑞辰《通釋》：「襄，指服馬言，當讀為驤。」或曰上襄即「前駕」。王引之《述聞》：「鄭以『上襄』為眾馬之最良，則『上』『襄』二字意不相屬。予謂上者前也，上襄猶言前駕，謂並駕於車前，即上章之『兩服齊首』也。雁行謂在旁而差後，即下章『兩驂如手』也。『上襄』於『雁行』意正相對。若以上襄為馬之最良，則於雁行迥不相涉矣。」**兩驂雁行**。雁行：指兩驂與兩服馳行協調齊整。大雁飛行直、轉皆整齊成形。《鄭箋》：「雁行者，言與中服相次序。」王先謙《集疏》：「如飛雁之有行列也。」**叔在藪，火烈具揚**。揚：指火光上升，映像。《毛傳》：「揚，揚光也。」《孔疏》：「言舉火而揚其光耳。」**叔善射忌**，忌：語詞。《毛傳》：「忌，辭也。」陳奐《傳疏》：「忌己讀聲相似，故並為語詞。」**又良御忌**。**抑磬控忌**，抑：發語詞。含「時而」意。磬（qìng）控：附身前傾掌控馬。磬，本為一種掛在架上形狀像曲尺的石製打擊樂器，此處以「磬」狀叔於車上彎腰前傾之形。胡承珙《後箋》：「磬即『磬折』之謂。《禮》凡言『磬折』者，皆謂屈身如磬之折殺。凡騁馬時，人之立於車中者，身必稍曲向前，故謂之磬。」**抑縱送忌**。縱送：縱馬驅馳。

　　叔于田，乘乘鴇。鴇（bǎo）：黑馬腹部有白色，屬上好良馬。《毛傳》：「驪（引按：馬純黑曰驪）白雜毛曰鴇。」朱熹《集傳》：「今所謂烏驄也。」陳奐《傳疏》：「謂黑馬髮白色而間有雜毛者，是曰鴇馬。色如鴇，故以鳥命馬也。」**兩服齊首**，齊首：指馬頭高低一致，並駕齊驅。**兩驂如手**。如手：指兩驂在兩服之旁協調自如。《鄭箋》：「言如人左右手之相佐助也。」**叔在藪，火烈具阜**。阜：旺盛。《毛傳》：「阜，盛也。」**叔馬慢忌，叔發罕忌**。發：發箭。罕：少，指行獵即將結束，發箭漸少。**抑釋掤忌**，釋掤（bīng）：釋，解，打開。掤：箭筒的蓋。釋掤：即打開箭筒的蓋，準備收箭。《毛傳》：「掤，所以覆矢。」《孔疏》：「叔釋掤以覆矢矣。」朱熹《集傳》：「釋，解也。」**抑鬯弓忌**。鬯（chàng）：「韔（chàng）」之借，弓袋。《孔疏》：「鬯者，盛弓之器。」朱熹《集傳》：「鬯，弓囊也。」

〔1〕鄭伯，即鄭莊公。《毛序》：「《大叔于田》，刺莊公也。叔多才而好勇，不義而得眾也。」《孔疏》：「叔負才恃眾，必為亂階，而公不知禁，故刺之。經陳其善射御之等，是多才也；『襢裼暴虎』，是好勇也；『火烈具舉』，是得眾也。」

以《匡衡傳》「鄭伯好勇」，《毛序》「叔多才而好勇」應為「叔多才而勇」，「好」為衍字。顏師古注：「言以莊公好勇之故，大叔肉袒空手搏虎，取而獻之。國人愛叔，故請之曰：勿忕（shì）為之，恐傷汝也。」忕，習慣，慣於。

鄭風・清人

魯閔公二年、鄭文公十三年（前660年），狄人入侵衛國（是年狄人曾入侵邢國，齊桓公聯合宋、曹救邢，退狄）。衛在黃河北，鄭在黃河南，鄭國恐狄渡河侵鄭，故使高克將兵於河上御之。《春秋・閔公二年》「十有二月，狄入衛。鄭棄其師——」

《左傳》：「鄭人惡高克，使帥師次於河上，久而弗召。師潰而歸，高克奔陳。鄭人為之賦《清人》。」（杜預注：「高克，鄭大夫也，好利而不顧其君，文公惡之而不能遠，故使帥師而不召。《清人》，《詩・鄭風》也，刺文公退臣不以道，危國亡師之本」）

《公羊傳》：「鄭棄其師者何？惡其將也。鄭伯惡高克，使之將，逐而不納，棄師之道也。」（何休注：「鄭伯素惡高克，欲去之無由，使將師救衛，隨後逐之，因將師而去。其本雖逐高克，實棄師之道，故不書逐高克，舉棄師為重，猶趙盾加殺也。」徐彥疏：「謂實逐克，但舉棄師為重；實趙穿弒君，但舉加弒為重相似。」趙穿弒君見《宣公二年》）

《穀梁傳》：「鄭棄其師，惡其長也。兼不反其眾，則是棄其師也。」（范甯注：「長謂高克也。高克好利，不顧其君。文公惡而遠之不能，使高克將兵禦狄於竟〔境〕。陳其師旅，翱翔河上，久而不召，眾將離散。高克進之不以禮，文公退之不以道，危國亡師之本。」楊士勛疏：「解經稱棄師之意，為惡高克不顧其君，又責鄭人不反其眾，故經書『鄭棄其師』也」）

《毛序》取《左傳》，加「公子素惡高克……故作是詩也」，孔穎達疏：「文公之時，臣有高克者，志好財利，見利則為，而不顧其君。文公惡其如是，而欲遠離之，而君弱臣強，又不能以理廢退。適值有狄侵衛，鄭與衛鄰國，恐其來侵，文公乃使高克將兵禦狄於竟（境）。狄人雖去，高克未還，乃陳其師旅，翱翔於河上。日月經久，而文公不召，軍眾自散而歸，高克懼而奔陳。

文公有臣鄭之公子名素者，惡此高克進之事君不以禮也，又惡此文公退之逐臣不以道，高克若擁兵作亂則是危國，若將眾出奔則是亡師。公子素謂文公為此，乃是危國亡師之本，故作是《清人》之詩以刺之。」

朱熹於《詩集傳》中引胡氏（寅）不平道：「人君擅一國之名寵，生殺予奪，惟我所制耳。使高克不臣之罪已著，按而誅之可也。情狀未明，黜而退之可也。愛惜其才，以禮馭之亦可也。烏可假以兵權，委諸竟上，坐視其離散而莫之恤乎？」

陰謀比明火執仗也更讓人無從防備和應對。高克境遇不佳，但經學家們於此詩解得有些失算──顯示出的是國君鄭文公卑劣陰暗的一面。向使高克是一個被嫉妒和饞毀的中流砥柱者，徘徊於河上的他，該如何面對「家國」？

清人在彭，清人：清，鄭國邑名。《毛傳》：「清，邑也。」《鄭箋》：「清者，高克所率眾之邑。」王先謙《集疏》：「據《易林》『清人高子』，知克亦清邑之人，故率其同邑之眾，屯於丘邑彭地。」彭：鄭國黃河邊上的地名。《毛傳》：「彭，衛之河上，鄭之郊也。」馬瑞辰《通釋》：「蓋衛鄭接界之地。」二、三章「消」「軸」皆黃河邊鄭國地名。**駟介旁旁。**駟：一車套四馬，因以稱一車所駕之四馬或駕四馬之車。《鄭箋》：「駟，四馬也。」《說文》：「駟，一乘也。」段玉裁注：「四馬為一乘。」介：《毛傳》：「甲也。」朱熹《集傳》：「駟介，四馬而披甲也。」旁旁：狀車馬馳驅不息。朱熹《集傳》：「旁旁，馳驅不息之貌。」**二矛重英，**二矛：戰車上所備兩矛。王夫之《稗疏》：「而云『二矛』者，二俱酋矛也。一車之器仗凡三種：擊兵，殳也；鉤兵，戟（jǐ）也；刺兵，酋矛。常制：將執弓，右用矛，臨敵則唯所使用。『二矛』猶《小戎》之『有二弓』，右持矛而弓備，將執弓而矛備，因勢之遠近則隨用。」重（chóng）：雙重。英：本為「華（花）」之意，此引為矛之纓絡。《毛傳》：「重英，矛有英飾也。」朱熹《集傳》：「英，以朱羽為矛飾也。」聞一多《類鈔》：「英，矛之英飾，染赤羽為之。英飾非一，故曰重。」**河上乎翱翔。**河：黃河。翱翔：指遨遊、逍遙。此處有譏諷並同情其無奈之意。《孔疏》：「言高克所率清邑之人，今在於彭地。狄人以去，無所防禦，高克乃使四馬披甲馳驅敖遊，旁旁然不息。」

清人在消，駟介麃麃。麃麃（biāo）：英勇威武貌。《毛傳》：「麃麃，武貌。」**二矛重喬，**重喬（chóngjiāo）：重，雙重。喬，「鷮（jiāo）」之省借，野雞的一種，此指其羽毛。陸德明《釋文》：「喬，……雉名。《韓詩》作鷮。」陳奐《傳疏》：「《毛詩》作喬為假字，《韓詩》作鷮為本字，謂以鷮羽飾矛也。」**河上乎逍遙。**

清人在軸，駟介陶陶。陶陶：《毛傳》：「馳驅之貌。」**左旋右抽，**旋：轉動，指轉動身體。抽，指抽刀等動作。左旋右抽，指在車上指揮作戰或訓練的動作。朱熹《集傳》：「抽，拔刃也。」聞一多《類鈔》：「身左旋，以右手抽拔兵刃，以習刺擊。」馬瑞辰《通釋》：「左旋者，謂將左手執旗指麾以相周旋，其作進退之節。故《傳》以左旋為講兵。」**中軍作好。**中軍：春秋時大國軍隊分上、中、下三軍（一說左、右、中三軍），其中以中軍的地位為高，中軍的將官為主帥。此「中軍」應指高克，譏諷之辭。聞一多《類鈔》：「此中軍即高克。」作好：意即作秀。《毛傳》：「居軍中為容好。」馬瑞辰《通釋》：「將在軍中，作容好之事耳。」

鄭風・羔裘

後來的鄭國比不得鄭莊公時期。文公末年至簡公初幾十年的時間裏，鄭國夾在晉楚兩強之間，幾無寧日。直到子產為相後實行一系列的改革措施，[1] 鄭國始才又重新強盛了起來——鄭定公（簡公之子）十一年（前 519 年）「定公如晉。晉與鄭謀，誅周亂臣，入敬王於周」（《鄭世家》，《春秋・昭公二十六年》「冬十月，天王入於成周」），周敬王因避「子朝之亂」出居狄泉，晉國主導，鄭國也有協助，可見國勢尚可。《左傳・昭公十六年公》（前 526 年）晉國韓宣子（韓起）來訪，鄭六卿餞之於郊，宣子請皆賦詩一首，「起亦以知鄭志」。子產賦《羔裘》，杜預注：「取其『彼己之子，舍命不渝』，『邦之彥兮』，以美韓子。」《左傳》雖多「文學」，但也可能說明這首詩鄭人是熟悉的。作為「文學」之形象，「羔裘如濡」、「羔裘豹飾」、「羔裘晏兮」之描寫，或是褒揚，也可能是貶諷——鄭國從君室至民間從來就是「複雜」的。

羔裘如濡，羔裘：羔皮製成的裘衣。《鄭箋》：「緇衣、羔裘，諸侯之朝服也。」如：連詞，而。陳奐《傳疏》：「如，猶而也，如濡，而濡也。凡《傳》云如雲言盛，如雨言多，如水言眾，如雪言鮮潔，……皆借他物作比方之詞，如猶若也，與此如字不同義。」濡（rú）：柔而有光澤。《毛傳》：「如濡，潤澤也。」陳奐《傳疏》：「《傳》以潤澤釋經之濡字，言羔裘光色潤澤然也。」**洵直且侯**。洵：信，誠然。參《叔于田》注。直：正直。侯：美。《毛傳》：「侯，君也。」朱熹《集傳》：「侯，美也。」馬瑞辰《通釋》：「古字訓君者，多有美義。」**彼其之子**，彼其之子：指「羔求如濡，洵直且侯」之人。參《王風·揚之水》注。**舍命不渝**。渝：改變。《毛傳》：「渝，變也。」

羔裘豹飾，豹飾：用豹皮綴飾皮衣的袖口。《毛傳》：「豹飾，緣以豹皮也。」**孔武有力**。孔：甚。參《周南·汝墳》注。**彼其之子，邦之司直**。邦：邦國。司：《毛傳》：「司，主也。」直：公正，正直。陳奐《傳疏》：「主直者，猶《論語》云主忠信也。」見《論語·學而》。

羔裘晏兮，晏：鮮艷，華美。《毛傳》：「晏，鮮艷貌。」**三英粲兮**。英，本為華（花）之意（陶淵明《桃花源記》「落英繽紛」），此處或指裘衣上纓絡一類的綴飾，或指上章之豹飾。朱熹《集傳》：「三英，裘飾也。」聞一多《類鈔》：「疑即上之豹飾，凡三例，故曰三英。」又《毛傳》：「三英，三德也。」《鄭箋》：「三德，剛克，柔克，正直也。」粲：朱熹《集傳》：「鮮明也。」**彼其之子，邦之彥兮**。彥：美士曰彥。周代稱升入大（tài）學的優秀子弟為「俊士」。《淮南子·泰族訓》：「故智過萬人者謂之英，千人者謂之俊，百人者謂之豪，十人者謂之傑。」

〔1〕「經典」不但頌君，也頌「臣」。《襄公三十年》紀子產讓城市和鄉村各有章法而區分，上下尊卑各有職責，田有封洫，廬舍人家與土地相望。對卿大夫，「忠儉者，從而與之；泰侈者，因而斃之」。開始人們不能接受，唱道：「取我衣冠而褚之，取我田疇而伍之。孰殺子產，吾其與之！」過了三年人們得到了子產為政帶來的實惠，於是又唱道：「我有子弟，子產誨之。我有田疇，子產殖之。子產而死，誰其嗣之？」《左傳》劇情，《公羊傳》、《穀梁傳》或不屑之而無書。

鄭風・遵大路

　　明人戴君恩認為是一首春秋版的「走西口」：「明是有情語耳。孟郊『欲別牽郎衣，郎今到何處？不恨歸來遲，莫向臨邛（qióng）去』，正此意也。」（《詩風臆評》）。清人郝懿行說此詩是「民間夫婦反目，夫怒欲去，婦懼而挽之」（《詩問》），姚際恒「故舊於道左言情，相和之辭」（《詩經通論》）。或曰，詩人在某種意義上的政治聯手中被離棄了——回到《左傳》故事中看。

　　遵大路兮，遵：沿著。《毛傳》：「遵，循」。參《周南・汝墳》注。**摻執子之祛兮。**摻（shǎn）：持，握。《毛傳》：「摻，攬。」祛（qū）：袖口，泛指袖子。《毛傳》：「祛，袂也。」陳奐《傳疏》：「祛、袂異材，祛為袂之口，《傳》云：『祛，袂。』渾言不別也」。**無我惡兮，**惡：厭惡。無我惡，即「無惡我」之倒文。**不寁故也！**寁（jié，又音 zǎn）：速，迅速。《爾雅・釋詁》：「寁，速也。」朱熹《集傳》：「攬其祛而留之曰：子無惡我而不留，故舊不可遽（jù）絕也。」遽，急。又俞樾《平議》：「寁之，言接也。……首章言無我惡兮，不寁故也，次章言無我醜（chǒu）兮，不寁好也，謂無以惡我醜我之故而不接續故舊之情好也。」故：故交。

　　遵大路兮，摻執子之手兮！無我醜兮，醜：《毛傳》：「棄也。」《鄭箋》：「醜，亦惡也。」朱熹《集傳》：「醜，與醜同。欲其不以己為醜而棄之也。」**不寁好也！**好：舊好。不寁好也：意即「不要如此快就忘記了昔日之好」。

鄭風・女曰雞鳴

　　「女崔起而士尚戀枕衾」，錢鍾書《管錐編・毛詩正義》中數列與《女曰雞鳴》堪相連類者：
　　「可憐烏臼鳥，強言知天曙。無故三更啼，歡子冒暗去。」〔1〕
　　「打殺長鳴雞，彈去烏臼鳥，願得連暝不復曙，一年都一曉。」〔2〕
　　「繡帳羅幃隱燈燭，一夜千年猶不足。惟憎無賴汝南雞，天河未落猶爭啼。」〔3〕
　　「長恨雞鳴別時苦，不遣雞棲近窗戶。」〔4〕

「翠羽花冠碧樹雞，未明先向短牆啼，窗間謝女青蛾斂，門外蕭郎白馬嘶。」〔5〕

「誰知可憎病鵲，夜半驚人，薄媚狂雞，三更唱曉。」〔6〕

「歡寢方濃，恨雞聲之斷愛，恩憐未洽，歎馬足以無情。」〔7〕

「寒雞鼓翼紗窗外，已覺恩情逐曉風。」〔8〕

……

皆後世人文人情調，繾綣和脂粉氣過了些。《詩經》詩代的人們還沒有學會如此耽溺，也達不到六朝和唐人貪享的水平。天亮了，貧苦人該起身去射點野鴨飛雁什麼的。如此生活時人認為已足以歌之、詠之。〔9〕當然，作品不是詩中的「女」與「士」所作。（春秋道學下移民間，「官學」不再矜持）

女曰：「雞鳴」。士曰：「昧旦。」 昧：昏暗。旦：天亮。昧旦，指天將亮未亮之黎明時分。朱熹《集傳》：「昧，晦。旦，明也。昧旦，天欲旦，晦明未辨之際也。」**「子興視夜，明星有爛。將翱將翔，弋鳧與雁。」** 興：起。視夜：觀察夜色、夜空。明星：指啟明星。天將亮時，啟明星現於東方天空。《爾雅·釋天》「明星謂之啟明」，郭璞注：「太白星也，晨見東方為啟明，昏見西方為太白。」爛：明亮。《鄭箋》：「明星尚爛爛然。」**將翱將翔**：指下句的鳧與雁將翱將翔。姚際恒《通論》：「鳧、雁宿沙際蘆葦中，亦將起而翱翔，是可以弋之之時矣。」弋：用生絲作綫繩繫在箭尾射鳥。《鄭箋》：「弋，繳射也。」《孔疏》：「繳射謂以繩繫矢而射也。《說文》云：『繳，謂生絲為繩也。』」繳：繫在箭尾上的絲繩。《孟子·告子上》「一心以為有鴻鵠將至，思援弓繳而射之」。繳音見《衛風·槃》注。

「弋言加之，與子宜之。宜言飲酒，與子偕老。琴瑟在御，莫不靜好。」 言：連詞，相當於「而」。加：射中。朱熹《集傳》：「加，中也。《史記》所謂『以弱弓微繳加諸鳧雁之上』是也。」見《楚世家》。宜之：宜其「士」而為之，指烹調打回來的鳧雁。《毛傳》：「宜，肴也。」朱熹《集傳》：「宜，和其所宜也。《內則》所謂『雁宜麥（引按：雁肉宜配食麥）』之屬是也。射者，男子之事，而中饋，婦人之職。故婦謂其夫既得鳧雁以歸，則我當為子和其滋味之所宜，以之飲酒相樂，期於偕老。」御：用，作，此

指彈奏。朱熹《集傳》：「而琴瑟之在御者，亦莫不安靜而和好。」姚際恒《通論》：「既飲酒而琴瑟間作，乃見其莫不靜好矣。」

　　「知子之來之，雜佩以贈之。知子之順之，雜佩以問之。知子之好之，雜佩以報之。」從詩上下情節和所言內容看，第三章句中「子」似仍應指「士」，即六句均為「女」之言。吳闓生《會通》：「篇中凡云子者，皆謂其夫也。」來：到來。朱熹《集傳》：「來之，致其來者。……婦又語其夫曰：我苟知子之所致而來，及所親愛者，則將解此雜佩以送遺報答之。」雜佩：身上佩戴的珠玉美石等飾物。《毛傳》：「雜佩者，珩（héng）、璜（huáng）、琚、瑀（yǔ）、衝牙之類。」朱熹《集傳》：「雜佩者，左右佩玉也。上橫曰珩，下繫三組，貫以蠙（bīn）珠（指蚌珠、珍珠）。中組之半，貫一大珠曰瑀。末懸一玉，兩端皆銳曰衝牙。兩旁組半，各懸一玉，長博而方曰琚（jū）。其末各懸一玉，如半璧而內向曰璜。又以兩組貫珠，上繫珩兩端，下交貫於瑀，而下繫於兩璜，行則衝牙觸璜而有聲也。」順：和順，親愛。《鄭箋》：「順，謂與己和順。」朱熹《集傳》：「順，愛。」問：饋贈。《毛傳》：「問，遺也。」陳奐《傳疏》：「遺人物謂之問。」好：相愛。《鄭箋》：「好，謂與己同好。」

　　〔1〕六朝樂府《烏夜啼》。

　　〔2〕《讀曲歌》第五十五首。

　　〔3〕南朝（梁陳）‧徐陵《烏棲曲》之二。

　　〔4〕唐‧李廓《雞鳴曲》。

　　〔5〕唐‧溫庭筠《贈知音》。

　　〔6〕唐‧張文成《遊仙窟》句。

　　〔7〕五代（後周）‧王仁裕《開元天寶遺事‧雞聲斷愛》中劉國容與郭昭述書句。「長安名妓劉國容，有姿色，能吟詩，與進士郭昭述相愛，他人莫敢窺也。後昭述釋褐，授天長簿，遂與國容相別。詰旦赴任，行至咸陽，國容使一女僕馳矮駒賚短書云：『歡寢方濃，恨雞聲之斷愛；恩憐未洽，歡馬足以無情。使我勞心，因君減食。再期後會，以結齊眉。』長安子弟多誦諷焉。」

〔8〕唐‧崔涯《雜嘲》。

〔9〕《子貢詩傳》：「夫婦相戒以勤生樂善，美之賦《女曰雞鳴》。」（《子貢詩傳》或係明人偽託，豐坊編本）

鄭風‧有女同車

　　青海民歌裏的那位牧羊姑娘永遠「在那遙遠的地方」。人們想像著，希望她的皮鞭能夠輕輕輕打在自己的身上。而這位顏如舜花的「孟姜」（姜姓齊國以出美女聞名，「鄭風」中便也有了美女之代稱者「孟姜」）就坐在身旁和自己同車翱翔——還有什麼比這更愜意的事呢？春秋時人們對愛情的心理體驗和審美不遜後世。

　　有女同車，顏如舜華。顏：容顏。舜：木名，又名木槿（jǐn），錦葵科，落葉灌木。夏秋開白色、粉紅或紫紅色花。《毛傳》：「舜，槿也。」又王夫之《稗疏》：「舜字或作蕣，字從草，草類非木。……其華雖不雅，而亦鮮媚，以比美女之顏，所謂施朱太赤，施粉太白，在紅白之間也。」**將翱將翔**，翱、翔：本指鳥翱翔而飛，此指同車外出遨遊，有滿足快樂之意。**佩玉瓊琚**。瓊琚：見《王風‧木瓜》注。**彼美孟姜**，孟姜：意即「姜家大姑娘」，借「孟姜」言同車之女之美，非實指「孟姜」。《毛傳》：「孟姜，齊之長女。」參《鄘風‧桑中》注。**洵美且都**！洵：信，誠然。參《羔裘》注。都：閒雅。《毛傳》：「都，閒也。」朱熹《集傳》：「都，閒雅也。」陳奐《傳疏》：「《傳》訓都為閒，閒當作嫺，古嫺字。」錢鍾書《管錐編‧毛詩正義》：「程大昌《演繁露》續集卷四：『古無村名，今之村，即古之鄙野也；凡地在國中邑中則名之為都，都，美也。』楊慎《升菴太史全集》卷四二、七八本此意說《詩》曰：『山姬野婦，美而不都』，又據《左傳》『都鄙有章』等語申之曰：『閒雅之態生，今諺云京樣，即古之所謂都……村陋之狀出，今諺云野樣，即古之所謂鄙』；趙翼《陔餘叢考》卷二二亦曰：『都美本於國邑，鄙樸本於郊野。』竊有取焉。人之分『都』、『鄙』，亦即城鄉、貴賤之判，馬融《長笛賦》『尊卑都鄙』句可參，實勢利之一端。」〔1〕參《召南‧江有汜》注引童書業說。

有女同行，顏如舜英。英：花。**將翱將翔，佩玉將將**。將將：同「鏘鏘」，佩玉相擊之聲。《毛傳》：「將將，鳴玉而後行。」陸德明《釋文》：「玉佩聲。」**彼美孟姜，德音不忘！**德音：美好動聽的話語。參《邶風・谷風》注。按：「德音」自西周傳來，從前的廟堂之「雅」辭被各國的「風」詩用來「言志」，亦莊亦諧，亦淚亦笑。

〔1〕《演繁露》為南宋程大昌撰學術筆記，十六卷，續集六卷；楊慎號升菴，明朝「三大才子（解縉、楊慎、徐渭）」之一，文學家，楊廷和之子；《陔餘叢考》為清代學者趙翼所撰學術筆記。

鄭風・山有扶蘇

朱熹獨具慧眼：「淫女戲其所私者曰：山則有扶蘇矣，隰則有荷華矣，今乃不見子都，而見此狂人，何哉？」（《詩集傳》）如果以為春秋人男子前歌《有女同車》，女子後答《山有扶蘇》，則是天真，後世戲劇之場景不會出現在周代「人民」的實際生活中——他們在最現實的生存問題中艱難度過，唯將傷痛傾訴於沉默之泥土。

山有扶蘇，扶蘇：或作「扶疏」，樹木枝葉繁茂分披貌。王先謙《集疏》：「扶疏謂大木枝柯四布。」方玉潤《原始》：「蓋枝葉扶蘇，乃茂木耳。」**隰有荷華。**隰：低濕之地。參《邶風・簡兮》注。荷華：荷花。有大而美之意。《毛傳》：「荷華，扶渠也，其華菡萏。」**不見子都，**子都：美男名字，後代指美男子。《毛傳》：「子都，世之美好者也。」《孟子・告子上》「至於子都，天下莫不知其姣也」。**乃見狂且。**狂且：《毛傳》：「狂，狂人也。且，辭也。」又馬瑞辰《通釋》：「且當為伹（qū）字之省借。《說文》：『伹，拙也。』……狂伹謂狂行拙鈍之人。」

山有橋松，橋：通「喬」。王先謙《集疏》：「橋、喬古通作，言高松也。」**隰有游龍。**游龍：游，意枝葉舒展放縱。龍，「蘢」之借，即「水葒（hóng）草」。夏秋開淡紅色或白色小花。馬瑞辰《通釋》：「龍即蘢之省借。」朱熹《集

傳》：「游，枝葉放縱也。龍，菾草也。」**不見子充，**子充：人名，未見有考。《毛傳》：「子充，良人也。」從與之對應的「狡童」看，可能是當時人們所熟悉的一個誠實穩健之美男，也許僅詩者所知，也可能因「子都」杜撰其「子充」，「民歌」中的這種牽強是有可能的。**乃見狡童。**狡童：朱熹《集傳》：「狡獪（kuài）之小兒也。」

鄭風‧蘀兮

朱熹棄漢說，聯繫《叔于田》、《衛風‧伯兮》之「叔」「伯」——「此淫女之詞」，認為《蘀兮》是一首「愛情詩」。句式和韻律或脫自某種夯歌——至少其編創者於夯歌是熟悉的。〔1〕（當勞動不堪承受其重而又無法逃避時，包括夯歌在內的歌聲就成為一種有效的舒解。苦役無止，那沉重的石夯在節奏上揚的、憂傷的應和聲中被「叔兮」「伯兮」——黑手的他們被領唱者呼之為「叔兮」「伯兮」，高高扯上了半空，仰首面對的不知是暑天驕陽還是漫天飛雪？）

蘀兮蘀兮，蘀（tuò）：秋天之落葉。《毛傳》：「蘀，槁也。」《鄭箋》：「槁，謂木葉也。木葉槁，待風乃落。」又王夫之《稗疏》考「蘀」為草名。**風其吹女。**女：汝，指落葉。**叔兮伯兮，**叔、伯：男子之稱，少者為叔，長為伯。此為泛稱。朱熹《集傳》：「叔、伯，男子之字也。」參《叔于田》、《衛風‧伯兮》注。**倡，予和女！**倡：倡導，引為帶頭唱。女：汝，指「叔」、「伯」。倡予和女：即「予倡女和」之倒文。

蘀兮蘀兮，風其漂女。漂：同「飄」。《毛傳》：「漂，猶吹也。」陸德明《釋文》：「漂，本亦作飄。」**叔兮伯兮，倡，予要女！**要：和，會，合。陳奐《傳疏》：「要，亦和也。」聞一多《類鈔》：「要，會也。歌者以聲相會合，即和。」

〔1〕《韓非子‧外儲說左上》：「宋王與齊仇也，築武宮，謳癸倡，行者止觀，築者不倦。王聞，召而賜之。對曰：『臣師射稽之謳又賢於癸。』王召射稽使之謳，行者不止，築者知倦。王曰：『行者不止，築者知倦，其謳不勝，如癸美，何也？』

對曰:『王試度其功』。癸四板,射稽八板;摘其堅,癸五寸,射稽二寸。」謳,徒歌,此處指領唱。杜文瀾《古謠諺‧凡例》:「謳有徒歌之訓。」癸,人名。倡,同「唱」,指首唱。射稽,人名。度,指計量檢查築墻功效。板,築墻時兩側用的夾板,一板長一丈,廣二尺。句意即癸領唱夯歌時只築了四塊板的墻,射稽領唱時築了八塊板的墻。摘(zhì),同「擲」。句意即用擲(石塊)的辦法檢測墻的堅硬度,癸領唱時築的墻砸進去五寸,射稽領唱時築的墻砸進去二寸,即射稽領唱時的墻築得又多又堅。

鄭風‧狡童

朱熹:「此亦淫女見絕而戲其人之詞。言悅己者眾,子雖見絕,未至於使我不能餐也。」(《詩集傳》)一如後世之民歌,生活的苦澀常常借題於「情歌」宣洩。「狡童」當指男性,而這類歌謠的編唱者,恰又皆是男性。

彼狡童兮,狡童:指狡猾的少年男子。此處非貶意,有愛怨之意。**不與我言兮。維子之故,**維:通「唯」。維子之故:只因為你的緣故。**使我不能餐兮!**餐:用餐。下章「食」義同。

彼狡童兮,不與我食兮。維子之故,使我不能息兮!息:平靜。朱熹《集傳》:「息,安也。」

鄭風‧褰裳

「子惠然而思我,則將褰裳而涉溱以從之。子不我思,則豈無他人之可從,而必於子哉?」(朱熹《詩集傳》)此時的溱(zhēn)水洧(wěi)水流淌得該是多麼歡暢!

子惠思我,惠:予。**褰裳涉溱。**褰:提起。褰音見《邶風‧匏有苦葉》注。裳:裙。上衣稱衣,下衣稱裳。溱:鄭國河名。**子不我思,**不我思:即「不思我」之倒文。**豈無他人?狂童之狂也且!**狂童:此「狂童」無貶意,指熱烈而放達的年少男子。也且:語助詞。參《邶風‧北風》注。

子惠思我，褰裳涉洧。洧：鄭國河名。子不我思，豈無他士？
朱熹《集傳》：「士，未娶妻之稱。」狂童之狂也且！

鄭風・丰

相較漢人，朱熹「淫詩」說於回歸「風」詩本義是進步。「鄭衛之樂，
皆為淫聲。然以《詩》考之，衛詩三十有九，而淫奔之詩才四之一。鄭詩二
十有一，而淫奔之詩已不翅（啻）七之五。衛猶為男悅女之辭，而鄭皆為女
惑男之語。衛人猶多刺譏懲創之意，而鄭人幾於蕩然無復羞愧悔悟之萌……」
（《詩集傳》）朱熹語正印證了鄭詩之魅力。《丰》一類鮮活之詩於衛、鄭或
只是「平常一首歌」──「風」詩凡「叔兮伯兮」仿女子口吻者皆非女子所
作。

子之丰兮，丰：指身軀容貌豐闊美好。《毛傳》：「丰，豐滿也。」俟
我乎巷兮。乎：介詞，於。悔予不送兮！送：隨，從行。胡承珙《後
箋》：「送猶致也。《荀子·富國》篇注：『送，致也。』春秋言致女者，即以
女援婿之謂。此女悔其不行，故託於其家之不致，非自謂其不送男子也。」《富
國》原文：「男女之合，夫婦之分，婚姻娉內送逆無禮，如是，則人有失合之
憂，而有爭色之禍矣。」王先謙注：「聘，問名也。內，讀曰納，納幣也。送，
致女。逆，親迎也。」

子之昌兮，昌：《毛傳》：「盛壯也。」俟我乎堂兮。堂：門堂。悔
予不將兮！將：義同上章「送」。《毛傳》：「將，行也。」《鄭箋》：「將亦送
也。」參《召南·鵲巢》注。

衣錦褧衣，前衣字：用作動詞，穿衣。下句「裳」同。衣、裳上下
本為一體，詩分兩行，鋪陳錦衣華麗之需。下章同。衣錦褧衣，即「衣錦
衣褧」，下句句式同。《毛傳》：「衣錦褧裳，嫁者之服。」參《衛風·碩人》
注。按：《鹽鐵論·散不足》：「古者，男女之際（引按：指婚姻關係）尚矣，
嫁娶之服，未之以記（記錄下來）。及虞、夏之後，蓋表布內絲，骨笄（笄
音 jī，簪子）象珥（象牙做的環），封君夫人加錦尚褧而已。今富者皮衣朱

貉（紅色貉皮衣），繁路（同「繁露」，指垂玉之帽）環珮，中者長裾（長袍）交褘（帶子），璧（美玉）瑞瑲珥。」戰國、秦漢受封邑之諸侯夫人方「加錦尚褧」，可見詩中所言是下民百姓對生活的一種嚮往和想像。**裳錦褧裳。叔兮伯兮，**叔、伯：《毛傳》：「叔、伯，迎己者。」參《蘀兮》、《叔于田》、《衛風·伯兮》注。陳奐《傳疏》：「謂婿之從者也」**駕予與行！**駕：駕車迎接。

　　裳錦褧裳，衣錦褧衣。叔兮伯兮，駕予與歸！

鄭風·東門之墠

　　「門之旁有墠（shàn），墠外有阪（bǎn），阪之上有草，識其所與淫者之居也。室邇人遠者，思之而未得見之詞也。」（朱熹《詩集傳》）東門外芳草芊芊，在坡上茹藘（lú）的親切的氣息裏，婦人望得見田地遠處栗樹下那一片矮矮的房屋——深婉熱切的愛戀之心，不知歸往於她心儀已久的哪一間？

　　東門之墠，東門：都城之東門。〔1〕《毛傳》：「東門，城東門也。」墠：《毛傳》：「墠，除地町町者。」除，修，整治。町町，整齊、平正之貌。王先謙《集疏》：「韓說曰：墠猶坦也。」《釋名·釋州國》「鄭，町也。其地多平，町町然也」。**茹藘在阪。**茹藘：茜草，其根可作紅色的染料。阪：山坡。《毛傳》：「男女之際近而易，則如東門之墠；遠而難，則如茹藘之在阪。」**其室則邇，**邇：近。**其人甚遠。**

　　東門之栗，栗：栗樹。**有踐家室。**有踐：即踐踐，排列整齊成行。朱熹《集傳》：「踐，行列貌。門之旁有栗，栗之下有成行列之家室。」**豈不爾思？**豈不爾思：即「豈不思爾」。**子不我即！**即：《毛傳》：「就也。」《鄭箋》：「我豈不思望女乎，女不就迎我而俱去耳。」《孔疏》：「我豈不於女思為室家乎，但子不以禮就我，我無由從之。」子不我即：即「子不即我」之倒文。參《衛風·氓》注。

〔1〕此「東門」與下《出其東門》者同；《邶風·北門》、《陳風·東門之枌（fén）》、《東門之池》、《東門之楊》者皆其都城之門。除《北門》「出自北門」、《出其東門》「出其東門」，餘皆不能確定詩者方位視角是自其「門」內還是「門」外。但《東門之池》「漚麻」、「漚苧（zhù）」、「漚菅（jiān）」之勞作場景屬於「庶人」（或稱「庶民」、「鄙人」或「氓」）是肯定的——郊遠「野」、「鄙」、「遂」地之民接近到了都城之「東門」，說明春秋鄉遂制度和社會結構較西周已發生大改變。而《東門之墠》「東門之栗，有踐家室」、「其室則邇，其人甚遠」則表明，「國人」（都城中「鄉」之居民）、「庶民」之界限已經打破。參楊寬《西周春秋的鄉遂制度和社會結構》（《西周史》，p421～p453），並見《衛風·氓》注。

鄭風·風雨

《毛序》：「《風雨》，思君子也。亂世則思君子不改其度焉」，《孔疏》：「言風而且雨，寒涼淒淒然。雞以守時而鳴，音聲喈喈然。此雞雖逢風雨，不變其鳴，喻君子雖居亂世，不改其節。今日時世，無復有此人。若既得見此不改其度之君子，云何而得不悅？言其必大悅也。」〔1〕但是，「風雨」既如晦，雞鳴也枉然，「既見君子……」不過設言而已。春秋一句借物起興的「詩」，一種晦暗的政治意象，至後世王權與專制主義之下始終趨之不散……〔2〕

風雨淒淒，淒淒：《集傳》：「淒淒，寒涼之氣。」**雞鳴喈喈。**喈喈（jiē）：本為眾鳥和鳴之聲，此指雞鳴聲。參《周南·葛覃》注。**既見君子，**既：已。君子：尊愛之稱。**云胡不夷！**云：句首語助詞。胡：何。夷：靜。朱熹《集傳》：「夷，平也。」參《召南·草蟲》注。

風雨瀟瀟，瀟瀟：指風雨持續淒清。段玉裁《詩經小學》：「風雨瀟瀟是淒清之意。」**雞鳴膠膠。**膠膠：眾雞鳴聲。馬瑞辰《通釋》：「膠膠，即嘐嘐（jiāo）之假借。」**既見君子，云胡不瘳！**瘳（chōu）：病癒。朱熹《集傳》：「瘳，病癒也。言積思之病至此而愈也。」

風雨如晦，晦：《毛傳》：「昏也。」陳奐《傳疏》：「昏者，晝冥之意。」韓愈《謝自然》詩有「白日變幽晦，蕭蕭風景寒」句。**雞鳴不已。既見君子，云胡不喜！**

〔1〕戴溪《續呂氏家塾讀詩記》：「《風雨》，美君子亂世不改其度，非思君子也。世雖離亂，豈無君子？但不用爾。舉國多小人，有君子焉，遭亂若此，一見其容貌，夷則心無磊坷（luǒ），瘳則意無隱憂，不惟愈疾而已，繼之以欣喜焉，蓋得其所罕見也。遭亂之人，心易鬱結，多戚鮮歡，見德人則其意消矣。」

〔2〕魯迅《亥年殘秋偶作》：「曾驚秋肅臨天下，敢遣春溫上筆端。塵海蒼茫沉百感，金風蕭瑟走千官。老歸大澤菰蒲盡，夢墜空雲齒髮寒。竦聽荒雞偏闃寂，起看星斗正闌干。」詩 1935 年 12 月 5 日寫給友人許壽裳。許曰：「此詩哀民生之憔悴，狀心事之浩茫，感慨百端，俯視一切，棲身無地，苦鬥益堅，於悲涼孤寂中，寓熹微之希望焉。」（《〈魯迅舊體詩集〉跋》）

鄭風・子衿

「青青子衿，悠悠我心。但為君故，沉吟至今」（《短歌行》），這是曹操的心情。當年他於《子衿》一定也鍾愛有加，但作為政治家的他隱去了頂重要的四句：「縱我不往，子寧不嗣音？」「縱我不往，子寧不來？」情人的若即若離和人才的闕如一樣使人憂思惆悵。

青青子衿，衿（jīn）：衣領，指下連到前襟的衣領，後作「襟」。《毛傳》：「青衿，青領也，學子之所服。」**悠悠我心。縱我不往，**縱：縱使。**子寧不嗣音？**寧：何，引為「難道」。陳奐《傳疏》：「寧猶何也。寧不，何不也。」聞一多《類鈔》：「縱然我沒有去找你，難道你就不送一聲歌來打個招呼？」嗣：傳寄。陸德明《釋文》：「嗣，《韓詩》作詒。詒，寄也。曾不寄問也。」音：音訊。嗣音，即連續傳寄的音信。（後用以稱覆信）

青青子佩，佩：或指掛佩玉的帶子。**悠悠我思。縱我不往，子寧不來？**

挑兮達兮，挑達：亦作「佻達」，獨自往來行走，含不安義。《孔疏》：「挑達為往來貌。」又聞一多《類鈔》：「挑達（雙聲連語），往來輕疾貌。」**在城闕兮。**闕（què）：《說文》：「闕，門觀也。」城闕：城門兩邊的瞭望閣樓。嚴粲《詩緝》：「城上之高闕。」**一日不見，如三月兮。**

鄭風·揚之水

西周、春秋一夫多妻（或曰一妻多「妾」）正應了恩格斯《家庭、私有制和國家的起源》關於古代婚姻的相關論述。而其合「禮」化則是女性在「人」的意義上的權益被剝奪。詩中「兄弟」為婚姻之稱，「無信人之言，人實迕（kuāng）女」，「無信人之言，人實不信」——緊張而反覆忠告之實則已時過境遷。一首或為「貴族」婦人間傳唱的歌謠。

揚之水，揚：水悠遠緩流貌。**不流束楚**。束楚：捆紮成束的荊條。與下章「束薪」，參《王風·揚之水》注。〔1〕**終鮮兄弟**，終：既，已。馬瑞辰《通釋》：「終猶既也，已也。」參《王風·葛藟》注。鮮：少。《鄭箋》：「鮮，寡也。」朱熹《集傳》：「兄弟，婚姻之稱，《禮》所謂『不得嗣為兄弟』是也。」見《禮記·曾子問》。**維予與女**。維：通「唯」，只。**無信人之言**，言：指他人的離間之言。**人實迕女**。迕：《毛傳》：「誑也。」女：汝。

揚之水，不流束薪。束薪：捆紮成束的柴。**終鮮兄弟，維予二人。無信人之言，人實不信**。信：誠實，可信任。

〔1〕在「風」詩三首以《揚之水》為題的作品中，《鄭風》者一章首二句同《王風》者二章首二句，二章首二句同《王風》者一章首二句；《唐風》者每章首句「揚之水」——「王」「鄭」「唐」三地相接，「歌謠」中出現的相同詞句不難理解。但反覆以「揚之水」起興，足見其情結之深。春秋時世，包括「大河」在內的河水曾傳唱太多悲喜故事，遠非《國風》二三「詩」所能道。

鄭風·出其東門

《左傳·桓公十一年》（鄭莊公四十三年），當初鄭國權臣祭仲為鄭莊公迎娶鄧國曼姓女子，生了忽，因而祭仲在莊公死後要立忽為君。宋國大夫雍氏也把女兒雍姞（jí）嫁給了鄭莊公，生了突。雍氏誘騙祭仲將其抓起來，威脅說：「如果你不立公子突為國君，我就把你處死。」祭仲於是就和宋國訂了盟約，答應在突回去後立其為君。當年九月十三日，忽逃到了衛國，二十五日突被立為國君，是為鄭厲公。

　　《桓公十五年》（鄭厲公四年），祭仲專權，鄭厲公對此很憂慮，使祭仲的女婿雍糾設法將其殺死。雍糾的妻子雍姬得知後告訴了祭仲，祭仲殺了雍糾，鄭厲公逃亡到了蔡國。六月二十二日，忽回國即位，是為鄭昭公。

　　《桓公十七年》（鄭昭公二年），當初鄭莊公曾打算讓高渠彌做卿相，昭公厭惡，便堅決勸阻，但莊公不聽。昭公即位後高渠彌害怕被殺，就在十月二十二日殺了昭公，立昭公的兄弟子亹（wěi，又音 wěn）為國君，在位不足一年（未諡）。

　　《桓公十八年》（鄭子亹元年），齊襄公率師駐紮在離鄭國邊境不遠處的衛地首止，子亹前往會見，高渠彌為其助手。七月三日，齊人殺了子亹，車裂高渠彌。祭仲到陳國迎子亹的兄弟公子嬰（字子儀）回國做了國君。

　　《莊公十四年》（鄭子嬰十四年），流亡的鄭厲公從鄭國的櫟邑帶兵侵入鄭都，行至大陵，俘獲了鄭國大臣傅瑕。傅瑕說：「如果放了我，我將設法使你回國再為君。」鄭厲公和傅瑕訂了盟約後赦免了他。六月二十日，傅瑕殺死了還未諡號的子嬰和他的兩個兒子，厲公重新即位。

　　事情分別發生在前 701 年、前 697 年、前 695 年、前 694 年、前 680 年。二十餘年的時間裏如此政局，同袍共剪，蒼生死滅，便是卿大夫和士人們，日子又能好過到哪裏去呢？〔1〕

　　出其東門，東門：城門有東西南北，東為日出之方，聚陽，故先秦時城東門外往往形成較大廣場，重大政治活動和集會多在東門。王先謙《集疏》：「鄭城西南門為溱、洧二水所徑，故以東門為遊人所集。」**有女如雲。**有女：《鄭箋》：「有女，謂諸見棄者也。」**雖則如雲，**雖則：連詞連用。參《周南・汝墳》注。**匪我思存。**匪：非。思存：黃焯《平議》：「言女之見棄者雖多，困急者雖眾，奈非我之所能救拯，意謂非無救恤之心，政以亂離之際，恐自身之室家亦不得保也。故末二句即陳願自身室家得保之意，其辭意至為哀切。《傳》以『縞衣』『綦巾』分屬男女言，正取與《序》『男女相棄，民人思保其室家』之語相應。」**縞衣綦巾，**縞：本為白色的絹，引為白色。《毛傳》：「縞衣，白色，男服也。」綦（qí）：青灰色。《毛傳》：「綦巾，蒼艾色，女服也。」巾：佩巾，亦稱大巾，類似圍裙的婦女所用「蔽膝」。參《召南・野有死麕》注。又，朱熹《集傳》：「縞衣綦巾，女服之貧陋者，此人自目其

室家也。」**聊樂我員。**聊：聊且。黃焯《平議》：「其以『聊』為願，云『願室家得相樂』，『願』之為言，即難期相保之意。」聊樂我員：《孔疏》：「言我出其鄭城東門之外，有女被棄者眾多如雲。然女既被棄，莫不困苦。詩人閔之，無可奈何，言雖則眾多如雲，非我思慮所能存救。以其眾多，不可救拯，唯願使昔日夫妻更自相得，故言彼服縞衣之男子，服綦巾之女人，是舊時夫妻，願其還自配合，則可以樂我心云耳。詩人閔其相棄，故願其相得則樂。」員（yún）：語助詞。《孔疏》：「云、員古今字，語助辭也。」

出其闉闍，闉闍（yīndū）：城門外層的護門曲城。《毛傳》：「闉，曲城也。闍，城臺也。」《孔疏》：「《釋宮》云：『闍謂之臺。』是闍為臺也。出謂出城，則闍是城上之臺，謂當門臺也。闍既是城之門臺，則知闉是門外之城，即今之門外曲城是也。」《爾雅·釋宮》：「闍謂之臺，有木者謂之榭。」**有女如荼。**荼：茅、葦的花。《毛傳》：「荼，英荼也。」茅花盛而繁，此「荼」對應上章「雲」，亦言女子多矣。馬瑞辰《通釋》：「如荼如雲，皆取眾多之意。」**雖則如荼，匪我思且。**思且：《鄭箋》：「『匪我思且』，猶『非我思存』也。」且：語助詞。**縞衣茹藘，**茹藘：茜草，可作紅色染料。對應上章「縞衣綦巾」，此處代指絳紅色的佩巾。《毛傳》：「茹藘，茅蒐之染女服也。」《鄭箋》：「茅蒐，染巾也。」朱熹：「茹藘，可以染絳，故以名衣服之色。」參《鄭風·東門之墠》注。**聊可與娛。**娛：《毛傳》：「娛，樂也。」《孔疏》：「詩人言我出其鄭國曲城門臺之外，見有女被棄者眾多……彼服縞衣之男子，服茹藘之女人，是其舊夫妻也，願其還得配合，可令相與娛樂。閔其相棄，故願其相樂。」正《孟子·梁惠王下》「民老弱轉乎溝壑，壯者散而之四方」「兄弟妻子離散」者。

〔1〕《毛序》：「《出其東門》，閔亂也。公子五爭，兵革不息，男女相棄，民人思保其室家焉。」但朱熹卻以為於《出其東門》中終於看到了「正人君子」，於是不無欣慰地慨歎道：「人見淫奔之女而作此詩。以為此女雖美且眾，而非我思之所存，不如己之室家，雖貧且陋，而聊可以自樂也。是時淫風大行，而其間乃有如此之人，亦可謂能自好而不為習俗所移矣。」（《詩集傳》）原來他將一字之差的「有女如雲」聯想成了「美女如雲」！

鄭風・野有蔓草

　　「民人」，從西周、春秋時就是政權之「民人」而非社會之公民。當婚姻（與生育）也由政權干預並成為一種責任和義務時，《王風・中谷之蓷》「遇人之不淑」或成為普遍現象——反向的《野有蔓草》一類的歌謠便會於民間產生，一種無路可走的生存智慧。而「清揚婉兮」清純明麗之審美取向，又足令後世病態者慚愧。

　　野有蔓草，蔓草：蔓延之草，枝莖蔓生，木本曰藤，草本曰蔓。《周南・葛覃》、《王風・葛藟》、《王風・采葛》等篇之「葛」皆此類蔓生植物。**零露溥兮。**零：落。溥（tuán）：從水，露多貌。《毛傳》：「溥，溥然盛多也。」朱熹《集傳》：「男女相遇於野田草露之間，故賦其所在以起興。」**有美一人，清揚婉兮。**清揚：目清眉揚，臉龐舒闊美麗。婉：嫵媚，美好貌。朱熹《集傳》：「眉目之間，婉然美也。」參《鄘風・君子偕老》注。**邂逅相遇，**邂逅：不期而遇。**適我願兮。**

　　野有蔓草，零露瀼瀼。瀼瀼（ráng）：從水，露水珠繁密貌。《毛傳》：「瀼瀼，盛貌。」朱熹《集傳》：「瀼瀼，亦露多貌。」**有美一人，婉如清揚。邂逅相遇，與子偕臧。**臧：善，引為「滿意」。朱熹《集傳》：「臧，美也，於之偕臧，言各得其所欲也。」

鄭風・溱洧

　　關於《溱洧》，應劭《風俗通》：「《韓詩》曰：『三月桃花水之時，鄭國之俗，三月上巳於溱、洧兩水之上，執蘭招魂，祓（fú）除不祥也。』」

　　《後漢書・袁紹傳》李賢注：「《韓詩》曰：『溱與洧，方洹洹（huán）兮。』」薛君注云：『鄭國之俗，三月上巳之辰，兩水之上招魂續魄，拂除不祥，故詩人願與所說（悅）者俱往也。』」

　　《史記・鄭世家》張守節正義引《括地志》：「洧水在鄭州新鄭縣北三里，古新鄭城南。《韓詩外傳》云『鄭俗，二月桃花水出時，會於溱、洧水上，以自祓除。』」

　　《史記·鄭世家》、《國語·鄭語》、《左傳》等都沒有《韓詩外傳》所言「鄭俗」之紀——「傳」且言所欲言牽強無據，何況是「外傳」！（西漢韓嬰作？）「流觴曲水」、「修禊（xì）事」或起於晉時，[1]春秋人大抵還顧不得「三月三日天氣新，溱洧水邊多麗人」。

　　范家相《三家詩拾遺》（清代第一部三家《詩》專著）：「《韓傳》但言三月上巳，士女秉蘭祓除水濱，與所悅者俱往，而無他詞。其曰所悅者，謂士與士、女與女各有平日所悅之人。即『伊其相謔』，亦是士、女各就其所悅者，與之相謔耳。世無道路相逢士女雜沓互相戲謔淫奔之理」——

　　然而「淫奔」是可能並允許、甚至是鼓勵的。何況「鄭國之土地寬平，人物繁麗，情意駘蕩，風俗淫泆」（輔廣《詩童子問》）——與《序》意正好相反，詩並非「刺」而是「美」。[2]讀得「淫風大行」之效果正是作詩之目的——《溱洧》繁鬧盛景的巨幅風俗畫背後，是鄭國國君或周天子於婚姻——人口——戰爭的思維鏈接。

　　溱與洧，溱、洧：鄭國兩河流名。即《鄭風·褰裳》之「溱」「洧」。」陳奐《傳疏》：「然則溱入洧，徑鄭城之西，城南為溱洧合流，今謂之雙泊河，鄭城西南，皆溱洧所經。溱小洧大，故下文但言洧之外，舉洧以該（引按：該同賅，兼）溱也。」**方渙渙兮**。方：正，正當。渙渙（huàn）：水流盛大貌。《毛傳》：「渙渙，盛也。」《鄭箋》：「仲春之時，冰以釋，水則渙渙然。」朱熹《集傳》：「渙渙，春水盛貌。蓋冰解而水散之時。」王先謙《集疏》：「《韓》『渙』作『洹』，云盛貌也。謂三月桃花水下之時至盛也。《齊》作『灌』，《魯》作『汍（wán）』。」**士與女**，士與女：與下文「維士與女」皆指其他集遊之男女。「女曰」和「士曰」之女、之士，是指特定對話的（未婚）女子和男子。參《召南·野有死麕》注引孔廣森《經學卮言》。**方秉蕑兮**。秉：執；或秉而佩之。姚際恒《通論》：「秉者，身秉之，不必定是手執也。」蕑（jiān）：多年生草本植物，香草名，亦名蘭草。《毛傳》：「蕑，蘭也。」**女曰：「觀乎？」士曰：「既且。」**既：已經。《鄭箋》：「既，已也。士曰已觀矣。」且：語詞。**「且往觀乎！」**且：姑且，有慫恿勸說之意。**洧之外，洵訏且樂**。洵：副詞，誠然。參《有女同車》注。訏（xū）：寬，大。《毛傳》：「訏，大也。」洵訏且樂：朱熹《集傳》：「其地信寬大而可樂也。」**維士與女，**

維：語助詞，加強語氣。維士與女，意即「那些男男女女啊」。**伊其相謔，**
伊：「咿」之借，即「咿呦（yīyōu）」之聲詞，或指眾語混雜。韓愈等《遠遊
聯句》中有孟郊「巴語相咿嚘（yōu）」句。又馬瑞辰《通釋》：「伊者，㗏之
假借。《廣雅》：『㗏，笑也』。《玉篇》《廣韻》並曰：『㗏，笑貌』。㗏者，戲
謔之貌。」或曰連詞，《鄭箋》：「伊，因也。士與女往觀，因相與戲謔，行夫
婦之事。其別，則送女以勺藥，結恩情也。」其：然。下章「其」皆為「然」。
謔（xuè）：調笑。**贈之以勺藥。**勺藥：一種香草，非今之勺藥花。又名「江
蘺」，屈原《離騷》中有「扈江蘺於辟芷兮，紉秋蘭以為佩」。《毛傳》：「勺藥，
香草。」朱熹《集傳》：「三月開花，芳色可愛。」又王先謙《集疏》：「韓說
曰：勺藥，離草也。言將離別，贈此草也。」

　　溱與洧，瀏其清矣。瀏（liú）：水深而清澈。《毛傳》：「瀏，深貌。」
《說文》：「瀏，流清貌。……《詩》曰：『瀏其清矣。』**士與女，殷其盈
矣。**殷：眾多，指遊人稠密。《毛傳》：「殷，眾也。」**女曰：「觀乎？」
士曰：「既且。」「且往觀乎！」洧之外，洵訏且樂。維士與
女，伊其將謔，**將：朱熹《集傳》：「將，當作相，聲之誤也。」馬瑞辰《通
釋》：「將謔，猶相謔也。」**贈之以勺藥。**

　　〔1〕見王羲之《蘭亭集序》。姚際恒在《詩經通論》中認為「祓禊」之俗起於漢
時，「今以言詩，蓋附會之說也」。《後漢書・禮儀志上》：「是月上巳（農曆三月上旬
巳日為上巳），官民皆潔於東流之上，曰洗濯祓除去宿垢疢（引按：疢音 chèn，熱病，
引為病）為大潔。潔者，言陽氣布暢，萬物訖出。始潔之矣。」李賢注：「謂之禊也。
《風俗通》曰：《周禮》『女巫掌歲時以祓除疾病』。禊者，潔也。……蔡邕曰：《論語》
『暮春者，春服既成，冠者五六人，童子六七人，浴乎沂，風乎舞雩，詠而歸。』自
上及下，古有此禮。今三月上巳，祓禊於水濱，蓋出於此……《韓詩》曰：『鄭國之
俗，三月上巳，之溱、洧兩水之上，招魂續魄，秉蘭草，祓除不祥。』《漢書》：『八
月祓灞水』，亦斯義也。」

　　〔2〕《毛序》：「《溱洧》，刺亂也。兵革不息，男女相棄，淫風大行，莫之能救
焉。」《鄭箋》：「男女相棄，各無匹偶，感春氣並出，託採芬香之草，而為淫泆之行。」

齊　風

　　前 656 年春天，齊桓公率諸侯軍侵入蔡國，蔡軍潰敗。接著又去攻打楚國，楚成王派使臣來到軍中問曰：「君處北海，寡人處南海，唯是風馬牛不相及也。不虞君之涉吾之地也，何故？」隨從的管仲回曰：「昔召康公命我先君大公曰：『五侯九伯，女（汝）實征之，以夾輔周室。』賜我先君履，東至於海，西至於河，南至於穆陵，北至於無棣。」（《左傳‧僖公四年》）管仲的底氣來自齊國之實力。齊是武王克商後所封異姓貴族中版圖最大的國家，開國之君「太公」姜尚。姜本羌，原是西土之族，因勇武善戰而強強聯合，世代與周之姬姓貴族通婚，在其克商立周的過程當中甚有功。「三監」作亂，東夷叛周，周公給了姜尚如管仲所說的征伐權，齊國漸成周王室東部的大國和強國。春秋初期，齊國與魯、紀等國戰事不斷。到齊桓公時，任用管仲進行改革，發展經濟，擴充軍備，國力富強，齊國又成了春秋第一霸主。前 651 年，齊桓公於夏秋兩次盟會魯、宋、衛、鄭、許、曹等國於葵丘（《僖公九年》），周襄王使孔宰賜桓公以祭肉、大車、龍旗（《齊語》），且特許桓公無需下拜。霸主既稱，桓公以「尊王攘夷」為口號聯合中原諸侯討伐戎、狄、徐、楚以安定周室，確立了其實質共主的地位。《左傳》在敘寫齊國強盛顯赫的同時，留心其深宮後幃之事。點滴詳盡的婚姻男女之紀，使齊國姜姓貴族以多出大美之人而驕傲的同時，也以接連不斷的緋聞醜事而羞愧，連衛國和魯國那些「不可道也」的事情，也多緣於姜姓嫁出去的公主。作為文學的「風」詩不無怨憤地要「道」出那些「中薆之言」——《左傳》故事的杜撰者和兩漢「經學家」們串通一氣，王權思想或使他們看不慣一個「九合諸侯，一匡天下」[1]諸侯國的強大。

〔1〕《史記·貨殖列傳》：「太公望封於營丘，地潟（xì）鹵，人民寡，於是太公勸其女功，極技巧，通魚鹽，則人物歸之，繈（qiǎng）至而輻湊。故齊冠帶衣履天下，海岱之間斂袂而往朝焉。其後，齊中衰，管子修之，設輕重九府，則桓公以霸，九合諸侯，一匡天下；而管氏亦有三歸，位在陪臣，富於列國之君。是以齊富強至於威、宣也。」潟鹵，指不適宜耕種的鹽鹼地。寡，少。女功，指相關紡織之業。人物，指人和物。繈，本義穿好的綫。輻，車輪之輻木；湊，聚集。輻湊，形容四方人與物來歸，如車之輻木簇集於車轂。冠帶衣履天下，意即天下冠帶衣履皆仰之於齊。海岱，海，指渤海；岱，指泰山。「海岱之間」即指整個山東半島。斂袂，整理衣袖。司馬貞索引：「言齊既富饒，能冠帶天下，豐厚被於他邦，故海岱之間斂衽而朝齊，言趨利者也。」修，修治、整頓。輕重，戰國稷下學人託名管仲作《管子》，《輕重》篇論述生產、分配、交易、消費和財政等經濟方面的問題。此處指財政和經濟管理。時齊國頗有「市場經濟」意味。九府，張守節正義：「管子云『輕重』謂錢也。夫治民有輕重之法，周有大府、玉府、內府、外府、泉府、天府、職內、職金、職幣，皆掌財幣之官，故云九府也。」參《周禮·天官》。匡，匡正。三歸，樓臺名，傳管仲所修，意其財勢之大。陪臣，天子以諸侯為臣，諸侯以大夫為臣，因而大夫之於天子是「陪臣」。威，指齊威王；宣，指齊宣王，「田齊」政權之君，時已「戰國」。

齊風·雞鳴

　　錢鍾書《管錐編·毛詩正義》「憎聞雞聲又一例」：「莎士比亞劇中寫情人歡會，女曰：『天尚未明（It is not yet near day）；此夜鷩啼，非雲雀鳴也。』男曰：『雲雀報曙，東方雲開透日矣』（the severing clouds in yonder East）。女曰：『此非晨光，乃流星耳』（It is some meteor）。可以比勘。」〔1〕錢先生以詩解詩給人以無限的聯想空間。但實際的情況可能只是一首排遣苦悶與憂愁的「民歌」。作者的身份無論居於何種層次，其創作水平均非同一般，這個生活的橫截面截取得既生動又真實。

　　「**雞既鳴矣。朝既盈矣。**」既：已。朝（zhāo）：早晨。盈：滿，指晨光滿室。〔2〕「**匪雞則鳴，**則：助詞，之。**蒼蠅之聲。**」

　　「**東方明矣，朝既昌矣。**」昌：日光。《說文》：「昌……一曰：日光也。《詩》曰『東方昌也。』」「**匪東方則明，月出之光。**」

「**蟲飛薨薨，甘與子同夢。**」薨薨（hōng）：摹蟲子群飛之聲。參《周南‧螽斯》注。甘：樂，願，樂於。「**會且歸矣，無庶予子憎。**」會：適值，今語「輪到」之意。且：將要。庶：庶幾，希冀之詞。無庶，即「庶無」之倒文。嚴粲《詩緝》：「無庶，猶庶無，古人辭急倒用也。」予子：嚴粲《詩緝》：「予子，吾子也，稱其所昵也，愛而稱之之辭也。《秦風》婦愛其夫稱『予美』，《大雅》商人愛武王稱『予侯』。」按：嚴氏所例舉「《秦風》婦愛其夫稱『予美』」，阮刻本《秦風》中無「予美」之句。《陳風‧防有鵲巢》中有「誰侜予美」，《唐風‧葛生》中有「予美亡此」句。「予侯」自《大雅‧大明》「維予侯興」句。無庶予子憎：嚴粲《詩緝》：「庶無為吾子所憎也。」憎：恨，引為怨。

〔1〕《羅密歐與朱麗葉》（朱生豪譯）第五場，原情節為：

〔羅密歐及朱麗葉上；兩人在窗前〕

朱麗葉：你現在就要去了嗎？天亮還有一會兒呢。那刺進你驚恐的耳膜中的，不是雲雀，是夜鶯的聲音；它每天晚上在那邊石榴樹上歌唱。相信我，愛人，那是夜鶯的歌聲。

羅密歐：那是報曉的雲雀，不是夜鶯。瞧，愛人，不作美的晨曦已經在東方的雲朵上鑲起了金綫，夜晚的星光已經燒盡，愉快的白晝蹦足踏上了迷霧的山巔。我必須到別處去尋找生路，或者留在這兒束手等死。

朱麗葉：那光明不是晨曦，我知道，那是從太陽中吐射出來的流星，要在今夜替你拿著火炬，照亮你到曼多亞去。所以你不必急著要走，再耽擱一會兒吧。

……

〔2〕《雞鳴》一章之「朝」，舊多解為「朝廷」；三章之「會」，多解為「朝會」。認為此詩是「思賢妃」、「妻勸促其夫早朝」、「刺荒淫」、「刺某公」、「勸某公」，也有認為是「賢妃請君早起視朝」者，云云。

唯陸侃如、馮沅君二先生認為「此詩所寫，乃是幽會將終，男女二人臨別時的對話」，打破自漢以來的貫解。「我們以為詩中『朝』字『會』字並非指群臣來朝。朝即晨，『朝既昌矣』與『東方明矣』同義。《說文》（七上），『昌，日光也』。《廣雅》（釋言），『昌，光也』，均可證。『朝既盈』之盈，即《禮記》（禮運）『是以三五而盈』之盈，《疏》『謂月光圓滿』，此處指日光。至於『會』字，吳昌瑩《經詞衍釋》

（補遺）說，『《詩》「會伐平林」《集傳》，「會，值也。」《趙策》「適會公子無忌奪晉鄙軍以救趙擊秦」，適會，適值也。即適逢其會之謂也。引申之，則為詞之傾也，詞之旋也。《詩》「會且歸矣」，言頃刻即將歸去也。（且，將也）。《傳》訓會為會於朝，殊為不詞。』……每章前二句是一個人的話，後二句又是一個人的話。前者主張快走，因為天已明；後者說天尚未明，還可苟延片刻。前者沒法，只好仍然『同夢』；但也不能長久，後者終於同意歸去。我們讀了，不禁佩服作者描寫心理的細緻。」（《中國詩史》上，人民文學出版社 1956 年，p67）「會伐平林」為《大雅·生民》句。

陸、馮二先生確解無疑。但漢人也未必真以為《雞鳴》「思賢妃也。哀公荒淫怠慢，故陳賢妃貞女夙夜警戒相成之道焉」（《毛序》），兩漢「經學」，一言難盡。

齊風·還

像民間的絕活兒一樣，「民歌」中這種工巧的狡黠和自得比比皆是——日暮煙塵古道裏歌聲的背後蘊結著的是勞動的艱辛、狩獵的高難。而在田相逢互道讚譽卻又堪比「貴族」——春秋人將生命的存在發掘並上升到精神和心理層面，從而盡可能將生存質變為「生活」。

子之還兮，還（xuán）：通「旋」，敏捷、矯健貌。《毛傳》：「還，便捷之貌。」**遭我乎猺之間兮。**遭：遇到。《孔疏》：「士大夫在田相逢，歸說其事，此陳其辭也。」猺（náo）：齊國山名。《說文》：「猺山地，在齊地。……《詩》曰：『遭我於猺之間兮』。」**並驅從兩肩兮，**從，引為「追逐」。肩：通「豜」，大的野豬。陸德明《釋文》：「肩，本亦作豜。」《廣雅》：「獸一歲為豵，二歲為豝，三歲為肩，四歲為特。」參《召南·騶虞》注。**揖我謂我儇兮。**揖：作揖，拱手禮。儇（xuān）：敏捷，嫻熟。《毛傳》：「儇，利也。」《孔疏》：「言其便利馳逐。」陳奐《傳疏》：「利猶閒也，閒於馳逐也。」

子之茂兮，茂：《毛傳》：「美也。」指獵術完美。陳奐《傳疏》：「美者，謂習於田獵也。」**遭我乎猺之道兮。並驅從兩牡兮，**牡：雄獸。參《邶風·雄雉》注。**揖我謂我好兮。**

子之昌兮，昌：健壯。《毛傳》：「昌，盛也。」參《鄭風・丰》注。**遭我乎猱之陽兮。**陽：山之南曰陽。**並驅從兩狼兮，揖我謂我臧兮。**臧：善。楊樹達《述林》「說字之屬中」：「臧本從臣從戈會意。」

齊風・著

　　無數的先秦歌謠就這樣飄過川谷原隰和地平綫的那一邊，在天際雲間穿過層層歲月延續了下來。男有《鄭風・有女同車》、《陳風・東門之池》而歌，女有《著》屬而吟——艱難中總有別一種希冀與祈盼，總有一種堅強存活下去的姿態與樂觀，這應該是先民最為感動後世人的地方之一。《國風》以詩歌的名義向人們提供了這種信息。

　　俟我於著乎而，俟：等待，引為「迎」「候」。著：通「宁（zhù）」。大門內有屏風墻，亦即後世所謂「照壁」、「影壁」。大門和屏風墻之間稱著（宁）。《毛傳》：「門屏之間曰著。」《爾雅・釋宮》：「門屏之間謂之宁。」聞一多《類鈔》：「著亦庭地，但近門爾。」乎而：齊國方言語尾助詞。**充耳以素乎而，**充耳：男子冠上的一種裝飾品。冠之兩側各繫一條絲繩稱之紞（dǎn），至耳邊打成一個飾結稱之為纊，纊下懸玉石之類稱之為瑱，因為纊下之瑱正好能塞耳，故稱其飾為「充耳」。參《衛風・淇奧》、《邶風・靜女》、《鄘風・君子偕老》注。素：白，指白絲帶。《鄭箋》：「所以縣（懸）瑱者，或名為紞，織之，人君五色，臣則三色而已。此言素者，目所先見而云。」聞一多《類鈔》：「素、青、黃，皆紞之色。」**尚之以瓊華乎而！**尚：朱熹《集傳》：「加也。」瓊華：和下面的瓊瑩、瓊英，均指玉瑱。瓊為赤玉，華、瑩、英均指玉的光澤。姚際恒《通論》：「瓊，赤玉，貴者用之。華、瑩、英，取協韻，以贊其玉之色澤也。」

　　俟我於庭乎而，庭：庭院。朱熹《集傳》：「庭，在大門之內，寢門之外。」**充耳以青乎而，尚之以瓊瑩乎而！**

　　俟我於堂乎而，堂：堂屋，即正房。**充耳以黃乎而，尚之以瓊英乎而！**

齊風·東方之日

將宋玉《神女賦》中的七言句摘出是：「白日初出照屋樑；皎若明月舒其光。羅紈綺繢（huì）盛文章，極服妙采照萬方。步裔裔兮曜（yào）殿堂，宛若遊龍乘雲翔。」〔1〕

《東方之日》大概比《神女賦》早三百年以上，雖不及其「淫麗」「誇飾」，〔2〕但以日、月興喻所美之女則是同樣的情致。太陽，月亮——春秋人的愛意何其明麗而溫馨。

東方之日兮，馬瑞辰《通釋》：「古者喻人顏色之美，多取比喻日月。《詩》『月出皎兮』，《箋》：『喻婦人有美色之白晳也。』宋玉《神女賦》：『其始來也，耀乎若白日初出照屋樑。其少進也，皎若明月舒其光。』義本此詩。」**彼姝者子**，姝：美，和美。參《鄘風·干旄》注。子：指女子。馬瑞辰《通釋》：「彼姝者子，蓋指女子言。」**在我室兮。在我室兮，履我即兮。**履：踏。朱熹《集傳》：「履，躡（niè）。」躡，即踩、踏之意。楊樹達《述林》：「愚謂與《大雅·生民篇》『履帝武敏』之履義同。」《史記·淮陰侯列傳》「張良、陳平躡漢王足」。即：《鄭箋》：「就也。」朱熹《集傳》：「言此女躡我之跡而相就也。」

東方之月兮，彼姝者子，在我闥兮。闥（tà）：《毛傳》：「門內也。」王先謙《集疏》：「切言之則闥為小門，渾言之則門以內皆為闥，故《毛傳》『闥，門內也』。」**在我闥兮，履我發兮**。楊樹達《述林》：「古人席地而坐，安坐則膝在身前，故行者得踐坐者之膝也。……履我發者，謂踐我足也……此蓋男女間互相愛慕時之詩，履即履發，皆示愛之事，被履者得之，喜而形諸歌詠也。」或曰發，行。朱熹《集傳》：「發，行去也。言躡我而行去也。」

〔1〕《神女賦》：「茂矣美矣，諸好備矣。盛矣麗矣，難測究矣。上古既無，世所未見，瑰姿瑋態，不可勝贊。其始來也，耀乎若白日初出照屋樑；其少進也，皎若明月舒其光。須臾之間，美貌橫生。曄兮如華，溫乎如瑩，五色並馳，不可殫（引按：殫，盡其形貌）形。詳而視之，奪人目精。其盛飾也，則羅紈綺繢（繢，繪，綉）盛

文章，極服妙采照萬方。振綉衣，被袿（袿音 guī，華麗的上衣）裳。襛（襛艷盛之衣）不短，纖不長，步裔裔兮曜殿堂。忽兮改容，婉若遊龍乘雲翔。」

〔2〕劉勰《文心雕龍·詮賦》：「宋發巧談，實始淫麗。」《誇飾》：「自宋玉、景差，誇飾始盛。」景差為楚國辭賦家。《史記·屈原列傳》：「屈原既死之後，楚有宋玉、唐勒、景差之徒者，皆好辭而以賦見稱。」

齊風·東方未明

《毛序》：「《東方未明》，刺無節也。朝廷興居無節，號令不時，挈（qiè）壺氏不能掌其職焉。」《孔疏》：「所以刺之者，哀公之時，朝廷起居，或早或晚，而無常節度，號令召呼不以其時。人君置挈壺氏之官，使主掌漏刻，以昏明告君。今朝廷無節，由挈壺氏不能掌其職事焉，故刺君之無節，且言置挈壺氏之官不得其人也。」〔1〕

造成「興居無節，號令不時」的不是「挈壺氏」——儒家以為最糟糕的人君也是「王」，「王」永遠是正確的，除非於某種歷史不能自圓其說時（如「紂王」、「幽厲」等）。而齊哀公的日子也並不好過，雖極力撐持，周夷王還是大為不滿，又遭紀侯讒言，周夷王便將他烹殺了——那還是「西周」時的事情。〔2〕

《東方未明》，甚怨之辭。三章「折柳樊圃，狂夫瞿瞿」其辭頗深，而於生活又不無嚮往。「風」詩每每表現出春秋人無限「熱愛生命」的一面。

東方未明，顛倒衣裳。顛之倒之，之：指衣裳。**自公召之。**自：緣自。朱熹《集傳》：「所以然者，以有自公所而召之者故也。」公：作為「民歌」而言，此「公」非「公侯伯子男」之「公」，當為泛指。或指「公門」。

東方未晞，晞（xī）：破曉。《毛傳》：「晞，明之始陞。」陳奐《傳疏》：「晞者昕之假借。……未晞，猶未明也。」《說文》：「昕，旦明，日將出也。」**顛倒裳衣。倒之顛之，自公令之。**令：號令。《毛傳》：「令，告也。」

折柳樊圃，樊：藩籬，此用為動詞。圃：菜園。《毛傳》：「柳，柔脆之木。樊，藩也。圃，菜園也。折柳以為藩園，無益於禁矣。」**狂夫瞿瞿。**瞿瞿：驚顧、驚懼貌。「狂夫」也瞿瞿，瞿瞿之甚也。又王夫之《詩廣傳》：「何謂『瞿瞿』？目方注之，心遽營之；心期成之，目數奔之；居素而若驚，未

觀而先察，忘遠而亟攻其近，方為而輒用其疑，是之謂『瞿瞿』也。」**不能辰夜**，辰：《毛傳》：「時。」不能辰夜：即不能擁有一個完整的夜晚。**不夙則莫**。夙：早。莫：同「暮」。

〔1〕《夏官·挈壺氏》「掌挈壺以令軍井，挈轡以令舍，挈畚（běn）以令糧」，鄭玄注引鄭司農云：「『挈壺以令軍井』，謂為軍穿井，井成，挈壺縣（懸）其上，令軍中士眾皆望見，知此下有井。壺所以盛飲，故以壺表井。『挈轡以令舍』，亦縣轡於所當舍止之處，使軍望見，知當舍止於此。轡所以駕舍，故以轡表舍。『挈畚以令糧』，亦縣畚於所當稟假之處，令軍望見，知當稟假於此下也。畚所以盛糧之器，故以畚表稟。軍中人多，車騎雜會讙（huān）囂，號令不能相聞，故各以其物為表，省煩趨疾，於事便也。」賈公彥疏：「云『挈』者，謂結之於竿首挈挈然。」

「凡軍事，縣壺以序聚欜（tuò 柝）」，鄭玄注：「鄭司農云：『縣壺以為漏，以序聚欜，以次更聚擊欜備守也。』玄謂擊欜，兩木相敲，行夜時也。代亦更也。」賈公彥疏：「先鄭云『縣壺以為漏』者，謂縣壺於上，以水沃之，水漏下入器中，以沒刻為準法。云『以序聚欜，以次更聚擊欜備守也』者，先鄭意持更人擊欜，『玄謂擊欜，兩木相敲，行夜時也』者，謂行夜者擊之。」

〔2〕《後漢書·袁紹劉表列傳》「昔齊襄公報九世之仇」，李賢注引《齊太公世家》：「紀侯譖齊哀公於周，周夷王烹哀公。其弟靜立，是為胡公。弟獻公立，子武公立，子厲公立，子文公立，子成公立，子莊公立，子釐公立，子襄公八年，紀遷去其邑，是為九代也。」齊襄公八年（前690年），齊滅紀國。

齊風·南山

一首世俗風格濃烈的關於婚姻之歌謠，漢人照例以《左傳》為說（見《周南·汝墳》注引《毛序》）——齊僖公是齊國自「太公」姜尚始第十三任國君，在位三十三年，是頗有作為的諸侯國君之一。但其子齊襄公和其女宣姜、文姜卻於日後並未給他爭得面子。如果說衛宣公烝於庶母夷姜、納宣姜（《桓公十六年》），公子昭伯頑烝於君母宣姜還並非血緣關係上的亂倫（《閔公二年》），那麼齊襄公和同父異母的妹妹文姜私通則有悖人倫——《左傳》編劇倒也罷了，史遷撰寫「世家」何以也來了興致呢？〔1〕

南山崔崔，南山：《毛傳》：「齊南山也。」崔崔：《毛傳》：「崔崔，高大也。」**雄狐綏綏。**綏綏：狀雄狐於山間行走貌。又《毛傳》：「雄狐相隨，綏綏然無別，失陰陽之匹。」《鄭箋》：「雄狐行求匹耦於南山之上，行貌綏綏然。興者，喻襄公居人君之尊，而為淫泆之行，其威儀可恥惡如狐。」朱熹《集傳》：「綏綏，求匹之貌。……言南山有狐，以比襄公居高位而行邪行。」陳奐《傳疏》：「綏綏然相隨之貌，以喻襄公之隨文姜。」《衛風‧有狐》中《毛傳》將「綏綏」解為「匹行貌」（孔疏「以興今衛之男女皆喪妃耦，不得匹行，乃狐之不如」），一詞兩解迥異，「經學」特色。**魯道有蕩，**魯道：通往魯國之大道。朱熹《集傳》：「魯道，適魯之道也。」有蕩：即蕩蕩。**齊子由歸。**齊子：齊國的女子。又《毛傳》：「齊子，文姜也。」朱熹《集傳》：「齊子，襄公之妹，魯桓公夫人文姜，襄公通焉者也。」由歸：從（此大道）出嫁。又《鄭箋》：「婦人謂嫁謂曰歸，言文姜既以禮從此道嫁於魯侯也。」朱熹《集傳》：「且文姜既從此道歸於魯矣，襄公何為而復思之乎？」**既曰歸止，**止：之，用於句末，指代詞。此詩各章句末之「止」皆同。或曰止，語詞。**曷又懷止？**懷：念。又《鄭箋》：「：懷，來也。言文姜既曰嫁於魯侯矣，何復來為乎？非其來也。」

　　葛屨五兩，葛：葛布。參《周南‧葛覃》、《王風‧采葛》注。屨（jù）：鞋。葛屨，即粗葛布做的鞋。《毛傳》：「葛屨，服之賤者。」五：疑為「伍」之省借，在一起。五兩，即並排成雙。王夫之《稗疏》：「此『五』字當於『伍』通，行列也。言陳屨者必以兩為一列也，乃與冠緌必雙，男女有匹之義合。」**冠緌雙止。**緌（ruí）：冠帶下垂的部分，即冠纓。朱熹《集傳》：「緌，冠上飾也。」馬瑞辰《通釋》：「《內則》『冠緌纓』注：『緌者纓之飾也。』正義曰：『結纓頷下以固冠，結之餘者散而下垂者謂之緌。』冠緌是周代「貴族」之服飾，《毛傳》：「冠緌，服之尊者。」「葛屨五兩，冠緌雙止」為興句，言人無論貴賤，均有定偶。葛屨冠緌且「五兩」、「雙止」，況人乎？**魯道有蕩，齊子庸止。**庸：用，由。《毛傳》：「庸，用也。」朱熹《集傳》：「用此道以嫁於魯也。」馬瑞辰《通釋》：「由，用也。庸訓為用，即為由也，謂由之以

嫁於魯也。」**既曰庸止，曷又從止？**從：追從。又《鄭箋》：「此言文姜既用此道嫁於魯侯，襄公何復送而從之，為淫泆之行？」

蓺麻如之何？蓺：種。《毛傳》：「蓺，樹也。」**衡從其畝。**衡從：即橫縱。又《鄭箋》：「樹麻者必先耕治其田，然後樹之，以言人君取妻必先議於父母。」**取妻如之何？**取：娶。**必告父母。**朱熹《集傳》：「欲樹麻者，必先縱橫耕治其田畝。欲娶妻者，必先告其父母。」〔2〕**既曰告之，曷又鞠止？**鞠：告誡。《儀禮·士昏禮》：「父送女命之曰：『戒之敬之，夙夜毋違命。』」（鄭玄注：「早起夜臥。命，舅姑之教命」）母施衿結帨曰：『勉之敬之，夙夜無違宮事。』庶母及門內，施鞶（pán），申之以父母之命，命之曰：『敬恭聽，宗爾父母之言。夙夜無愆，視（示）諸衿鞶（注：「庶母，父之妾也。鞶，鞶囊也。男鞶革，女鞶絲，所以盛帨巾之屬，為謹敬。申，重也。宗，尊也。愆，過也。諸，之也。示之以衿鞶者，皆託戒使識之也」）。」「宮事」即「室事」，用於「民間」者當引為「家事」。又《毛傳》：「鞠，窮也。」馬瑞辰《通釋》：「《傳》從《爾雅》訓鞠為窮，是也。《廣雅》：『窮，極也。』訓鞠為窮，正與下章『曷又極止』同義。」朱熹《集傳》：「今魯桓公既告父母而娶矣，又曷為使之得窮其欲而至此哉？」

析薪如之何？析薪：析，解。析薪，即劈柴。此句仍為興句，春秋時以「薪」言婚姻屢見於《詩經》。魏源《詩古微》：「故《南山》之析薪……皆與『錯薪』、『刈楚』同興。」參《周南·漢廣》注。**匪斧不克。**匪：非。**取妻如之何？匪媒不得。既曰得止，曷又極止？**極：中正，引為「規矩」。此「極」對應上章句末「鞠」。又《毛傳》：「極，至也。」毛訓「極」為「至」，意即文姜放縱其欲到齊國（與齊襄公相會）。《鄭箋》：「女既以媒得之矣，何不禁制，而恣極其邪意，令至齊乎？」

〔1〕《桓公十八年》（前694年）紀魯桓公和夫人文姜一同到齊國去，齊襄公便和文姜又發生了姦情，彭生蒙冤而死：「十八年春，公將有行，遂與姜氏如齊。申繻曰：『女有家，男有室，無相瀆也，謂之有禮。易此必敗。』公會齊侯於濼（luò），遂

及文姜如齊。齊侯通焉。公謫之，以告。夏四月丙子，享公。使公子彭生乘公，公薨
於車。魯人告於齊曰：『寡君畏君之威，不敢寧居，來修舊好，禮成而不反，無所歸
咎，惡於諸侯。請以彭生除之。』齊人殺彭生。」申繻，魯國大夫。瀆，杜預注：「女
安夫之家，夫安妻之室，違此則為瀆。今公將姜氏如齊，故知其當致禍亂。」濼，齊
國地名。謫，譴責。享公，注：「齊侯為公設享燕之禮。」乘，注：「上車曰乘。彭生
多力，拉公幹（引按：骭音 gàn，肋骨）而殺之。」反，返。無所歸咎，無所追究。
惡於諸侯，指在各諸侯國中造成惡劣影響。除之，注：「除恥辱之惡也。」

　　又《齊太公世家》：「（齊襄公）四年，魯桓公與夫人如齊，齊襄公故嘗私通魯夫
人。魯夫人者，襄公女弟也，自釐公時嫁為魯桓公婦，及桓公來而襄公復通焉。魯桓
公知之，怒夫人，夫人以告齊襄公。齊襄公與魯君飲，醉之，使力士彭生抱上魯君車，
因拉殺魯桓公，桓公下車則死矣。魯人以為讓，而齊襄公殺彭生以謝魯。」齊襄公四年
即魯桓公十八年。拉殺，指折斷肋骨致死。讓，責備。或《史記》在先，《左傳》在後。
而眾所周知，《史記》所敘寫是不能廓清究竟哪些是歷史、哪些是「故事」的，一如不
能廓清《尚書》究竟哪些是「文獻」，哪些是「小說」——《虞書·堯典》、《舜典》、《皋
陶（yáo）謨》（《益稷》）……直至《周書·金縢》等等。倘以「文化」概言之，終歸又
是一種觀念的表達——以「歷史」之名義的觀念表達遠不如「文學」來得體面「自信」。

　　〔2〕從此詩「取妻如之何？必告父母」與《鄘風·柏舟》「母也天只，不諒人
只」、《鄭風·將仲子》「豈敢愛之？畏我父母。仲可懷也，父母之言，亦可畏也」看，
較之西周，春秋時期社會學意義上的「家庭」在各國已經形成。崩潰的是「禮樂」
與宗法政治，解放的是「人」。

齊風·甫田

　　茫茫蒼穹之下，偌大曠野裏繁重的勞作永遠沒有盡頭。在泥土和野草的
氣息裏，勞苦者默默承受著對經年或數年不見的兒子刻骨銘心的思念——「春
令民畢出在野，冬則畢入於邑」；「廬舍相望」和《漢書·食貨志》「出入相友，
守望相助，疾病相救，民是以和睦，而教化齊同，力役生產可得而平也」，那
是東漢班固一班人「治史」之設想，早自孟子就開始設想。《甫田》當然不是
一個種田的「氓」可以寫出來的作品，當是那些於大夫之下、庶民之上，具
有相當文化知識的「食田」〔1〕的士人所為——沉沉酷政的黑夜裏，畢竟還有
人文關懷的曙色微現。

無田甫田，無，不要（如後世歌謠、說唱「再不要……」）。前一田：耕種。《毛傳》：「田，謂耕治之也。」《孔疏》：「上田謂墾耕，下田謂土地。」甫：《毛傳》：「甫，大也。」甫田，即大田，大面積的耕地。**維莠驕驕**。維：句首助詞，加強語氣。莠（yǒu）：即狗尾草，田間常見之雜草。驕驕：王先謙《集疏》：「驕驕者，揚生挺起之狀。」**無思遠人，勞心忉忉**。忉忉（dāo）：從心，因思念而憂傷悵然。《毛傳》：「忉忉，憂勞也。」《孔疏》：「以言勞心，故云憂勞也。」

無田甫田，維莠桀桀。桀桀（jié）：高長放野之貌。《毛傳》：「桀桀，猶驕驕也。」王先謙《集疏》：「桀桀，田中特立之貌。」馬瑞辰《通釋》：「桀桀即揭揭之假借。義亦為高。」《衛風·碩人》有「葭菼揭揭」句，《毛傳》：「揭揭，長也。」**無思遠人，勞心怛怛**。怛怛（dá）：憂不安貌。陳奐《傳疏》：「怛怛，亦憂勞之意。」杜甫《秋日夔府詠懷奉寄鄭監李賓客》中有「別離憂怛怛，伏臘涕漣漣」句。

婉兮孌兮，婉孌：年少而美好（可人）的樣子。《毛傳》：「婉孌，少好貌。」**總角丱兮**。總：動詞，束而紮之。總角，兒童頭髮左右分開紮成兩個豎髻，狀如羊角。丱（guàn）：像羊角的象形字。《毛傳》：「總角，聚兩髦也。丱，幼稚也。弁，冠也。」嚴粲《詩緝》：「兩角如丱字之形。」**未幾見兮**，未幾：不久，希冀之詞。朱熹《集傳》：「未幾，未多時也。」**突而弁兮**？弁：本為「貴族」之冠，有爵、皮文武弁之分。此處用作動詞，加冠。古代男子二十歲時加冠，是已成年的標誌。《禮記·冠義》：「故冠而後服備，服備而後容體正，顏色齊（態度端正）、辭令順。」一如《鄭風·緇衣》「適子之館兮」，念子言「弁」，底層人心願。

〔1〕《晉語四》「文公修內政納襄王」：「公食貢，大夫食邑，士食田，庶人食力，工商食官，皁隸食職，官宰食加。」工商，工商之官。食官，即領受官廩。官宰，家臣。加，大夫的加田。

齊風・盧令

四時之隙，使民習於武事，所謂「春獵為蒐，夏獵為苗，秋獵為獮，冬獵為狩」(《爾雅・釋天》)，《穀梁傳・昭公八年》「因搜狩以習用武事，禮之大者也」。

在《周禮》中，「夏官」大司馬「中春教振旅，司馬以旗致民，平列陳，如戰之陳」(鄭玄注：「以旗者，立旗期民於其下也。兵者，守國之備。……兵者凶事，不可空設，因搜狩而習之。凡師出曰治兵，入曰振旅，皆習戰也。四時各教民以其一焉。春習振旅，兵入收眾專於農。平猶正也」)，「中夏教茇舍，如振旅之陳」(引按：茇舍，茇除草莽，野營露宿)，「中秋教治兵，如振旅之陳」，「中冬教大閱」(注：「至冬大閱，簡軍實。」簡，檢閱)；「田之日，司馬建旗於後表(標誌)之中，群吏以旗物鼓鐸鐲鐃，各帥其民而致……誅後至者」；戰場上的「斬」不用說，凡「國有大事」「郊有大事」「野有大事」，「鄉士」、「遂士」、「縣士」就可以「戮其犯命者」。(《秋官》)

生為政權之「人民」，便永不得逃脫。惟命是從的同時以其身手不凡而求生存，那是一種風尚。以「文化」言，獵狗的形象塑造，「緣自中國狩獵和農耕文化所共有的一種情結」。[1]而「其人美且仁」表明，這是一首接近孔子時代且創作自上層的「狗歌」。

盧令令，盧：黑色的大獵狗。《毛傳》：「盧，田犬。」《孔疏》：「犬有田犬、守犬。《戰國策》云：『韓國盧，天下之駿犬也。』」令令：象聲詞，獵狗頸環或鈴的響聲。《毛傳》：「令令，纓環聲。」陳奐《傳疏》：「令令者，鈴鈴之古文假借字。」**其人美且仁。**其人：指獵人。

盧重環，重(chóng)環：大環套小環。《毛傳》：「重環，子母環也。」《孔疏》：「謂環相重。」**其人美且鬈。**鬈(quán)：本義指其頭髮好，引為美好。《毛傳》：「鬈，好貌。」朱熹《集傳》：「鬈，鬚鬢好貌。」又《孔疏》：「鬈為勇壯也。」

盧重鋂，重鋂(méi)：一個大環套二小環。《毛傳》：「鋂，一環貫二也。」**其人美且偲。**偲(cāi)：字從人從思，才力，才能。《毛傳》：「偲，才也。」

〔1〕北宋時的蘇軾還在為其迷狂。《江城子·密州出獵》：「老夫聊發少年狂，左牽黃，右擎蒼。錦帽貂裘，千騎卷平崗。為報傾城隨太守，親射虎，看孫郎。酒酣胸膽尚開張，鬢微霜，又何妨。持節雲中，何日遣馮唐？會挽雕弓如滿月，西北望，射天狼。」

（《密州出獵》作於熙寧八年冬，與王安石變法政見不一而自請任地方官。《與鮮于子駿書》：「近卻頗作小詞，雖無柳七郎風味，亦自是一家。呵呵，數日前，獵於郊外，所獲頗多，作得一闋，令東州壯士抵掌頓足而歌之，吹笛擊鼓以為節，頗壯觀也。」）

齊風·敝笱

「庶姜孽孽，庶士有朅」（《衛風·碩人》），是莊姜的陪從。無從望之，便「其從如雲」、「其從如雨」、「其從如水」；更將尋常人家的女兒稱之為「齊子」──想像與誇張，自《詩經》時代就是「民歌」生命之所在。

但「經學」借齊「風」詩反覆言說《左傳》齊襄公、魯桓公、文姜諸事，〔1〕《敝笱》也被選中了。糾纏「牀笫之私」於維護皇權和構建國家意識形態之「經學」主旨意義並不大。如果不是某種窺陰心理，至少也是為了增加看點──《左傳》起初並非「官學」〔2〕自然需要市場和讀者，〔3〕「經學」雖有官方的「經費支持」和發行渠道，但也需要讀者。「窺見間隙，緣飾文字，巧言醜詆，流言飛文，嘩於民間」（《漢書·劉向傳》）更符合其時的「學術界」。

敝笱在梁， 敝笱（gǒu）：敝，破。笱：從竹，竹製的捕魚簍。口有倒刺，魚能進不能出。梁：魚梁，築於河中攔魚的堤壩，中空留缺，置笱於其中以捕魚。參《邶風·谷風》注。朱熹《集傳》：「齊人以敝笱不能制大魚，比魯莊公不能防閑文姜。」戴溪《續呂氏家塾讀詩記》：「《敝笱》，齊人刺魯桓公也。敝笱不足以遏魚，況鰥（guān）魴之魚尤不易遏，故唯唯然往來自如。魯桓公特敝笱而已。」**其魚魴鰥。** 魴：魚名，即鯿魚。參《周南·汝墳》注。鰥：即鯤魚，體長大，性猛獨行。朱熹《集傳》：「魴鰥，大魚也。」又《毛傳》：「魴也，鰥也，魚之易制者，然而敝敗之笱不能制。興者，喻魯桓微弱，不能防閑文姜，終其初時之婉順。」**齊子歸止，** 歸：歸寧。止：之，句末指代詞。二、三章之「止」同。或曰止，語詞。**其從如雲。** 如云：形

容隨從之人多。下「如雨」、「如水」同。《毛傳》：「如雲，言盛也。」「如雨，言多也。」「水，喻眾也。」又《鄭箋》：「其從，侄娣之屬。言文姜初嫁於魯桓之時，其從者之心意如雲然。雲之行，順風耳。後知魯桓微弱，文姜遂淫恣，從者亦隨之為惡。」

敝笱在梁，其魚魴鱮。鱮（xù）：鰱魚。朱熹《集傳》：「鱮，似魴而頭大，或謂之鰱，亦大魚也。」齊子歸止，其從如雨。又《鄭箋》：「如雨，言無常，天下之則下，天不下則止，以言侄娣之善惡，亦文姜所使止。」

敝笱在梁，其魚唯唯。唯唯：出入自如貌。《毛傳》：「唯唯，出入不制。」《鄭箋》：「唯唯，行相隨順之貌。」《孔疏》：「唯唯，正是魚行相隨之貌耳。」齊子歸止，其從如水。又《鄭箋》：「水之性可停可行，亦言侄娣之善惡在文姜也。」

　　〔1〕《毛序》（見《周南‧汝墳》注引）孔穎達疏：「所以刺之者，文姜是魯桓夫人，齊人惡魯桓公為夫微弱，不能防閑文姜，使至於齊，與兄淫亂，為二國之患焉，故刺之也。」

　　文姜事始《春秋‧桓公三年》。《左傳‧桓公十八年》（前694年）齊襄公陰殺魯桓公。

　　《春秋‧莊公元年》（前693年）「三月，夫人孫（遜）於齊」，《左傳》杜預注：「夫人，（魯）莊公母也。魯人責之，故出奔，內諱奔，謂之孫，猶孫讓而去。」《公羊傳》何休注：「孫，猶遁也。」《穀梁傳》范甯注：「（魯）桓公夫人文姜也……」

　　《莊公二年》「冬十有二月，夫人姜氏會齊侯於禚（引按：禚音 zhuó，《公羊》作「郜」）」，《左傳》杜預注：「書，奸也。」（按：意所以書之，是因為他們的相會實際上是通姦）《公羊傳》何休注：「書者，婦人無外事，外則近淫。」《穀梁傳》：「婦人既嫁不逾竟，逾竟，非正也。婦人不言會，言會，非正也。」（「禚」及下「祝丘」「防」「谷」皆齊國地名）

　　《莊公四年》「春，王二月，夫人姜氏享齊侯於祝丘」，《左傳》杜預注：「享，食也，兩君相見之禮，非夫人所用，直書以見其失。」。《公羊傳》何休注：「書者，與會郜同義。」《穀梁傳》范甯注：「凡會書月，著時，事有危。」

《莊公五年》「夏，夫人姜氏如齊師」，《左傳》杜預注：「書奸。」《公羊傳》未傳。《穀梁傳》：「師而曰如，眾也。」范甯注：「言師眾大如國，故可以言如。若言如齊侯，則不可。」楊士勛疏：「解經二年『夫人姜氏會齊侯於禚』，四年『夫人姜氏饗齊侯於祝丘』，不言『如齊師』者，言如齊師者眾大如國，故可言。如若指齊侯，則於文不可言『如齊侯』也。」

《莊公六年》「冬，齊人來歸衛俘」，《左傳》：「冬，齊人來歸衛寶，文姜請之也。」杜預注：「文姜淫於齊侯，故求其所獲珍寶，使以歸魯，欲說（悅）魯以謝慚。」《公羊傳》：「此衛寶也，則齊人曷為來歸之？衛人歸之也。衛人歸之，則其稱齊人何？讓乎我也。其讓乎我奈何？齊侯曰：『此非寡人之力，魯侯之力也。』」《穀梁傳》范甯注：「若衛自歸寶於齊，過齊然後與我……」

《莊公七年》「春，夫人姜氏會齊侯於防」，「冬，夫人姜氏會齊侯於谷」，《左傳》「文姜會齊侯於防，齊志也」，杜預注：「文姜數與齊侯會。至齊地，則奸發夫人；至魯地，則齊侯之志（引按：意即此次相會是齊襄公的要求），故傳略舉二端以言之。」《公羊傳》未傳。《穀梁傳》：「婦人不會。會，非正也。」

即便《左傳》也沒有說文姜見齊襄公是兄妹行「淫亂」。所謂「奸」、「淫」、「非正」，都是後世傳、注之言。自孔子始，儒家將男女之會皆理解為「淫」。

〔2〕西漢哀帝時劉歆「治《左氏》，引傳文以解經，轉相發明，由是章句義理備」（《漢書・楚元王傳》附《劉歆傳》）。但至東漢，《左傳》的「官學」地位是有人不遺餘力、費盡口舌方才爭來的。《後漢書・范升列傳》：「時尚書令韓歆上疏，欲為《費氏易》、《左氏春秋》立博士，詔下其議。（建武）四年正月（引按：公元28年，東漢始皇光武帝劉秀），朝公卿、大夫、博士，見於雲臺。帝曰：『范博士可前平說。』升起對曰：『《左氏》不祖孔子，而出於丘明，師徒相傳，又無其人，且非先帝所存，無因得立。』遂與韓歆及太中大夫許淑等互相辯難，日中乃罷……」

《陳元列傳》：「建武初（公元25年），元與桓譚、杜林、鄭興俱為學者所宗。時議欲立《左氏傳》博士，范升奏以為《左氏》淺末，不宜立。元聞之，乃詣闕上疏曰……書奏，下其議，范升復與元相辯難，凡十餘上。帝卒立《左氏》學，太常選博士四人，元為第一。」「臣元愚鄙，嘗傳師言。如得以褐衣召見，俯伏庭下，誦孔氏之正道，理丘明之宿冤；若辭不合經，事不稽古，退就重誅，雖死之日，生之年也」，陳元志在必得，但不久就被廢掉了：「帝以元新忿爭，乃用其次司隸從事李封，於是諸儒以《左氏》之立，論議歡嘩，自公卿以下，數廷爭之。會封病卒，《左氏》復廢。」

之後賈逵被詔進白虎觀、雲臺講學，漢章帝劉炟（dá）要他比較一下《左傳》與《公羊傳》、《穀梁傳》，「臣謹摘出《左氏》三十事尤著明者，斯皆君臣之正義，父子之紀綱……《左氏》義深於君父，《公羊》多任於權變……臣以永平（引按：劉秀子、劉炟父劉莊漢明帝年號）中上言《左氏》與圖讖合者，先帝不遺芻蕘，省納臣言……」

〔3〕《桓公元年》「宋華父督見孔父之妻於路，目逆（迎）而送之，曰：『美而艷。』」（《左傳》的編撰者們是怎麼捕捉到這個「鏡頭」的呢），《桓公二年》「二年春，宋督攻孔氏，殺孔父而取其妻……」如果覺得還不夠「好看」，那麼《桓公三年》「齊侯送姜氏於讙……」文姜的故事開始了。算得上是「春秋筆法」，不知「大義」其何？

齊風‧載驅

聞一多在《風詩類鈔》中以為此詩為「齊女歸於魯」。詩中的「齊子」指齊襄公的小女兒齊哀姜——王先謙《詩三家義集疏》：「《齊》說曰：襄嫁季女，至於蕩道。齊子旦夕，留連久處。……愚案：周惠王七年辛亥，魯莊之二十四年，齊桓公十六年也。齊襄立十二年而死，又十六年而女嫁，蓋是即位後所生，二十內外而嫁，其為襄季女無疑云。襄嫁季女者，繫女於襄，猶言齊嫁季女耳。『留連久處』，與何、杜兩注『夫人稽留，不與公俱入』情事合，與詩文『發夕』、『豈弟』、『翱翔』、『遊敖』合。《毛序》以為刺襄公，非也。」

齊國是大國、強國，基於政治考慮，加之姜姓女兒們的貌美，所以諸侯國以與齊國聯姻為幸。魯桓公為齊襄公所害後，其子莊公即位，齊襄公又將女兒哀姜許之。是否風情萬種的文姜生前促成了娘家侄女為兒媳不得而知，但已與大夫之女孟任盟誓的魯莊公，〔1〕又傾心哀姜且有些迫不及待：《春秋‧莊公二十二年》「王正月……癸丑，葬我小君文姜……冬，公如齊納幣」，《左傳》杜預注：「公不使卿而親納幣，非禮也。母喪未再期而圖昏（婚），二傳不見所譏，左氏又無傳，失禮明故。」《公羊傳》：「文姜者何？莊公之母也。……納幣不書，此何以書？譏。何譏爾？親納幣，非禮也。」《穀梁傳》：「納幣，大夫之事也。禮有納采，有問名，有納徵，有告期。四者備，而後娶，禮也。公之親納幣，非禮也，故譏之。」范甯注：「公母喪，未再期而圖婚，傳無譏文，但譏親納幣者，喪婚不待貶絕而罪惡見。」

《春秋·莊公二十四年》「夏，公如齊逆女。秋，公至自齊。八月丁丑，夫人姜氏入」，《左傳》杜預注：「（姜氏），哀姜也。《公羊傳》以為姜氏要公，不與公俱入，蓋以孟任故，丁丑入而明日乃朝廟。」《公羊傳》：「其言『入』何？難也。其言日（引按：具體的日期）何？難也。其難奈何？夫人不僂（僂音 lǚ，何休注：「僂，疾也。」迅速），不可使入，與公有所約，然後入。」何休注：「約，約遠媵妾也。夫人稽留（停留），不肯疾順公，不可使即入。公至後，與公約定八月丁丑乃入，故為難辭也。」（《穀梁傳》：「『入』者，內弗受也。曰「入」，惡入者也。何用（以）不受也？以宗廟弗受也。其以宗廟弗受何也？娶仇人子弟。」指齊襄公通文姜、殺魯桓公）

魯莊公不惜違「禮」，而哀姜卻兩年的時間遲遲不肯過門，原來是要與之有約「遠媵妾」。與文姜相比，這回至少讓齊國人感到有了面子，所以就有了《載驅》這首美哀姜的詩──姜姓女子們對待婚姻是嚴肅認真的。

但「諸侯娶一國，則二國往媵之，以姪娣從……諸侯一聘九女」（《公羊傳·莊公十九年》），魯莊公是有納媵妾之權利的（他死後便是立了哀姜陪嫁之娣叔姜的兒子名「開」者為君，即魯閔公）。而體面嫁過去的哀姜也並不見得檢點，她與莊公的兄弟慶父私通，慶父殺公子斑（般），使人弒魯閔公──不已之魯難雖慶父所為，但於哀姜卻也有著相當的干係。她欲立慶父不成而逃往邾國，魯僖公元年（前 659 年），齊桓公將其引渡並以「與慶父通以危魯」的罪名殺之，屍體送回魯國後，魯僖公以夫人之禮將其下葬。〔2〕

當初的歌者可能並不知曉後來的結局，或者說事情的原委本來就與文學「發表」沒有關係──後世之民歌和民間說唱甚至將歷史顛三倒四的情形也並不鮮見。或曰，《載驅》類的「風」詩根本就與《春秋》事無關──「經學」自有無聊時，《毛序》引「經學家」們過足窺探之隱，津津樂道了兩千多年。

載驅薄薄，載：乃。驅：驅馳。參《鄘風·載馳》注。薄薄：象聲詞，摹車馬急馳之聲。《毛傳》：「薄薄，疾驅聲也。」**簟茀朱鞹。**簟（diàn）：方紋竹席。《毛傳》：「簟，方文席也。」《孔疏》：「簟字從竹，用竹為席，其文必方，故云方文席也。」茀（fú）：車帷。陳奐《傳疏》：「車之蔽曰茀。」參《衛風·碩人》注。朱鞹（kuò）：朱，朱漆。鞹亦作鞟（kuò），去毛的皮。《玉篇·革部》引《詩》作「鞟」。《論語·顏淵》「虎豹之鞟，尤犬羊之鞟」。朱鞹，或指紅漆獸皮作的車蓋或車飾。朱熹《集傳》：「朱，漆也。……鞹，

獸皮之去毛者，蓋車革質而朱漆也。」陳奐《傳疏》：「諸侯之路車，有朱革之質而羽飾。」**魯道有蕩，齊子發夕**。齊子：或指哀姜。發夕：「發夕」古今亦多解而不一，今從馬瑞辰說：天剛亮（出發）。《通釋》：「古者日入以後，日出以前，通謂之夕。……以其時天已將明，而日尚未出，謂之發夕。」

四驪濟濟，驪：黑色的駿馬。《毛傳》：「四驪，言物色盛也。」濟濟：本眾多之意，此狀四驪排行之盛美。《毛傳》：「濟濟，美貌。」**垂轡濔濔**。垂轡：指繮繩懸掛。濔濔（nǐ）：狀繮繩盛飾華美貌。《毛傳》：「濔濔，眾也。」《孔疏》：「乘其一駟之馬，皆是鐵驪之色，其馬濟濟然而美，又四馬垂其六轡濔濔然而眾。」「四馬六轡」，中間駕轅兩服馬和左右兩側之驂馬轡飾設置不同。**魯道有蕩，齊子豈弟**。豈弟（kǎi tì）：「愷悌」之假借，和樂平易。

汶水湯湯，汶水：水名，流經齊魯兩國。朱熹《集傳》：「汶，水名，在齊南魯北二國之境。」湯湯（shāng）：水盛大貌。參《衛風·氓》注。**行人彭彭**。彭彭：行人眾多貌。《毛傳》：「彭彭，多貌。」朱熹《集傳》：「言行人眾多。」《孔疏》：「『行人彭彭』，是為通道，『汶水湯湯』，傍有大都。」**魯道有蕩，齊子翱翔**。翱翔：本指鳥展翅迴旋而飛，此指哀姜之車徬徨不進魯國。《毛傳》：「翱翔，猶彷徉也。」

汶水滔滔，行人儦儦。儦儦（biāo）：狀行人往來穿梭貌。《毛傳》：「儦儦，眾貌。」陳奐《傳疏》：「《說文》：『儦儦，行貌。』《傳》云眾者，謂行人眾也。」**魯道有蕩，齊子遊敖**。遊敖：陳奐《傳疏》：「遊敖，猶敖遊也。……遊敖與翱翔同義。」

〔1〕孟任為魯大夫黨氏之女。《左傳·莊公三十二年》紀早年莊公建築了一座高臺，靠近黨氏家，莊公在臺上見到了孟任，就跟在其後面走，孟任閉門不納，莊公答應將立其為夫人，孟任方才同意，並割破手臂和莊公盟誓，後來和莊公生了公子般。「初，公築臺，臨黨氏，見孟任，從之。閟。而以『夫人』言，許之，割臂盟公。生子般焉。」般，一名「斑」，為慶父於魯莊公三十二年（前 662 年）所殺。

〔2〕《左傳·閔公二年》：「閔公，哀姜之娣叔姜之子也，故齊人立之。共仲通於哀姜，哀姜欲立之。閔公之死也，哀姜與知之，故孫於邾。齊人取而殺之於夷，以其屍歸，僖公請而葬之。」共仲，即慶父。「哀姜與知之」，與通「預」，指慶父使卜齮（yǐ）殺閔公於武闈哀姜事先是知道內情的。孫通「遜」，出奔，逃亡。夷，齊國地名。慶父、哀姜事並見《左傳》莊公三十二年、僖公元年、《魯周公世家》。

齊風·猗嗟

顯得有些作秀，言語間的得意也略顯蒼白，像是一個家長在誇獎和欣賞自己的孩子。〔1〕正如《鄭風·叔于田》、《大叔于田》者，人們願意和喜歡塑造一個英武少年之形象——英雄情結是戰亂之下人們的一種無意識心理組合。如果非要關聯《春秋》事，王夫之《詩經稗疏》「古者蓋呼妹婿為甥。其云『甥』者，指魯莊取哀姜而言之。……其曰『展我甥』者，展，誠也，齊人誇其誠足以我為婿，終許其婚之辭也」——至少在情理上是可以講下去的。

以為「展我甥兮」話中有話，是說魯莊公是齊襄公與其妹文姜所生，即便「文學」也是十分低下之趣味。〔2〕西周時人們已懂得「同姓不婚，惡不殖也」，〔3〕《左傳·僖公二十三年》「男女同姓，其生不蕃」——「周禮」已行數百年，齊國君室同父異母之兄妹能行淫而生子？《公羊傳·莊公元年》「夫人譖（zèn）公於齊侯：『公曰：同（引按：魯莊公名）非吾子，齊侯之子也。』齊侯怒，與之飲酒。於其出焉，使公子彭生送之。於其乘焉，搚（lā 拉）幹而殺之」。《左傳·桓公十八年》有同樣的故事，但只「公謫之，以告（齊侯）」，文姜並沒有加誣魯桓公。孟子（《離婁下》）言「王者之跡熄而《詩》亡，《詩》亡然後《春秋》作」——《詩》是真詩，《春秋》就不一定了；漢人強以《春秋》序《詩》解《詩》，《詩》奈其何？

猗嗟昌兮！ 猗嗟：歎詞，猶「吁嗟」。《毛傳》：「猗嗟，歎辭。」昌：壯盛美好。《毛傳》：「昌，盛也。」馬瑞辰《通釋》：「昌之本義為美言，引申為凡美盛之稱。」參《鄭風·丰》注。**頎而長兮，** 頎而：即頎然，身長而高。《毛傳》：「頎，長貌。」參《鄭風·碩人》注。**抑若揚兮，** 抑：「懿」之借，美。《毛傳》：「抑，美色。」馬瑞辰《通釋》：「抑即懿之假借，故《傳》訓美色。」「抑若，即抑而，抑然。古而、若、然三字相通。」揚：指前額舒

闊而美。《毛傳》:「揚,廣揚。」王先謙《集疏》:「《韓》作『卬若陽兮』,曰『眉上曰陽』。」皮錫瑞《經學通論》:「陽者,陽明之處也。今俗呼額角之側亦謂『太陽』,即同此義。然則自眉及額角,皆得為陽也。」**美目揚兮**。揚:揚視。《毛傳》:「好目揚眉。」**巧趨蹌兮**,趨:疾走。蹌(qiāng):從足,指疾行節度自如。《毛傳》:「蹌,巧趨貌。」朱熹《集傳》:「蹌,趨翼如也。」**射則臧兮**。則:指射法。臧:善,好,嫻熟。

　　猗嗟名兮!名:指值得稱讚。朱熹《集傳》:「名。猶稱也。言其威儀技藝之可名也。」**美目清兮**,清:清澈明亮。**儀既成兮**。儀:指射箭的姿勢、方法、要領。胡承珙《後箋》:「儀,即謂射儀也。《周禮·射人》:『以射法治射儀。』《淮南·俶真訓》:『善射者有儀表之度,如工匠有規矩之數。』《泰族訓》:『射者數發不中,人教之以儀,則喜矣。』」成:完成,引為「掌握」。**終日射侯**,侯:習射設靶的布。朱熹《集傳》:「侯,張布而射之者也。正,設的於侯中射之者也。大射,則張皮侯而設鵠。賓射,則張布侯而設正。」按:周代因狩獵和征戰禦敵之需,十分重視射藝。射術成為選士標準之一。其創制的射禮包括大射、賓射、燕射、鄉射四種。大射為天子、諸侯、卿大夫祭祖、祭神前所行之典,以射藝選擇參加祭禮的貢士。賓射是天子為諸侯來朝而舉行的射禮。燕射是天子與群臣燕息之射。鄉射是舉行鄉飲酒禮時所舉行的射禮。四種射禮,規格不同,儀式不同,所用弓、箭、侯、樂舞等也不相同。《天官·司裘》:「王大射,則共(供)虎侯、熊侯、豹侯,設其鵠(侯的中心所設箭靶,邊長為侯的三分之一);諸侯則共熊侯、豹侯;卿大夫則共麋侯,皆設其鵠。」虎、熊、豹、麋皆指其形。**不出正兮**。正:箭靶的中心。《禮記·射義》:「循聲而發,發而不失正鵠者,其唯賢者乎!」正與鵠均皆指箭靶中心。鄭玄注:「畫布曰正,棲皮曰鵠。正之言正也。鵠之言梏也。梏,直也,言人正直乃能中也。」**展我甥兮!**展:《鄭箋》:「誠也。」誠然,誠哉。參《邶風·雄雉》注。《鄭箋》:「姊妹之子曰甥。容貌技藝如此,誠我齊之甥。言誠者,拒時人言『齊侯之子』。」《孔疏》:「上說容貌技藝,下言『展我甥兮』,縱令無技藝,亦是其甥,但作者既美其身業技藝,又言實是其

甥，傷不防閑其母，而令人以為齊侯之子，故言誠我齊之外甥。為齊之甥信不虛矣。而云誠實是者，拒時人言是齊侯之子耳。」

猗嗟孌兮！孌：《毛傳》：「孌，壯好貌。」**清揚婉兮，**清揚：眉清目揚。婉：俊美。「清揚婉兮」、「清揚」數見於《詩》中，為先秦時狀人之美慣用語。參《邶風·野有蔓草》注。**舞則選兮，**舞：射舞，舉行射禮時，射前所跳之舞。參《春官·大司樂》、《樂師》。選：整齊，合於樂節。《毛傳》：「選，齊。」《孔疏》：「當謂其善舞，齊於樂節也。」陳奐《傳疏》：「齊者，正也，舞位正則樂節相應。」**射則貫兮。**則：連詞。貫：穿。《毛傳》：「貫，中也。」朱熹《集傳》：「貫，中而貫革也。」**四矢反兮，**朱熹《集傳》：「四矢，禮，射每發四矢。反，復也，中皆得其故處也。」**以禦亂兮。**禦：抵禦，禦亂。

〔1〕魯莊公時期齊、魯多次發生戰爭。以《左傳·莊公十年》之「曹劌論戰」看，魯莊公雖「威儀技藝之美，不失名門子」，」卻也算不得「戡亂材」（方玉潤《詩經原始》）。

〔2〕《毛序》：「《猗嗟》，刺魯莊公也。齊人傷魯莊公有威儀技藝，然而不能以禮防閑其母，失子之道，人以為齊侯之子焉。」

朱熹《詩集傳》：「齊人極道魯莊公威儀技藝之美如此，所以刺其不能以禮防閑其母，若曰惜乎其獨少此耳」「言稱其為齊之甥，而又以明非齊侯之子，此詩人之微辭也。按《春秋》桓公三年，夫人姜氏至自齊。六年九月，子同生，即莊公也。十八年，桓公乃與夫人如齊。則莊公誠非齊侯之子矣。」（唐人徐彥《公羊傳·莊公元年》疏早已經計算過了）

〔3〕《晉語四》：「異姓則異德，異德則異類；異類雖近，男女相及以生民也。同姓則同德，同德則同心，同心則同志；同志雖遠，男女不相及，畏黷敬也。」（臧振《論鳳鳥在周文化中的地位》「所謂『黷敬』，指褻瀆其敬畏之物，即圖騰。圖騰內嚴禁通婚。同姓（同心、同德、同志）通婚是褻瀆神靈的，孕育著絕種滅姓的災禍：『黷則生怨，怨亂毓災，災毓滅姓』；反之，『異姓則異德』，異德通婚，可以『阜姓』，利於子孫興旺。此『德』頗帶神秘色彩。我們可以用現代科學的眼光來看，這

『德』實際上就是遺傳因子。異德『相及』（通婚），後代才能繁衍，故曰『以生民也』。」《陝西師範大學學報（哲學社會科學版）》，1998 年 01 期）漢文雜編《禮記》之《曲禮上》、《坊記》等亦「取妻不取同姓」云云。……

魏　風

　　黃河折東而去朝向東北的大片土地便是芮，所謂「虞芮爭訟」之芮。武王克商後，封其地為姬姓諸侯，名之魏——在周初所封七十一國裏的五十三個姬姓國家中（《荀子·儒效》），魏國屬於小國，於春秋時周惠王十六年被晉獻公所滅。〔1〕史書對魏國記載十分有限，〔2〕或如《太史公自序》所言，「幽厲之後，周室衰微，諸侯專政，《春秋》有所不紀」。

　　《魏風》體現很強的現實主義思想，語言純正精當，重沓有節，表現力極強。底層人的吶喊、嗟怨，弱者的無告和訴說以及征役之苦盡現其間。《詩譜·魏譜》：「（魏）在《禹貢》冀州雷首之北，析城之西。周以封同姓焉。其封域南枕河曲，北涉汾水〔3〕……當周平、桓之世，魏之變風始作。至春秋魯閔公元年，晉獻公竟滅之，以其地賜大夫畢萬。自爾而後，晉有魏氏。」

　　〔1〕《史記·晉世家》、《魏世家》，並見《左傳·閔公元年》。

　　〔2〕《左傳·桓公三年》（前 709 年）：「芮伯萬之母芮姜惡芮伯之多寵人也，故逐之，出居於魏。」杜預注：「魏國，河東河北縣。」孔穎達疏：「《地理志》云：『……河東郡河北縣，《詩》魏國也。』《世本》：『芮、魏皆姬姓。』《尚書·顧命》：成王將崩，有芮伯為卿士。名諡不見。魏之初封，不知何人？閔元年晉獻公滅魏，芮則不知誰滅之。」

　　又朱熹《詩集傳》：「蘇氏曰：『魏地入晉久矣，其詩疑皆為晉而作，故列於唐風之前，猶邶、鄘之於衛也。』今按篇中公行、公路、公族，皆晉官，疑實晉詩。又恐魏亦嘗有此官，蓋不可考矣。」

〔3〕楊伯峻《春秋左傳注》昭公九年：「魏，……（引省《魏譜》文）孔疏亦引《汾沮洳》『彼汾一曲』及《伐檀》『置諸河之干兮』以證之，則其地當在汾水之南，黃河之北，大概當今山西芮城縣至萬榮縣之間。」

魏風·葛屨

「其地狹隘，而民貧俗儉」的魏人同樣熱愛生活。女子希望「摻摻（xiān）女手」能為自己的「好人」「要之襋之」縫一件青青裳衣，想像「好人」著穿時的安適與得意──貧賤生活中不失嗔戲之歡。《葛屨》近《鄭風·緇衣》，末句「維是褊心 是以為刺」，「民謠」仿「官謠」，官也高興，民也「樂觀」。

糾糾葛屨，糾糾：糾結錯交貌。《毛傳》：「糾糾，猶繚繚也。」嚴粲《詩緝》：「繚，繞纏也。糾，三合繩，亦繞纏之意，故云『猶繚繚也』。葛屨既弊，而以繩糾纏之。糾而復糾，行於霜雪寒冱之地，言其苦也。」冱（hù），凍結。張衡《思玄賦》「清泉冱而不流」。葛屨：粗葛布作的鞋，夏天穿。朱熹《集傳》：「夏葛屨，冬皮屨。」屨音見《齊風·南山》注。**可以履霜。**履：踐履。嚴粲《詩緝》：「夏當用葛屨，冬當用皮屨，今魏之男子葛屨既弊，而以繩糾之纏之，糾而復糾，謂其可以踐霜，奔走道路，祁寒不休也。」祁寒，嚴寒。《周書·君牙》「夏暑雨，小民惟曰怨咨；冬祁寒，小民亦惟曰怨咨」。**摻摻女手，**摻摻：《毛傳》：「猶纖纖也。」《文選·古詩十九首》「纖纖擢（zhuó）素手」李善注引《韓詩》作「纖纖」。**可以縫裳。**裳：上衣曰衣，下衣曰裳。《鄭箋》：「裳，男子之下服。」**要之襋之，**要：同「腰」，即褲、裙腰部，此用為動詞。襋（jí）：衣領，用為動詞。**好人服之。**好人：「良人」。妻子稱丈夫或女子稱男子。〔1〕

好人提提，提提：通「媞媞（tí）」，安舒從容。《毛傳》：「提提，安諦貌。」《孔疏》：「言安諦，謂行步安舒而審諦也。」**宛然左辟，**王夫之《稗疏》：「辟與襞（引按：襞音 bì，衣服上的褶子）通……言裳之縫（fèng）襞也。《雜記》：『練冠，條屬右縫。』鄭注曰：『右辟而縫之。』凡凶服冠裳，襞積（衣服上作裝飾用的懸垂的疊縫裝飾，稱褶襉〔zhějiǎn〕）左掩右；吉服冠裳，

襞積右掩左。右掩左者，其襲在左，此言縫裳之製也。『宛然』者，襞積分明，楚楚然也。『宛然左辟』，言其縫之之工。而『好人服之』，襞積清楚，宛然可觀，以終上文縫裳之事。而象揥之佩，則以佩與裳齊，言其裳佩相稱也。」**佩其象揥。**象揥（tì）：象牙製的簪子。《毛傳》：「象揥，所以為飾。」朱熹《集傳》：「揥，所以摘發，用象為之，貴者之飾也。」詩中「佩其象揥」是妻子或女子對丈夫或情人的想像。**維是褊心**，維，通「唯」，只。今晉陝黃河大峽兩岸一帶保留古語古音甚多，「唯」為其一。有強烈突出所言人、物、事之意。褊（biǎn）心：《說文》：「褊，衣小也。」引為「狹隘」。「褊心」即心胸狹隘」。妻子或女子於男子的戲言。**是以為刺。**是以：以是。

　　〔1〕《詩經》中數見「良人」。「風」詩者《唐風・綢繆》「今夕何夕，見此良人」，《秦風・小戎》「厭厭良人，秩秩德音」等。春秋戰國女子以「良人」稱其夫或較普遍，《孟子・離婁下》「齊人有一妻一妾」（孟子託諷時人苟貪富貴而驕）趙岐注：「良人，夫也。」（那是一個何其讓妻妾們失望的「良人」）

魏風・汾沮洳

　　天藍得出奇。偌大之黃土高原，汾水流域，遍地的酸莫草和桑叢——女子念想的是那個「美無度」的「彼其之子」。心存愛意，但那「美如英」、「美如玉」的「他」多半是一個情到深處時的幻影。（此種「自覺感知」和表達幾乎為後世民歌所完全承襲）

　　彼汾沮洳，彼：那。汾：水名，即汾水，流入黃河。沮洳（jùrù）：皆從水，水旁窪濕的地方。《毛傳》：「沮洳，其漸洳者。」朱熹《集傳》：「水浸處下濕之地。」又王夫之《稗疏》中認為沮洳為山名：「按《山海經》：『謁戾之山東三百里有沮洳之山。』郭璞注引此詩釋之，是沮洳山名，非漸洳之謂矣。郭璞曰：『謁戾山在上黨涅縣。』涅，今武鄉縣。沮洳更在其東，則去汾已遠，而與《詩譜》雷首、析城為合。『汾彼沮洳』者，言其西北至汾，東南至沮洳也。『一方』者，言自汾以東，迄於沮洳之一方也。『一曲』者，汾水自北南流，至絳州而西，魏在東南，繞其一曲也。魏之儉陋，舉國同風，環

其四境，皆以採蓛（引按：蓛音 sù，蔬菜的總稱，此指野菜）為事，而貴介大夫亦復不免。」**言采其莫**。言：發語詞。莫：野菜名，即酸莫。《孔疏》引《陸疏》：「莫……五方通謂之酸迷，冀州人謂之乾絳，河汾之間謂之莫。」馬瑞辰《通釋》：「酸迷一名酸模，省言之曰莫。」迷、莫之不同，不同地域發音所致。**彼其之子**，指心儀之人。參《王風‧揚之水》注。**美無度**。無度：猶無比。聞一多《類鈔》：「無度謂無限度，猶言不可言說也。」**美無度，殊異乎公路**。殊：甚。公路：和下面的公行（háng）、公族，皆為春秋時官名。公路為掌管魏君路車的官。朱熹《集傳》：「公路者，掌公之路車。晉以卿大夫之庶子為之。」公行為掌管君主出行之兵車行列事務的官。《毛傳》：「公行，從公之行也。」《鄭箋》：「從公之行者，主君兵車之行列。」公族為掌國君宗族子弟教訓事務的官。朱熹《集傳》：「公族，掌公之宗族，晉以卿大夫之適（嫡）子為之。」《左傳‧宣公二年》「初，麗姬之亂，詛無畜群公子，自是晉無公族。及成公即位，乃宦卿之適子而為之田，以為公族。又宦其餘子，亦為餘子；其庶子為公行。晉於是有公族、餘子、公行」。餘子，卿大夫嫡長子之外的兒子。《左傳‧昭公二十八年》杜預注：「卿之庶子為餘子。」

彼汾一方，言采其桑。彼其之子，美如英。英：花。朱熹《集傳》：「英，華也。」**美如英，殊異乎公行**。

彼汾一曲，一曲：水流的彎曲之處。朱熹《集傳》：「一曲，謂水曲流處。」參見王夫之上說。**言采其藚**。藚（xù）：《毛傳》：「水舃也。」舃音見《周南‧芣苢》注。朱熹《集傳》：「葉如車前草。」王夫之在《稗疏》中認為藚即牛膝：「牛膝有續筋接骨之功，故謂之藚。牛膝葉似莧菜，一名山莧菜，苗嫩時可食，故採之以茹，與莫同。若澤瀉，苗不可食，何為採之哉？」**彼其之子，美如玉。美如玉，殊異乎公族**。

魏風‧園有桃

熟悉典制、精通「六藝」的是「士」。「士朝受業，晝而講貫，夕而習復，夜而計過，無憾，而後即安。」（《魯語下》）「士以不失職為節。」（《禮記‧

射義》）他們成為權力結構中最為盡忠職守和具有文化良知的一個階層。但政治上的不能獨立和位卑職微又使他們處處受氣。這位遊走的失落者，不知何處是其歸宿？（一如後世專制極權政治之下知識分子的自慚形愧。當權力通吃一切時，真理與正義有時甚至感到羞愧而無地自容）

園有桃，其實之殽。殽（yáo）：同「肴」，燒好的菜。此處用作動詞，食。《初學記》卷二十四「園圃」引：「《毛傳》曰『園有樹桃，其實之肴。』」朱熹《集傳》：「殽，食也。」馬瑞辰《通釋》：「《說文》：『肴，啖也。』凡非穀食曰肴，亦通稱食為肴。殽者肴之假借。」**心之憂矣，我歌且謠。**歌、謠：《毛傳》：「曲合樂曰歌，徒歌曰謠。」此處歌、謠為泛稱，指歌唱。**不知我者，謂我士也驕。**士：春秋時，士多為卿大夫之家臣，或有食田，或以俸祿為生，或也參加耕作。春秋末年以後，「士」漸成知識分子之通稱。馬瑞辰《通釋》云：「『我士』與『彼人』對稱，『彼人』謂所刺之人，我士即詩人自謂也。『謂我士也驕』，設言旁人以我指斥時事為過甚，有似於驕。」**彼人是哉，**彼人：指當政者。是：正確的。表士之無奈。**子曰何其？**子：指「不知我者」，或指世人。其：語助詞，嗟歎之。**心之憂矣，其誰知之？其誰知之，蓋亦勿思！**蓋：通「盍」，何不。馬瑞辰《通釋》：「蓋者盍之假借。亦者，語詞。《爾雅》：『曷，盍也。』《廣雅》：『曷，何也。』蓋亦勿思，尤（猶）云何勿思也。」

園有棘，棘：酸棗樹。《毛傳》：「棘，棗也。」**其實之食。心之憂矣，聊以行國。**行國：行遊於國中。《鄭箋》：「出行於國中。」朱熹《集傳》：「歌謠之不足，則出遊於國中而寫憂也。」聞一多《類鈔》：「行國，周行於國邑中。」**不知我者，謂我士也罔極。**罔：無。罔極，指不合時宜。按：《衛風·氓》「士也罔極，二三其德」，或可說明與《園有桃》寫作時間大抵相當。**彼人是哉，子曰何其？心之憂矣，其誰知之？其誰知之，蓋亦勿思！**

魏風·陟岵

......

駕彼四牡，四牡騤騤。君子所依，小人所腓。

四牡翼翼，象弭魚服。豈不曰戒，玁狁孔棘。

昔我往矣，楊柳依依。今我來思，雨雪霏霏。

行道遲遲，載渴載飢。我心傷悲，莫知我哀。

與《小雅·采薇》相比，《陟岵》於戰爭與死亡顯得極度恐懼。前者畢竟車馬浩蕩，兵威整肅。而「國迫而數侵削，役乎大國」（《毛序》）的魏國征人則孤弱而無助——這個在山崗上想起了遠方父母和兄弟的多情善感的軟弱士卒，在刀馬撕殺的殘酷戰場上，又能撐持得了多久呢？所謂「千古羈旅行役詩之祖」（喬億《劍溪說詩又編》）是後世文人之品味，春秋人無暇「為賦新詩強說愁」。

陟彼岵兮，陟：登，登高。參《周南·卷耳》注。岵（hù）：從山，有草木的山。《說文》：「岵，山有草木也；屺（qǐ），山無草木也。」《爾雅·釋山》：「多草木岵，無草木峐（gāi）。」《釋文》：「峐，猶屺。」**瞻望父兮。父曰：「嗟，予子行役，夙夜無已。上慎旃哉，猶來無止！」**上：即「尚」，庶幾，希望。馬瑞辰《通釋》：「上者，尚之假借。《漢石經》、《魯詩》作尚，是本字。」慎：謹慎、小心，保重之意。旃（zhān）：之、焉的合音，語助詞。有祈願之意。馬瑞辰《通釋》：「之、旃一聲之轉，又為『之焉』之合聲，故旃訓之，又訓焉。」來：歸來。

陟彼屺兮，瞻望母兮。母曰：「嗟，予季行役，夙夜無寐。上慎旃哉，猶來無棄！」季：兄弟間以伯、仲、叔、季排序，此「季」指其少子。無寐：不能睡覺。棄：遠棄。朱熹《集傳》：「棄，謂死而棄其屍也。」馬瑞辰《通釋》：「無棄，與無死同義。」

陟彼岡兮，瞻望兄兮。兄曰：「嗟，予弟行役，夙夜必偕。上慎旃哉，猶來無死！」偕：指與人同作同息。《毛傳》：「偕，俱也。」朱熹《集傳》：「必偕，言與其儕（chái），同作同止，不得自如也。」以「寫作」言，一、二、三章父、母、兄所語之詞與其人物身份極為契合。

魏風‧十畝之間

　　無論兵戈刀劍怎樣寒冷，無論政治如何勾連錯雜，風雨過後天空還是天空，山巒還是山巒，田野還是田野。太陽高懸，薰風拂過，「十畝之間」猶有難得的恬淡與輕鬆。與《周南‧芣苢》不同的是，《十畝之間》的遼遠與疏朗中更透出一種泥土的芳香和草木之親切。「與子還兮」、「與子逝兮」的背影裏顯現著作為「人」的活著的尊嚴……

　　十畝之間兮，十畝：泛指或特指，但無關「井田之法」。**桑者閑閑兮。**桑者：採桑者。閑閑：從容往來。《孔疏》：「十畝之間，採桑者閑閑然，或男或女，共在其間，往來無別也。」朱熹《集傳》：「閑閑，往來者自得之貌。」**行與子還兮。**行：且。或曰走。

　　十畝之外兮，桑者泄泄兮。泄泄：眾多貌。《毛傳》：「泄泄，多人之貌。」一說閒散自得，和樂貌。泄音見《邶風‧雄雉》注。**行與子逝兮。**逝：往，去。參《邶風‧二子乘舟》注。

魏風‧伐檀

　　《晉語四》「公食貢，大夫食邑，士食田（韋昭注：「受公田也」），庶人食力（注：「各由其力」），工商食官（注：「工，百工。商，官賈也……食官，官稟之」），皂隸食職（注：「士臣皂，皂臣輿，輿臣隸。食職，各以其職大小食祿」），官宰食加（注：「官宰，家臣也。加，大夫之加田」）」，那麼，無論何人「食」何「祿」，最終的創造者是「食力」者——因為是「庶人」而非「公民」，所以生命唯以勞役之功用而得以存在。太陽和河水孕育並產生著屬於勞者之歌謠。

　　坎坎伐檀兮，坎坎：摹以斧伐木之聲。檀：即青檀樹，木質堅。朱熹《集傳》：「檀可為車者。」**寘之河之干兮，**寘：通「置」。參《周南‧卷耳》注。河：黃河。干：岸。《毛傳》：「干，厓也。」陳奐《傳疏》：「厓，謂厓岸也。」**河水清且漣猗。**漣：《毛傳》：「風行水成文（紋）曰漣。」猗：句尾語助詞，猶「兮」。朱熹《集傳》：「猗，與兮同，語辭也。」**不稼不穡，**

稼、穡（sè）：稼，耕種。穡，收穫。此泛指耕作勞動。《毛傳》：「種之曰稼。斂之曰穡。」**胡取禾三百廛兮？**胡：何。禾：黍、稷、稻、麥等糧食作物的總稱。廛（chán）：無關《地官・遂人》之「廛」。「民歌」幾無引經據典之可能。俞樾《平議》：「《廣雅》稇（kǔn）、繶（yì）、纏並訓束。然則三百廛者，三百纏也。三百億者，三百繶也。三百囷（qūn）者，三百稇也。其實皆三百束。」三百者，言其多，非確指。**不狩不獵**，狩獵：泛指打獵。冬獵為狩，夜獵為獵。《鄭箋》：「冬狩曰獵，宵田曰獵。」**胡瞻爾庭有縣貆兮？**瞻：望見。庭：庭院。縣：通「懸」。貆（huán）：即豬獾。又王夫之《稗疏》：「貆，一謂之貒，豪豬。《山海經》：『竹山有獸也，其狀似豚，白毛大如笄（引按：笄，簪子）而黑端，其名曰豪彘。』郭璞注曰：『貆也。』此獸南北通有。」**彼君子兮，不素餐兮！**素餐：白吃飯。「君子」本為白吃飯，此句「不素餐兮」為反語，怨怒而譏。

坎坎伐輻兮，伐輻：砍取製輻的木材。輻，車輪中的輻條木，連接輪轂輪圈（《考工記》曰「牙」）之直木，下章「伐輪」類此。王夫之《稗疏》：「為轂用榆，取其滑也；輻用檀，取其直也，牙用檍（jiāng），取其固也。此言『伐輪』蓋伐檀以為牙。」**寘之河之側兮，河水清且直猗。**直：指水流平直。**不稼不穡，胡取禾三百億兮？不狩不獵，胡瞻爾庭有縣特兮？**特：三歲的獸（一說四歲的獸），泛指大獸。《毛傳》：「獸三歲曰特。」參《召南・騶虞》注。**彼君子兮，不素食兮！**

坎坎伐輪兮，寘之河之漘兮，漘（chún）：水邊。陸德明《釋文》：「漘，本亦作脣。」王念孫《疏證》：「脣者，在邊之名。口邊謂之脣，水涯謂之漘。」**河水清且淪猗。**淪：水順流時的小波淪。陸德明《釋文》：「韓《詩》云：順流而風曰淪。淪，文（紋）貌。」**不稼不穡，胡取禾三百囷兮？不狩不獵，胡瞻爾庭有縣鶉兮？**囷：或可訓為「穀倉」。鶉：鵪鶉。按：于省吾先生在《新證》中不同意「鵪鶉」之說：「第一章言『懸貆』，第二章言『懸特』（毛傳謂之獸三歲曰特），第三章言『懸鶉』，懸貆獸與懸特獸於庭中，望而可知，如果懸起像拳頭大的鶉於庭中，不僅不顯眼，而且與

狟、特並列，顯得不倫不類。然則懸鶉之通作懸雕是肯定的。」于氏於《詩經》考證之精，尤自於卜辭、金文而更顯說服力。但就此詩文本而言，多解「鶉」為鵪鶉，似成定解。況且以三百「廛」、「億」、「囷」之列句相類比，懸於庭中的鵪鶉也可能不會止於一隻、兩隻。**彼君子兮，不素飧兮！**飧（sūn）：本義晚餐，引為熟食，又引為食熟食。戴侗《六書故》工事四：「飧，夕食也。古者夕則餕（jùn）朝膳之餘，故熟食曰飧。」餕，用為動詞，吃剩下的食物。

魏風・碩鼠

　　滕文公問為國，孟子說：「民之為道也，有恆產者有恒心，無恒產者無恒心。苟無恒心，放僻邪侈，無不為已，及陷乎罪，然後從而刑之，是罔（引按：欺騙陷害）民也。焉有仁人在位，罔民而可為也？」先將其設定為「仁人」，再編故事，希望「在位」者能「減輕民人負擔」：「夏后氏五十而貢，殷人七十而助，周人百畝而徹，其實皆什一也……」又使大夫畢戰去諮詢關於「井田」之事，孟子建議郊野鄙地採用借民力助耕公田，實行九之一勞役租賦，四郊六鄉國中之地則實行什一之實物租稅（《孟子・滕文公上》），一片苦心。

　　《春秋》紀，魯宣公十五年（前 594 年），魯國實行「初稅畝」，取消了公、私田界限，按總土地面積徵收租賦的「履畝而稅」，耕者的負擔要比「什一而藉」[1] 時沉重許多。由是王符《潛夫論・班祿》「履畝稅而《碩鼠》作」，《鹽鐵論・取下篇》中的「賢良」也謂「及周之末塗（途），德惠塞而嗜欲眾，君奢侈而上求多，民困於下，怠於上公（引按：上公，上公之事，即公事），是以有履畝之稅，《碩鼠》之詩作也……」

　　豈不知，「耕者」只要沒有屬於自己的最基本生產資料──土地，無論往哪裏，無論何種社會形態，皆無「樂土」「樂國」。「王制」之下無解。

　　碩鼠碩鼠，碩鼠：即田鼠，「地耗子」，食豆粟等物。馬瑞辰《通釋》：「碩鼠即《爾雅》鼫鼠。碩即鼫之假借。」郭璞《爾雅注》云：「鼫鼠形大如鼠，頭似兔，尾有毛，青黃色，好在田中食粟豆。」**無食我黍！三歲貫女，**三歲：非確數，泛指多年。貫：侍奉，養活。《毛傳》：「貫，事也。」

女：同「汝」，指碩鼠所喻者。**莫我肯顧**。莫我肯顧：即「莫肯顧我」之倒文。下「莫我肯德」、「莫我肯勞」句式同。顧：顧念。朱熹《集傳》：「顧，念。」**逝將去女**，逝：同「誓」，表決絕之意。《公羊傳・昭公十五年》徐彥疏引「逝」作「誓」。楊樹達《述林》：「蓋《三家詩》有作誓者。此《詩》本表示決絕之辭，《三家》作誓，用本字也；《毛詩》作逝，用假字也。」一說逝，往。《鄭箋》：「逝，往也。往矣將去女，與之訣別之辭。」去：離開。**適彼樂土**。適：往，到。樂土：可以安居樂業的地方，與下兩章「樂國」、「樂郊」同義，均為詩者之想像烏托邦。**樂土樂土，爰得我所！**爰：在那裡，於是。朱熹《集傳》：「爰，於也。」所，安居之所。

碩鼠碩鼠，無食我麥！三歲貫女，莫我肯德。德：用作動詞，意施德、加惠。**逝將去女，適彼樂國。樂國樂國，爰得我直！**直：通「值」，引為「報酬」。

碩鼠碩鼠，無食我苗！三歲貫女，莫我肯勞。勞：慰勞。**逝將去女，適彼樂郊。樂郊樂郊，誰之永號！**之：助詞，其。永號：長聲籲歎。《毛傳》：「號，呼也。」朱熹《集傳》：「永號，長呼也。」黃焯《平議》：「毛訓『號』為『呼』，意以『永號』猶云『永歎』，謂果得適彼樂郊，誰其復長呼永歎乎？」

〔1〕《公羊傳・宣公十五年》：「初者何？始也。稅畝者何？履畝而稅也。初稅畝，何以書？譏。何譏爾？譏始履畝而稅也。何譏乎始履畝而稅？古者什一而藉。古者曷為什一而藉？什一者，天下之中正也。」藉：徵收田租，包括勞役地租。「什一而藉」即私田與公田之比例為10：1。何休注：「什一以借民力，以什與民，自取其一為公田。」「什一而藉」，包括孟子在內，「恤民」之理想和傳說而已。

唐　風

　　東征平叛後，周室封武王幼子、成王的弟弟唐叔虞於唐，叔虞死後其子燮父又遷都於晉水旁，改唐為晉，《唐風》即《晉風》，「其詩不謂之晉而謂之唐，蓋仍其始封之舊號耳」。（朱熹《詩集傳》）

　　周宣王四十三年（前 785 年），晉穆侯死，其弟殤叔破嫡長繼承制自立為君，太子仇被迫逃亡。四年後太子仇率徒襲殤叔而立（十年後周幽王被殺，周室東遷），是為文侯。公元前 746 年文侯死，子昭侯即位。第二年昭侯封文侯之弟成師（桓叔）於曲沃。曲沃大於晉君的都城翼城，「末大於本而得民心」（《晉世家》），自此晉國開始了長期而殘酷的君臣爭位。

　　從桓叔最初封於曲沃到其孫武公於前 679 年滅晉侯緡而為君，六十七年的時間裏連殺五君、逐一君。武公之子獻公即位後又進一步走上擴張之路，伐驪戎、赤狄，滅耿、霍、魏、虞、虢等國。其後晉國為爭奪君位再度內亂，驪姬傾晉，申生蒙冤。（《左傳》莊公二十八年、僖公四年、五年、九年、《晉世家》）公元前 636 年，流亡十九年的晉獻公之子重耳晉文公即位，擁戴周室。前 632 年城濮之戰勝楚後，晉國被周襄王賜命為霸主。在稱霸諸侯的同時，長期與楚國對抗較量，形成了南北兩強更迭把持和操控中原地區的局面。到晉靈公時，大夫趙盾又殺君而擁立晉成公，實則自專其權。之後晉國多有異姓大臣擅權，厲公想誅滅權臣卻於前 572 年又為另外的兩家大臣欒書和中行偃所殺。前 526 年晉昭公死後，晉國「六卿強，公室卑」（《晉世家》），韓、趙、魏、范、中行及智氏各據其勢。在經過長期激烈的爭戰後，范、中行和智氏先後敗退，韓、趙、魏於晉哀公四年（前 453 年）滅智後三分其晉。周威烈王二十三年（前 403 年），周王室封三家為諸侯。晉靜公二年（前 376 年）見廢為民，晉國不再。

　　自西周末至春秋，晉國腥風血雨，波詭雲譎。《唐風》有艱難時世中的堅守與頹廢，有遠行者的孤獨和苦役者無謂的訴怨，也有時過境遷的傷逝和慨歎，以及未亡人於曠野中的無淚自語；也有風雲突變中的機警，夏夜星空下於愛情的無限憧憬……

唐風・蟋蟀

　　「此感時傷生者也，屈氏所謂『惟草木之零落兮，恐美人之遲暮』……為樂無害，而不已則過甚。勿至於太康，常思其職所主；勿至於荒，常存良士之態，然後為善也。」（王質《詩總聞》）「好樂無荒」是統治者最願意看到之情狀。而「職思其居」、「職思其外」黽勉盡力者，是「學習道藝」、「學以居位」（或仍然須得耕作）的「良士」──西周、春秋時代的知識分子們就「位卑未敢忘憂國」。而於時光的傷逝則又使全詩有了很人性的感染力。在刻意於「教化」意義一類的風詩中，《蟋蟀》可能是藝術性最強者之一。

　　蟋蟀在堂，堂：堂屋，房內。蟋蟀本在外，「在堂」言時序已近寒秋歲暮。**歲聿其莫。**聿：語助詞。《毛傳》：「聿，遂。」陳奐《傳疏》：「聿與曰通，其義皆可訓遂，遂亦辭也。」其：助詞。下「其逝」、「其休」之「其」同。莫：即暮。參《齊風・東方未明》注。**今我不樂，日月其除。**日、月：指時光。其：副詞，將。二三章「其邁」、「其慆」之「其」同。《鄭箋》：「今不自樂，日月且過去，不復暇為之。」除：《毛傳》：「去也。」**無已大康，**無：毋。陳奐《傳疏》：「無字與毋通，領下句連讀。」已：過，太。《毛傳》：「已，甚。」大（tài）康：大，同「泰」；康，安樂。朱熹《集傳》：「大康，過於樂也。」**職思其居。**職：應，當。聞一多《類鈔》：「職猶當也，今俗語曰得。」楊樹達《詞詮》卷五：「職，助動詞，當也。」居：本義為動詞，擔負之意，引為擔負的職責。**好樂無荒，**好（hào）：喜好。樂：逸樂。無：勿。荒：放縱，過度。**良士瞿瞿。**士：《穀梁傳・成公元年》「古者有四民，有士民，有商民，有農民，有工民」，范甯注：「（士民），學習道藝者。」《漢書・食貨志》「士、農、工、商，四民有業。學以居位曰士，闢土殖穀曰農，作巧成器曰工，通財鬻貨曰商」。瞿瞿（jù）：隹上之雙目，本為鳥驚視貌，

此引為戒顧之貌。《埤（pí）雅·釋鳥》：「雀俯而啄，仰而四顧，所謂瞿也。」
朱熹《集傳》：「瞿瞿，卻顧之貌。唐俗勤儉，故其民間終歲勞苦，不敢少休。
及其歲晚務閒之時，乃敢相與燕飲為樂。而言今蟋蟀在堂，而歲忽已晚矣。
當此之時而不為樂，則日月將捨我而去矣。然其憂深而思遠也，故方燕樂，
而又遽相戒曰：今雖不可以不為樂，然不已過於樂乎？盍亦顧念其職之所居
者，使其雖好樂而無荒，若彼良士之長慮而卻顧焉，則可以不至於危亡也。」
遽，惶恐，不安。參《齊風·東方未明》注。

　　蟋蟀在堂，歲聿其逝。今我不樂，日月其邁。邁：流逝。**無
已大康，職思其外。**外：此指所務之外的事。朱熹《集傳》：「外，餘也。
其所治之事，固當思之，而所治之餘，亦不敢忽。」蘇轍《詩集傳》：「既思
其職，又思其職之外。」**好樂無荒，良士蹶蹶。**蹶蹶（guì）：敏捷而勤
奮貌。《毛傳》：「蹶蹶，動而敏於事。」吳闓生《會通》：「蹶蹶，勤敏也。」

　　蟋蟀在堂，役車其休。役車：行役之車。《鄭箋》：「庶人乘役車，
役車休，農功畢，無事也。」《孔疏》：「收納禾稼亦用此車，故役車休息是農
功畢，無事也。」庶人，或指包括「士」在內的「士庶人」。《管子·大匡》「君
有過大夫不諫，士庶人有善而大夫不進，可罰也」。《孟子·離婁上》「天子不
仁，不保四海；諸侯不仁，不保社稷；卿大夫不仁，不保宗廟；士庶人不仁，
不保四體」。**今我不樂，日月其慆。**慆（tāo）：逝去。《毛傳》：「慆，過
也。」陳奐《傳疏》：「慆與滔，聲義皆相近。過，猶去也。」又馬瑞辰《通
釋》：「慆與滔，字之假借。《說文》：『滔，水漫漫大貌。』大則易失之過，故
『過』又『大』義之引申也。」**無已大康，職思其憂。**憂：憂患。《鄭
箋》：「憂者，謂鄰國侵伐之憂。」黃焯《平議》：「末章『職思其憂』，謂宜思
其所當思，（《爾雅·釋詁》：『憂，思也。』）蓋泛指一切應思之事言之，必指
為鄰國侵伐之憂，失之鑿矣。」**好樂無荒，良士休休。**休休：樂而有節
貌。朱熹《集傳》：「休休，安閒之貌，樂而有節，不至於淫，所以安也。」
淫，過度。

唐風·山有樞

另一首「阪有□，隰有□」之《秦風·車鄰》中，同樣也有「今者不樂，逝者其耋」，「今者不樂，逝者其亡」之句。一種既得利益將要失去的頹廢──春秋時期舊的社會秩序瓦解，天子和王室權威一落千丈，各食利階層優渥不再。與生俱來的特權，使他們蛻化成了一群只懂得貪享的腐化物種──此種「傳統」後世沿襲不知多少代持續地沿襲著……

山有樞，樞（shū）：木名，即刺榆。王先謙《集疏》：「樞即刺榆，榆即大榆。白榆謂之枌（fén），樞、枌皆榆之種類耳。」**隰有榆。**隰：低濕之地。參《邶風·簡兮》注。**子有衣裳，弗曳弗婁。**曳（yè）：拉。婁：陳奐《傳疏》：「婁者，摟之假借字。《玉篇》引《詩》作『弗曳弗摟』。」《孔疏》：「曳者，衣裳在身，行必曳之。婁與曳連則同為一事。走馬謂之馳，策馬謂之驅，驅馳俱是乘車之事，則曳婁俱是著衣之事，故云婁亦曳也。」**子有車馬，弗馳弗驅。宛其死矣，**宛：苑字的假借，枯萎。馬瑞辰《通釋》：「宛即苑之假借。《淮南子·本經訓》『百節莫苑』高注：『苑，病也。』又《俶真訓》『形苑而神壯』高注：『苑，枯病也。』」其：助詞，猶「然」。**他人是愉。**愉：《毛傳》：「樂也。」

山有栲，栲（kǎo）：王夫之《稗疏》：「栲似樗（chū）而大，樗臭而栲不臭爾。樗葉秋冬赤，而栲淺綠。樗，俗謂之臭椿；栲，俗謂之鴨婆椿，皆不材之木也。」**隰有杻。**杻（niǔ）：亦名檍，木材多曲少直，可作弓材。《爾雅·釋木》：「杻，檍。」**子有廷內，**廷：通「庭」，庭院。內：指堂室。王先謙《集疏》：「廷與庭通，庭內，猶言堂室也。」**弗洒弗埽。**埽：同「掃」。參《鄘風·牆有茨》注。**子有鍾鼓，弗鼓弗考。**考：《毛傳》：「考，擊也。」**宛其死矣，他人是保。**保：佔居。《鄭箋》：「保，居也。」朱熹《集傳》：「保，居有也。」

山有漆，漆：漆樹。**隰有栗。子有酒食，何不日鼓瑟？且以喜樂，且以永日。**永日：延長時光歲月。朱熹《集傳》：「永，長也。人多憂，則覺日短，飲食作樂，可以永長此日也。」**宛其死矣，他人入室。**

唐風‧揚之水

　　前746年晉國第十一任國君、頗有作為的晉文侯卒。其子昭侯危不自安，匆忙於元年（前745）將比晉都翼城還要大的曲沃封給了自己的叔父成師——「曲沃桓叔」，並以晉靖侯庶孫欒賓輔之。從當國者的角度講，這是一個重大政治決策失誤——曲沃在桓叔苦心經營下實力和影響很快超過晉都，晉國形成兩個政治中心並「末大本小」之格局；幾十年君位之爭，最後以桓叔之孫武公代替晉國成為周室諸侯而告終。史家或於這段晉國之痛難以釋懷，[1] 所以《晉世家》和《左傳‧桓公二年》將其來龍去脈和經過敘寫得十分詳細。《揚之水》極有可能與其相關——勝利者暢揚的心情訴之於「白石鑿鑿」、「白石粼粼」者「揚之水」，訴之於「素衣朱襮（bó）」「素衣朱繡」；於「既見君子，云何不樂」的歡欣中，不忘「我聞有命，不敢以告人」而實則「告人」之居功——彈冠相慶的背後，是另一方的黯然與闃寂。

　　揚之水，揚：水流悠遠貌。參《王風‧揚之水》注。**白石鑿鑿。**鑿鑿：《毛傳》：「鑿鑿然，鮮明貌。」朱熹《集傳》：「鑿鑿，巉（chán）岩貌。」山岩高險曰巉。**素衣朱襮，**素衣：白色的綢衣。襮：衣領。《毛傳》：「襮，領也。」朱熹《集傳》：「諸侯之服，綉黼（引按：黼音 fǔ，禮服上白與黑相間的花紋）領而丹朱純（絲）也。」**從子于沃。**子：你，或指「桓叔」。沃：曲沃。《晉世家》引「君子」曰「晉之亂，其在曲沃矣」。朱熹《集傳》：「其後沃盛強而晉微弱，國人將叛而歸之，故作此詩。」意詩者投奔擁戴桓叔。**既見君子，**君子：或指「桓叔」。**云何不樂！**

　　揚之水，白石皓皓。皓皓：潔白貌。《毛傳》：「皓皓，潔白也。」**素衣朱繡，**繡：五彩之繪。《考工記‧畫繢》：「五彩備謂之繡。」朱繡：紅邊領上繡五彩花紋。朱熹《集傳》：「朱繡，即朱襮也。」**從子于鵠。**鵠（hú）：通「皋」，即曲沃。《毛傳》：「鵠，曲沃邑也。」馬瑞辰《通釋》：「皋與鵠古同聲，皋通作鵠。……皋者，澤也。……是知沃亦澤也。……《三家詩》從本字作皋，《毛詩》假借作鵠。《傳》云：『鵠，曲沃邑』者，正謂鵠即曲沃，非謂曲沃之旁別有邑名鵠也。」**既見君子，云何其憂！**

揚之水，白石粼粼。粼粼：朱熹《集傳》：「水清石見之貌。」**我聞有命，不敢以告人！**不敢以告人：意即為桓叔保密。朱熹《集傳》：「聞其命而不敢以告人者，為之隱也。桓叔將以傾晉，而民為之隱，蓋欲其成矣。」吳闓生《會通》：「聞曲沃有政命，不敢以告人。」

〔1〕某種意義上那其實是一種政治進步，也是「禮崩樂壞」的重要標誌之一。前 677 年晉武公去世（在位三十九年），其子詭諸（晉獻公）繼位。晉國自獻公實行政治改革，歷惠、懷、文、襄、靈諸世不任公族、不畜群公子（《左傳·宣公二年》敘寫為「驪姬之亂，詛無畜群公子」，實則獻公為防止「曲沃代翼」之劇再次上演。公羊、穀梁皆無其說），破「任人唯親」而人才輩出，從而使晉國得以強大。

晉成公（前 606 年～前 600 年在位）時恢復了「公族」（並賜趙氏為公族）、「餘子」、「公行」之職，分授其卿之嫡子、餘子、庶子並予田土之賜。晉獻公於公卿家族的抑制和清除使異姓公卿勢力逐漸強大起來，直至「三家分晉」。（或問倘若晉國姬姓公室一直能夠「團結一致向前看」，那麼若干年後統一中國的將是「虎狼之晉」而非「虎狼之秦」？答曰歷史是無法假設、也不能夠假設的）

唐風·椒聊

「深秋初冬之間，椒香不可勝言。大率漫山彌嶺無有雜木，近道所聞多烈而逆鼻，自遠傳來者不甚烈而頗幽，尤可人也。」這是南宋王質解詩時說起於「關陝道路」上的見「聞」。(《詩總聞》)以漫山遍野一串串紅嘟嘟的熟透了的花椒興喻多子而高大碩美的婦人，這個想像是多麼的酣暢和令人陶醉。相比之，後世香囊、香粉和「窈窕」之屬又算得了什麼？

椒聊之實，椒：即花椒。《孔疏》引《陸疏》曰：「椒樹似茱萸，有針刺，葉堅而滑澤，蜀人作茶，吳人作茗，皆合煮其葉以為香。」朱熹《集傳》因之：「其實味辛而香烈。」聊：助詞。陸德明《釋文》：「聊，辭也。」《集傳》：「聊，語助也。」又聞一多《類鈔》：「草木實聚生成叢，古語叫作『聊』，今語叫作『嘟嚕』。……椒類多子，所以古人常用來比女人。椒類中有一種結實聚生成房的，一房椒叫作椒房。漢朝人借『椒房』這個名詞來稱呼他們皇后所住的房室，正取其多子的吉祥意義。」又王質《詩總聞》：「聊，姑也。

姑即其近者，採之其香已如此，況於遠也。大率山林之物，深遠者愈芳，花草之屬皆然。…西北婦人大率以厚重為美，東南婦人以輕盈為美，故美女多歸燕趙。此詩碩大者，蓋其風俗也。嘗見北方仕女畫圖，皆厚重中有妍態美，與東南迥然不同也。」**蕃衍盈升**。蕃（fán）衍：繁盛眾多。嚴粲《詩緝》：「蕃，茂也。衍，廣也。」盈：滿。升：量器。十合為一升，十升為一斗，十斗為一石。朱熹《集傳》：「椒之蕃盛，則採之盈升矣。」聞一多《類鈔》：「『椒聊之實，蕃衍盈升』是說一嘟嚕花椒子兒，蕃衍起來，可以滿一升。」聞說與詩意較為相契。**彼其之子，**彼其之子：此處類今語「她那人兒呀」，意讚美。「彼其之子」多見於《詩》，用於指稱所言之人，或意親愛，或意讚美。如《王風·揚之水》「彼其之子，不與我戍申」，《魏風·汾沮洳》「彼其之子，美無度」等；或意怨憎，如《曹風·候人》「彼其之子，三百赤芾」等。**碩大無朋**。碩：大而美。《鄭箋》：「碩謂壯佼貌。」無朋：聞一多《類鈔》：「無比也。」**椒聊且，**且（jū）：語末助詞。嗟歎椒聊「番衍盈升」。**遠條且。**條：修，長。《毛傳》：「條，長也。」馬瑞辰《通釋》：「《方言》、《廣雅》並曰：『修，長也。』條、修古同聲通用。」遠條，指椒之香氣遠播，馨之遠聞也。胡承珙《後箋》：「遠條二字，皆以氣言之，不以枝言之也。」聞一多《類鈔》：「遠條，雙聲連語，條也是遠。這是說香氣濃烈，老遠就聞見的意思。」

　　椒聊之實，蕃衍盈菊。菊（jū）：古「掬」字。《毛傳》：「兩手曰菊。」**彼其之子，碩大且篤。**篤：厚實。此指「彼其之子」肌體豐滿碩實。聞一多《類鈔》：「篤，厚也，也是肥大之意。古代女子亦以豐碩為美。」**椒聊且，遠條且。**

唐風·綢繆

　　夏曆三月間的故事和情景。「參則伏」，[1]「毂則鳴」（《爾雅注》郭璞注：「毂，螻蛄也」），「妾子始蠶」，「越有小旱」，[2]「鳴鳩」[3]……這是《夏小正》於三月之物候、氣象、天文及農耕蠶桑之紀。北方三月乾旱而溫

暖的夜晚裏，在泥土的甜膩氣息和隱約之蛙聲裏，燦爛的星河與三參見證了原野上女子如此之欣喜與幸福。明人戴恩君《詩風臆評》：「淡淡語，卻無限情景……」

　　綢繆束薪，綢繆：緊密纏繞貌。（後世有引為情意殷切者，漢詩「獨有盈觴酒，與子結綢繆」）束：動詞，捆，縛。薪：柴草。黃焯《平議》：「詩中言娶妻者，每以『析薪』起興。如《周南・漢廣》、《齊・南山》、《豳・伐柯》、《小雅・車舝》皆是。」參見《周南・漢廣》、《召南・野有死麕》注。**三星在天。**三星：夜空中獵戶座「腰帶」上最明亮而相近的三顆星。地上某一地點觀察，時序、時間不同，其方位不同，反之觀察三星之變化，也可知季節的變化。三星有參宿三星，心宿三星，河鼓三星。詩中之「三星」，《毛傳》認為是參宿三星：「三星，參也。」《鄭箋》認為指心宿三星：「三星，謂心星也。……今我束薪於野，乃見其在天，則三月之末，四月之中，見於東方矣。」近人朱文鑫在《天文考古錄》中認為，詩中首章「綢繆束薪，三星在天」指參宿三星；二章「綢繆束芻，三星在隅」，指心宿三星；末章「綢繆束楚，三星在戶」，指河鼓三星。李陵《贈蘇武詩》有「燦燦三星列，拳拳月初生」句。在天：《毛傳》：「謂始見東方也。」朱熹《集傳》：「昏始於見東方，建辰之月也。」按：北斗七星之斗柄所指為建。一年之中，以斗柄旋轉方位而依次指為十二辰。「辰」本意指日、月的交匯點，《左傳・昭公七年》「日月之匯是謂辰」。「十二辰」指一年十二個月的月朔時（月球和太陽黃經相等時稱朔。朔日月球運行到地球和太陽之間，和太陽同時出沒，呈現新月。夏曆以每月朔日為初一，約三十日為一週期，即一月），夏曆之月份即由此而定，並用地支命名各月，稱為「十二月建」：建寅（正月）、建卯（二月）、建辰（三月）、建巳（四月）、建午（五月）、建未（六月）、建申（七月）、建酉（八月）、建戌（九月）、建亥（十月）、建子（十一月）、建丑（十二月）。**今夕何夕，見此良人？**良人：指心儀已久之人。**子兮子兮，**子：你。余冠英《詩經選》：「詩人感動自呼之辭。」**如此良人何！**朱熹《集傳》：「方綢繆以束薪也，而仰見三星之在天；今夕不知其何夕也，而忽見良人之在此。既又自謂曰：子兮子兮！其將奈此良人何哉？喜之甚而自慶之辭也。」

　　綢繆束芻， 芻（chú）：餵牲口的草。**三星在隅。** 隅：指天空東南邊。
《毛傳》：「隅，東南隅也。」朱熹《集傳》：「昏見之星至此，則夜久矣。」
今夕何夕，見此邂逅？ 邂逅：本義為不期而遇，此指不期而遇者。**子
兮子兮，如此邂逅何！**

　　綢繆束楚， 楚：灌木名，即牡荊。馬鞭草科，落葉灌木，花冠淡紫色。
此或指荊條。參《周南・漢廣》、《王風・揚之水》注。**三星在戶。** 在戶：
指當窗戶而現。朱熹《集傳》：「戶，室戶也。戶必南出，昏見之星至此，則
夜分矣。」**今夕何夕，見此粲者？** 粲：俊美、光鮮華麗。朱熹《集傳》：
「粲，美也。」**子兮子兮，如此粲者何！**

　　〔1〕《夏小正傳》：「伏者，非亡之辭也。星無時而不見，我有不見之時，故曰
伏云。」

　　〔2〕《夏小正傳》：「越，于也。紀是時恒有小旱。」

　　〔3〕《禮記・月令》：「季春之月……鳴鳩拂其羽。」《淮南子・時則訓》「拂」
作「奮」。

唐風・杕杜

　　讀出一棵樹的孤獨不是一個習慣於流浪的人的情感模式，饑荒和戰亂離
散之人也不會將注意力集中到山川風物之上。於困厄者來說，當於一定社會
「道義」完全絕望而游離其外時，一棵樹、一條流動的河流，一片草地，甚
至一群往飛的鳥兒，往往使他倍感親切——《杕杜》於「兄弟」之熱切呼喚
的背後是這個世界的異常冷漠。〔1〕

　　《詩經》三首六次以「有杕之杜」起興（又《小雅・杕杜》），樹有知遇，
人無助——西周、春秋時代有多少人的（政治）意願心情，其詩性表達和戰
國「諸子百家」的理性歸納，一同構成了周代思想之大觀。〔2〕而多少不合「溫
柔敦厚」的憤世之「詩」，或又曾被孔子刪掉了。

　　有杕之杜， 有杕（dì）：即杕杕。杕，樹孤生獨立貌。梅膺祚《字彙》：
「木獨生也，又孤高貌。」《毛傳》：「杕，特貌。」杜：杜梨，即棠梨。**其葉**

湑湑。湑湑（xǔ）：葉茂盛貌。《孔疏》：「湑湑與菁菁皆茂盛之貌。」馬瑞辰《通釋》：「其葉湑湑，其葉菁菁，皆言葉之盛，則杜雖孤特，猶有葉以為蔭芘。」**獨行踽踽，**踽踽（jǔ）：獨行，孤獨無依貌。朱熹《集傳》：「踽踽，無所親之貌。」王先謙《集疏》：「《說文》：『踽踽，疏行貌。《詩》曰：獨行踽踽。』疏行，猶獨行也。」**豈無他人？不如我同父。**同父：朱熹《集傳》：「兄弟也。」「同父」或泛言之，包括宗族兄弟。**嗟行之人，**嗟：句首嗟詞。行（háng）：道路。行之人，即來往過路之人。**胡不比焉？**比、佽（cì）：輔助。《鄭箋》：「比，輔也。……佽，助也。」朱熹《集傳》：「此無兄弟者，自傷其孤特，而求助於人之辭。言枼然之杜，其葉猶湑湑然；人無兄弟，則獨行踽踽，曾杜之不如矣。然豈無他人之可與同行也哉？特以其不如我兄弟，是以不免於踽踽耳。於是嗟歡行路之人，何不閔我之獨行而見親，憐我之無兄弟而見助乎？」**人無兄弟，胡不佽焉？**

有枼之杜，其葉菁菁。菁菁（jīng）：《毛傳》：「葉盛也。」**獨行睘睘，**睘睘（qióng）：同「煢煢」，孤獨無依貌。《毛傳》：「睘睘，無所依也。」**豈無他人？不如我同姓。**同姓：或指同姓宗族。《毛傳》：「同姓，同祖也。」又馬瑞辰《通釋》：「《釋文》曰：『女生曰姓，姓謂子也。』姓從女生會意。上古賜姓，皆因其母之所生。如神農母居姜水，因賜姓姜；黃帝母居姬水，因賜姓姬；舜母居姚墟，因賜姓姚……是古賜姓由母之證。此詩『同姓』對前章『同父』而言，又據下文『人無兄弟』，言『同姓』蓋謂同母生者。」**嗟行之人，胡不比焉？人無兄弟，胡不佽焉？**

〔1〕這是「制度」或「文化」之必然，後世多相類者。當一個社會的價值取向以服從和迎合權力為唯一時，道義是不存在的；個人在集權（極權）之下沒有思想、甚至思考的權利。「在中國傳統的社會語境中，有關『人的命題』往往語焉不詳抑或定義含混，縱有王權正史和民間文本中連篇累牘的「民意、民心」指涉，也只是把具體的個人虛置化為不具自主功能的『集體無意識』群氓，所謂順民、刁民乃至暴民……這種隨機性應『時勢』而隨意褒貶定性，完全基於體制維權的『務實』需要而任意命名的羞辱性稱謂，一方面顯示出權力意志對人本價值的蔑視態度，另方面也透析出中

土制度文化中由於『個人的意義』長期缺席，使得一般人很難辨識出個人倫理見之於公共權力構製中的基礎性作用，看不到『人是一切社會關係的總和』這一事實，因而總是自願放棄對社會事務的積極介入和干預，以此規避個人權利表達所應承擔的政治風險，讓強勢的個人或組織一路坐大並成為社會物質與人力資源的掌控主體，從而導致民間社會長期受制於精神與物質的雙重貧困，最終只能將人的社會生活訴求壓縮在僅僅『為活著而活著』的低度生存區間。

眾所周知，摧毀人就是從摧毀他的個性和自發性開始的，當個人作為群體中不可更動、不可替代的獨立意義長期被省略、被貶損，乃至被逐出公共領域並內化為常設的制度邏輯和普遍的文化觀念時，缺乏個人『主觀能動性』的族群精神必然衰變失血，必然失去鮮活的個性神采，最終造成社會整體性的創生機能嚴重萎縮。這時候，人們常常忽視對自由意志的堅守和體己度人的道義關懷。因為既然不能從置身其間的共同體中體驗到溫情的歷史記憶，領略到家國宗譜中親切的問候並由此滋生出癡心眷戀的『鄉愁』，也就無所謂愛國的『主義』和大義的擔當，所以也就難於合成出個人之於社會、以及民族同向共生的榮辱感，就無法演化出體恤庶民、求訴公正的建設性政治動議和制度安排。

正是根源於這種畸變的文化與制度合力侵染，才導致中國人對生存無常產生出神經質的焦慮症與恐懼感，最終使得信仰文化應付闕如並完全讓位於庸俗化投機主義式的務實理性。因為經驗了太多的苦難和生死掙扎的命運劫數，所以人們總是要麼自足於一夜為王、一朝得勢的奢侈和驕狂，要麼忍辱負重、聽天由命好死不如賴活著，而對於有膽參與權力爭鋒和問鼎『公家事務』的各路『英雄豪傑』，則要麼是奉行機關算盡的韜晦之術『相時而動』，要麼總是迷戀於『武器的批判』重複敗家子式的秩序顛覆，讓歷練了數千年的權力體制始終荷載並不斷繁殖出無法承受的反抗力，造成中國社會雖然歷盡了權災兵禍的輪迴折騰，卻始終無法反躬自省與『普適文明』接軌。

……人們出於生存的常識理性，而不得不屈從於權力的強大勢能和與之相適應的意識形態教化，日久之後個人的社會屬性和公共責任擔當意識便隨之淡出，這種民意整體性的不作為和權力系統的『亂作為』反向共生形成的二元不對稱社會格局，使得人們只能逆來順受從而淪為挾暴力與『天命』自重的王道專制任意驅策的工具……由於權力倫理中沒有為個人預留出自由意志的伸展空間，個人的主體意願很難延伸成為公權決策中有當量的掣肘力，使得個人自覺與社會公共生態的關聯性嚴重分離……由此理路構製的國家社會，要麼是個人或家族意志的放大和延伸，要麼是強人政團的私欲合成體，所謂公心和公義的法理與制度訴求，則基本不在（引按：此處有譜省）公

共權力意識和執政理念中。置身於如此相互排斥的社會生態中，激發人們參與公共事務的動機大多不是理性和道德的力量，而是源於私性的欲望和『務實不必求真』的利害比較……長期不良循環並積累為制度性、文化性的敗血因子，造成心智德行與權力組合的嚴重分離，在助長了專權者驕橫跋扈的暴戾性格的同時，也使民間將這種歧視性不把人當人的專制主義『人權觀』泛化為普遍的社會意識，使得公共視野中一切關於人的判定與闡釋只注重人的物化功能和工具性使用價值，看不到個人作為社會物質與文化創生主體不可替代的神性價值，看不到生命本身的存在就是目的，就是一切理論關注和社會實踐自始至終都必須實現的正向目標。」（漢心《中國人無法承受的權利之輕》）

　　〔2〕以儒家為例，孟子「以意逆志」、「知人論世」引論《詩經》近四十次——阮刻本《孟子·梁惠王上》三處，《梁惠王下》五處，《公孫丑上》三處，《滕文公上》四處，《滕文公下》二處，《離婁上》七處，《萬章上》四處，《萬章下》一處，《告子上》二處，《告子下》二處，《盡心上》一處，《盡心下》二處；

　　《荀子》引《詩經》達八十多處（逸詩七處）——除《樂論》、《性惡》、《成相》、《賦》、《哀公》五篇外，其餘二十七篇均有《詩經》引用，其中《勸學》、《修身》、《不苟》、《禮論》、《正名》、《君子》各引三處，《君道》、《臣道》、《議兵》、《解蔽》、《宥坐》各引四處，《儒效》、《富國》各引六處，《大略》引十一處；

　　逸詩者《王霸》引「如霜雪之將將，如日月之光明，為之則存，不為則亡」，《臣道》引「國有大命，不可以告人，妨其躬身」，《天論》引「禮義之不愆，何恤人之言兮」，《解蔽》引「鳳凰秋秋，其翼若干，其聲若簫。有鳳有凰，樂帝之心」，「墨以為明，狐狸而蒼」，《正名》引「長夜漫兮，永思騫兮，大古之不慢兮，禮義之不愆兮，何恤人之言兮」，《法行》引「涓涓源水，不壅不塞。轂已破碎，乃大其輻。事已敗矣，乃重太息」；

　　……

唐風·羔裘

　　羔裘為春秋時期「貴族」男子顯服，《風》詩中以《羔裘》為題者凡三首，本詩外另有《鄭風·羔裘》和《檜風·羔裘》；「羔裘豹袪（qū）」是卿大夫之飾，在民間則成為一種於盛服之借稱。這位女子或婦人不無幸福感地惱罵那個「自我人居居」者——其實他哪裏能有什麼羔裘豹袪、豹褎（xiù）？

羔裘豹袪，羔：羊之小者曰羔。羔裘：即上好裘衣。袪：嚴粲《詩緝》：
「袪者，袖口也。」《毛傳》訓袪為「袂也。」《孔疏》：「袂與袪別，此以袪、
袂為一者，袂是袖之大名，袪是袖頭之小稱，其通皆為袂。」參《鄭風·遵
大路》注。豹袪，即以豹皮飾裘衣之袖口。《鄭箋》：「羔裘豹袪，在位卿大夫
之服也。」**自我人居居。**自：對於。我人：我等人。居居（jù）：「倨倨（jù）」
之假借，倨傲。《毛傳》：「居居，懷惡不相親比之貌。」胡承珙《後箋》：「《說
文》：『倨，不遜也。』倨傲無禮，故為惡也。」**豈無他人？維子之故。**
維：同「惟」，只。子：你。

羔裘豹褎，褎：同「袖」，袖口。《毛傳》：「褎，猶袪也。」陳奐《傳
疏》：「《說文》：『褎，袪也。俗作袖』。是褎亦袪矣，袂末謂之袪，亦袂末謂
之褎，故云褎猶袪也。」**自我人究究。**究究：《毛傳》：「猶居居也。」王
先謙《集疏》：「《魯》說曰：居居、究究，惡也。」又聞一多《類鈔》：「究究
（qiú），仇仇（qiú）。」「倨倨，仇仇，皆傲慢貌。」**豈無他人？維子之
好。**好：《鄭箋》：「我不去而歸往他人者，乃念子而愛好之也。民之厚如此，
亦唐之遺風。」

唐風·鴇羽

　　生於水草之地、不善棲木的鴇羽艱難集于苞栩、棗樹、桑枝而抖翅肅肅，
這個極具煽情意味的興喻或蘊含著作者的深度生命體驗，[1]也使《鴇羽》看
上去不類社會底層之歌謠。如果「其養民也惠，其使民也義」（《論語·公冶
長》）、「節用而愛人，使民以時」（《學而》）和「勞而不怨」、「因民之所利而
利之」、「擇可勞而勞之」（《堯曰》）稱得上是「仁」，那麼《鴇羽》或也體現
出了所謂「民本」之隱約。（無論春秋戰國還是秦漢帝制以降，所謂「民本思
想」皆以鞏固政權為目的而非民權之歸還）

　　肅肅鴇羽，肅肅：《毛傳》：「鴇羽聲也。」鴇：鳥名。似雁而大，長可
達一米。背有黃褐和黑色斑紋，腹部白色。喜群棲草原、湖泊地帶，足健而
善馳。《鄭風·大叔于田》「叔于田，乘乘鴇」之「鴇」即以此鳥名其馬。**集**

于苞栩。苞（bāo）：草木叢生。《孔疏》引孫炎：「物叢生曰苞。」栩（xǔ）：柞（zuò）樹。鴇無後趾，不能穩定地棲息在樹上。《毛傳》：「鴇之性不樹止。」《孔疏》：「鴇鳥連蹄，性不樹止，樹止則為苦，故以喻君子從征役為危苦也。」詩者或以「肅肅鴇羽，集于苞栩」興征役不止，人無所居。詩三章中「集于苞栩」、「集于苞棘」、「集于苞桑」，除桑之外，柞為灌木或小喬木，生棘刺。「棘」或指有刺草木，或確指灌木酸棗樹，則其刺棘更甚。孔穎達「樹止則苦」的說法是對的。「民歌」比興中牽強於事物的某種細節是完全可能的。王事靡盬，王事：此指征役之事。朱熹《集傳》：「民從征役而不得養其父母，故作此詩。」靡：沒有。盬：休止，王引之《述聞》卷五：「盬者，息也。」盬音見《邶風·北門》注。不能蓺稷黍，蓺：種植。《孟子·滕文公上》：「后稷教民稼穡，樹藝五穀，五穀熟而民人育。」參《齊風·南山》注。稷：高粱。一說黍的一個變種，黍性黏，稷不黏。黍：即黍子，也稱糜子。參《王風·黍離》注。父母何怙？怙（hù）：憑恃，依靠。《毛傳》：「怙，恃也。」悠悠蒼天，曷其有所？曷：何。所：處所，指安居。

　　肅肅鴇翼，集于苞棘。棘：即酸棗樹。落葉灌木，刺堅而尖。王事靡盬，不能蓺黍稷，父母何食？悠悠蒼天，曷其有極？極：終了，盡頭。《鄭箋》：「極，已也。」

　　肅肅鴇行，行（háng）：列行。馬瑞辰《通釋》：「鴇行，猶雁行也。雁之飛有行列，而鴇似之。」集于苞桑。王事靡盬，不能蓺稻粱，父母何嘗？嘗：朱熹《集傳》：「嘗，食也。」悠悠蒼天，曷其有常？常：正常。朱熹《集傳》：「常，復其常也。」

　　〔1〕《毛序》：「《鴇羽》，刺時也。昭公之後，大亂五世，君子下從征役，不得養其父母，而作是詩也。」《孔疏》：「案《左傳》桓二年稱『魯惠公三十年，晉潘父弒昭侯而納桓叔，不克。晉人立孝侯。惠之四十五年，曲沃莊伯伐翼，弒孝侯。翼人立其弟鄂侯』。隱五年傳稱『曲沃莊伯伐翼，翼侯奔隨。秋，王命虢公伐曲沃，而立哀侯于翼』。隱六年傳稱『翼人逆晉侯於隨，納諸鄂，晉人謂之鄂侯』。桓二年傳『鄂

侯生哀侯。哀侯侵陘庭之田。陘庭南鄙啟曲沃伐翼』。桓三年，『曲沃武公伐翼，逐翼
侯於汾隰，夜獲之』。桓七年傳『冬，曲沃伯誘晉小子侯殺之』。『八年春，滅翼。』
是大亂五世之事。案桓八年傳云：『冬，王命虢仲立晉哀侯之弟緡於晉。』則小子侯
之後，復有緡為晉君。此大亂五世，不數緡者，以此言昭公之後，則是昭公之詩，自
昭公數之，至小子而滿五，故數不及緡也。此言大亂五世，則亂後始作，但亂從昭起，
追刺昭公，故為昭公詩也。」並見《晉世家》。

唐風‧無衣

「桂布白似雪，吳綿軟於雲。布重綿且厚，為裘有餘溫。

朝擁坐至暮，夜覆眠達晨。誰知嚴冬月，支體暖如春。

中夕忽有念，撫裘起逡巡。丈夫貴兼濟，豈獨善一身。

安得萬里裘，蓋裏周四垠？穩暖皆如我，天下無寒人。」（《新製布裘》）

天冷了，白居易因為新製了一件綿袍而感慨萬千。其間是唐憲宗（805 年
～820 年在位）年間，所謂「元和中興」時期，白居易尚且「飽暖而憫人飢寒」
——人類一路從飢寒中走來，歌謠竟也成了禦寒的方法之一。如果《無衣》
源自凜冽的寒風中的一首勞動號子或夯歌，那麼，「安且吉兮」和「安且燠兮」
的幻想，確也會使苦役者們的身體暖和起來嗎？

（「風」詩四題「羔羊（之皮）」〔《召南》〕、「羔裘」〔《鄭風》、《唐風》、《檜
風》〕，兩題「無衣」〔又《秦風》〕。一如整部《詩經》於土田糧食之書寫，衣，
無論西周還是春秋，皆其政權與其「民」所患。「豈曰無衣」者，實無衣也。
「心之憂矣，之子無裳」、「心之憂矣，之子無帶」、「心之憂矣，之子無服」〔《衛
風‧有狐》〕——以其資源與生產力，當不至於人皆缺衣少食，蓋其生產關係
和戰爭使然。整個先秦未曾有過豐衣足食，漢帝國建立，「人民」進入了「暫
時做穩了奴隸的時代」）

豈曰無衣，七兮？七：命服為七。七命之服為侯伯之服。下章「六」
類此，六命者為卿服。周代官員的品序有一至九命之差，命數多者為高。其
衣服因命數不同而各有定制。《春官‧典命》：「掌諸侯之五儀、諸臣之五等之
命。上公九命為伯，其國家、宮室、車旗、衣服、禮儀，皆以九為節；侯伯
七命 ⋯⋯皆以七為節；子男五命⋯皆以五為節。王之三公八命，其卿六命，

其大夫四命。及其出封，皆加一等，其國家、宮室、車旗、衣服、禮儀亦如之。凡諸侯之適（嫡）子誓於天子，攝其君（引按：指代表其國君），則下其君之禮一等；未誓（指未經天子批准代表他的國君），則以皮帛繼子男（指在子、男之後）。公之孤（孤卿）四命，以皮帛視小國之君。其卿（指上公的卿）三命，其大夫再（二）命，其士一命，其宮室、車旗、衣服、禮儀，各視其命之數。侯伯之卿大夫士亦如之。子男之卿再命，其大夫一命，其士不命。」鄭玄注：「五儀，公、侯、伯、子、男之儀。五等，謂孤以下四命、三命、再命、一命，不命也。」「上公，謂王之三公（即太師、太傅、太保）有德者，加命為二伯。……國家，國之所居，謂城方也。公之城蓋方九里，宮方九百步；侯伯之城蓋方七里，宮方七百步；子男之城蓋方五里，宮方五百步。」參孫詒讓《周禮正義》。**不如子之衣**，子：你。**安且吉兮！**安：舒適。吉：美。

　　豈曰無衣，六兮？不如子之衣，安且燠兮！燠（yù）：暖和。朱熹《集傳》：「燠，暖也。」

唐風・有杕之杜

　　當樹的孤獨被人發現之後，其實樹已不再孤獨，靜穆中它已經實現了一次交流，並獲得了可能的愛；真正孤獨的是人。盼望君子「適我」與「來遊」絕不是酒肉飲食意義上的往來；「中心好之」是渴望得到回應的主動表白——思想者精神和內心的孤獨與苦悶自古若此。這裡應該是春秋中期靠後——以「禮」為核心的古典專制主義「崩壞」殆盡，不久，將迎來「沉默」之後的爆發——戰國時期的「百家爭鳴」運動。

　　有杕之杜，見《杕杜》注。**生于道左**。道左：道路左邊。《鄭箋》：「道左，道東也。」**彼君子兮，噬肯適我？**噬（shì）：句首語詞。朱熹《集傳》：「噬，發語詞也。」適：之，到，往。**中心好之**，中心：即心中。言「中心」，有「心之深處」之意。好：動詞，喜愛，引為渴盼。**曷飲食之？**曷：同盍，何。朱熹《集傳》：「則彼君子者，亦安肯顧而適我哉？然其中心好之，則不已也，但無自而得飲食之耳。」

有杕之杜，生于道周。 道周：泛指道旁。《毛傳》：「周，曲也。」《孔疏》：「言道周繞之，故為曲也。」又馬瑞辰《通釋》：「道周與道左相對成文，故韓《詩》訓為道右，右、周古音同部，周即右之假借。」**彼君子兮，噬肯來遊？** 來遊：來顧（我）。《毛傳》：「遊，觀也。」**中心好之，曷飲食之？**

唐風・葛生

中國沒有上帝，有皇帝；沒有天國，有九泉。皇帝死了從地上宮住進地下宮，「人民」死了就埋在黃土裏。當死亡不可避免的時候，於死亡的恐懼便毫無意義。而生者的思悼又足以使死者在另一個世界裏欣慰。與《邶風・綠衣》相比，《葛生》於痛悲之後釋然於「百歲之後，歸于其居」之期盼——生死相依我苦戀著你，地下的亡人，還有什麼遺憾的呢？

葛生蒙楚， 葛：藤。蒙：覆，遮，蓋。參《鄘風・君子偕老》注。楚：灌木名，即牡荊樹。參《綢繆》注。**蘞蔓于野。** 蘞（liǎn）：多年生蔓草。夏開黃、綠色小花。有捲鬚適於攀緣著附。《陸疏》：「蘞似栝樓，葉盛而細，其子正黑如燕薁（yù），不可食。」王夫之《稗疏》：「蘞有三種：有白蘞，有紫（赤）蘞，有烏蘞。赤莖作蔓，葉如小桑，五月開花，七月結實，根如雞卵，皮黑肉白者，為白蘞。根表裏皆赤者，為赤蘞……七八月結苞成簇，青白色，花大如粟，黃色四出……為烏蘞。以其莖葉相似，故皆謂之蘞。」見李時珍《本草綱目》。蔓：對應上句「生」，蔓延。朱熹《集傳》：「蔓，延也。」**予美亡此，** 予美：猶今言「我之爱」。《鄭箋》：「我所美之人。」**誰與？獨處。** 與：伴。「獨處」、「獨息」、「獨旦」，指亡者。

葛生蒙棘，蘞蔓于域。 域：指墓地。《毛傳》：「域，營（塋）域也。」馬瑞辰《通釋》：「營域或作塋域，古為葬地之稱。《說文》：『塋，墓地也。』是也。」**予美亡此，誰與？獨息。** 息：安息。朱熹《集傳》：「息，止也。」

　　角枕粲兮，角枕：用獸角作裝飾的枕頭。白居易《苦熱中寄舒員外》詩有「藤床鋪晚雪，角枕截寒玉」句。粲：華美鮮亮貌。**錦衾爛兮。**錦衾：錦被。此指被子鮮艷華美。爛：有光彩。以上兩句為未亡人憶及往日夫婦角枕錦衾之情景。又《毛傳》：「齊（齋）則角枕錦衾。」《孔疏》則又曰：「婦人夫既不在，獨齊（齋）而行祭。當齊之時，出夫之衾枕，睹物思夫，言此角枕粲然而鮮明兮，錦衾爛然而色美兮，雖有枕衾，無人服用，故怨言我所美之人，身無於此，當與誰齊乎？」**予美亡此，誰與？獨旦。**獨旦：獨處到天明。朱熹《集傳》：「獨旦，獨處至旦也。」

　　夏之日，與下句「冬之夜」皆言未亡人度日之慢長。也取夏日晝長，冬日夜長難熬之意。**冬之夜。百歲之後，歸于其居。**居：指亡者處息之地。與下章「室」皆指墓室。聞一多《類鈔》：「居、室皆謂冢壙。」

　　冬之夜，夏之日。百歲之後，歸于其室。〔1〕

〔1〕關於活著時的情景，兩千五百年後，有臺灣詩人如是說：
再呼吸一次你呼吸過的
空氣，你剛讀過的夜色
我正在複習，就這樣睡下
並排著，共枕一被，什麼也不做
也很好，這樣的姿勢多像百年後
我們分枕躺著，只你離我
最近，在地下，中間隔著薄薄的木……
又彷彿此際茫茫夜色，千億星系中
我的最親，兩顆雙子星，看得清彼此
圓美的孤度，生的火焰在流轉
華美的光輝，雖然仍有填不滿的虛黑
隔著，那是萬有引力適切的
距離，也是不易把持，永世的寂寞
何其幸，眼前唯你我是火躍的星球

其餘的都遙遠，多遙遠啊

而兩顆如果有一顆先寂滅，另一顆

會不會墜落？平衡凹陷，世界興起

一場小小的混亂，待再找尋

新的方位，一切又已回至最初

──沒有名氏。或者也隨後

自引核爆，轟地輻射出去

追逐昔時發光的點點滴滴

宛如我的呼吸追逐著你的呼吸

那婉轉流竄的空氣，若有若無

若有，若無……

（只偶而碎碎談話聲加入）

就這樣躺著，什麼也不做

也很好，被子拉得高些，熱量在棉絮中

傳遞，像我們未來共枕的大地

世界有太多太多未竟的故事

有些且帶入夢境，有些只好任它

繼續流浪

在夢外……

（白靈《雙子星》。侯吉諒編《等你，在雨中──臺灣情詩選》，中國友誼出版公司，1989 年）

唐風・采苓

「自古人君聽讒多矣」，好聽讒者不唯晉獻公，[1] 不唯西周春秋戰國秦漢……小人讒言妄為之下，賢良者的痛苦，又哪裏是「首陽之顛」一曲長歌所能疏解了的！

采苓采苓，苓：苓耳。見《邶風・簡兮》注。或曰通「蘦（ling）」，植物名，即草藥「大苦」。《毛傳》：「苓，大苦也。」沈括《夢溪筆談》：「此乃黃藥也，其味極苦，謂之大苦。」俞樾《平議》：「詩人蓋託物以見意，

苓之言憐也，苦之言苦也。」**首陽之顛**。首陽：山名，一稱雷首山，在今山西永濟縣南。《毛傳》：「首陽，山名也。」馬瑞辰《通釋》：「晉之首陽，一名雷首，一名首山，山南曰陽，故又名首陽也。」《孔疏》：「毛以為，言人采苓采苓，於何處採之？於首陽之顛採之。以興獻公問細小之行，於何處求之？於小人之身求之。采苓者，細小之事，比喻君求細小之行也。首陽者，幽辟之山，喻小人是無徵驗之人也。言獻公多問小行於小人言語無徵之人，故所以讒言興也。……鄭以采苓采苓者，皆言我採此苓於首陽之顛，然首陽之顛信有苓矣。然而今人採之者未必於首陽，而人必信之，以其事有似也。事雖似而實非，以興天下之事亦有似之而實非者，君何得聞人之讒而輒信乎？」其實「民歌」中的所謂「興」，有時並不嚴格和貼切。雖是無甚關聯，但因過於熟悉和置身於其中，往往就被用來「先言」之而引「所詠之辭」了。這在後世民歌，特別是北方民歌中也可以得到證實。**人之為言，**為（wěi）：通「偽」，偽言，即謊話，讒言。陳奐《傳疏》：「古為、偽、訛三字同，《毛傳》本作為，讀作『偽』也。為言，即讒言，所謂小行無徵之言也。」**苟亦無信**。苟：誠，確實。含戒告、冀望意。陳奐《傳疏》：「苟亦無信，誠無信也。」亦，語助詞。無：同「勿」。信：輕信。**舍旃舍旃，**舍：捨棄。拋棄。旃：「之焉」的合聲，王念孫《疏證》卷五下：「旃者，『之焉』之合聲，故旃訓為之，又訓為焉。」參《魏風·陟岵》注。**苟亦無然。**無然：勿以為然。朱熹《集傳》：「無遽以為然。」**人之為言，胡得焉？**胡：何。得：取信。聞一多《類鈔》：「得，取也。與舍對。言人之偽言不足取也。」

采苦采苦，苦：即苦菜，也稱荼。《毛傳》：「苦，苦菜也。」《孔疏》：「此荼也，陸機云：『苦菜生山田及澤中，得霜恬脆而美，所謂菫荼如飴』。」按：「菫（jīn）荼如飴」自《大雅·綿》，菫：《廣雅》：「菫，蕭（diào）也。」王念孫疏：「今之灰藋也。處處原野有之，四月生苗，有紫紅綫棱，葉端有缺，面青，背有白灰。莖心嫩葉背面全白，野人多為疏（蔬），南方婦女用以煮綫，或以飼豕，八九月中結子如莧（xiàn）。」**首陽之下。人之為言，苟亦**

無與。與：認同。《毛傳》：「無與，勿用也。」朱熹《集傳》：「與，許也。」
舍旃舍旃，苟亦無然。人之為言，胡得焉？

采葑采葑，葑：菜名，即蕪菁，也稱蔓菁。參《邶風・谷風》注。首
陽之東。人之為言，苟亦無從。從：信從。朱熹《集傳》：「從，聽也。」
舍旃舍旃，苟亦無然。人之為言，胡得焉？

〔1〕《毛序》：「《采苓》，刺晉獻公也。獻公好聽讒焉。」《孔疏》：「以獻公好聽
用讒之言，或見貶退賢者，或進用惡人，故刺之。」

方玉潤《詩經原始》：「《序》謂刺晉獻公好聽讒言，蓋指驪姬事也。然詩旨未露
其意，安知其必為驪姬發哉？自古人君聽讒多矣，其始由於心之多疑好察，數數訪刺
外事於左右，故小人得乘機而進讒，勢至順而機又易投也。」驪姬，文獻敘寫中的晉
國「褒姒」。晉獻公之妻齊姜生太子申生，大戎狐姬生重耳，大戎狐姬其妹小戎子生
夷吾，驪姬生奚齊，其陪嫁的妹妹生卓子。驪姬寵於獻公，欲立奚齊為太子，前 666
年賄賂獻公寵信的大夫梁五和東關嬖五說服獻公讓申生、重耳、夷吾離開都城分別外
駐於曲沃、蒲地和南、北屈地。前 656 年太子申生遭驪姬陰謀陷害而死。前 651 年，
獻公卒，奚齊年十五立為國君，由大夫荀息佐之。十月，大夫里克殺奚齊，荀息立卓
子；十一月，里克又殺卓子，荀息自盡，夷吾立。見《左傳》僖公四年、九年，莊公
二十八年，《晉語》、《晉世家》。（《史記》所敘與《左傳》、《國語》有不同）

秦 風

　　西周王朝其實到共（恭）王、懿王時就開始衰落了。共王之弟、懿王之
叔姬辟方周孝王即位後試圖復舉周室。他強武力，擴充軍備，在西部汧水、
渭水交匯處的一片草原上開闢牧場，繁養戰馬。河谷地帶，草溉水美，氣候
濕潤，數年後馬匹的數量便成倍增加。孝王便將其地封給了養馬的功臣非子。
非子封地雖為附庸，[1] 但已成為日後強大秦國的最初根據地。周宣王時任用
秦非子第四代秦仲為大夫，命伐西戎不克，被西戎所殺。後秦仲的五個兒子
率兵討伐大敗西戎，再一次得到了周宣王的賞賜，任其為西垂大夫。秦仲之
孫秦襄公在幽王時力救周難，又於前 770 年護送周平王東遷而有功，遂被封
為諸侯，賜王畿一帶岐、豐之地。前 766 年，襄公討西戎死於岐山。前 762
年，襄公子文公攻滅戎狄占據岐山，取得周室所賜岐西之地，秦國遂得發展。

　　早期的秦國並非像其後那樣強大顯赫。經文公、寧公、武公、宣公幾代
的打拼，疆土不斷東擴，幾遷其都。到秦穆公時，任用百里奚、蹇叔、由余
等謀臣，內修外圖，「東服強晉，西霸戎夷」，國勢崛起。三十七年（前 623
年），秦穆公採用由余之計攻打戎王，益國十二，開地千里。(《秦本紀》)秦
國在稱雄西部的同時，逐漸參與到中原爭霸之中，力量僅次於晉、楚、齊等
強國。

　　「天水、隴西，山多林木，民以板為室屋。及安定、北地、上郡、西河，
皆迫近戎狄，修習戰備，高上（尚）氣力，以射獵為先。故《秦詩》曰『在
其板屋』；又曰『王于興師，修我甲兵，與子偕行』。及《車轔》、《駟驖》、《小
戎》之篇，皆言車馬田狩之事。」(《漢書·地理志》) 班固引《詩》試圖說明
地理與政治的關係。以《左傳·文公六年》和《秦本紀》對《黃鳥》之紀以

及《毛序》（「《小戎》，美襄公也。備其兵甲，以討西戎」）看，《秦風》當自春秋時興邦建國與擴張時期。——似能聽得車馬奔嘯，看見冬日西陲落日下的烈烈旌旗。

令人驚異的是，當《黃鳥》的野蠻殘酷使人不寒而慄時，《蒹葭》卻以秋天般的深遠，在荒遠邊地喚起了人們於疏離久遠的愛情之嚮往；當然，也有離別之難捨、沒落的哀歎以及善良百姓對國君的冀望……

〔1〕《禮記·王制》：「天子之田方千里，公、侯田方百里，伯七十里，子、男五十里；不能五十里者，不合於天子，附於諸侯，曰附庸。」

《地官·大司徒》：「凡建邦國……諸公之地，封疆方五百里，其食者半；諸侯之地，封疆方四百里，其食者三之一；諸伯之地，封疆方三百里，其食者三之一；諸子之地，封疆方二百里，其食者四之一；諸男之地，封疆方百里，其食者四之一。」食者三之一，指供其徵收賦稅以作國用的地方有三分之一。《夏官·職方氏》：「凡邦國千里，封公以方五百里，則四公；方四百里，則六侯；方三百里，則十一伯；方二百里，則二十五子；方百里，則百男。」後數表封其爵之數量。按：「五等爵」始於孟子（《孟子·萬章下》），漢人制《三禮》（又見《春官·大宗伯》）引而申之（又《白虎通·爵》等）。所說缺少金文支持，或並不曾存在。

秦風·車鄰

從首章「有車鄰鄰，有馬白顛」的賦陳和二、三章「阪有□，隰有□」起興套句看，〔1〕這是一首拼湊而成之「詩」，中下層的「貴族」們「嘉會寄詩以親，離群託詩以怨」（鍾嶸《詩品序》）所為；首句之空想和「今者不樂——逝者其耄，逝者其亡」，反映其生存的不如意。（與《雅》之西周王朝上行時期相關作品相比，春秋每見此類頹廢之作——各國之「風」行，王室已無「詩」）

有車鄰鄰，鄰鄰：同「轔轔」，摹車行聲。《毛傳》：「鄰鄰，眾車聲也。」杜甫《兵車行》有「車轔轔，馬嘯嘯」句。**有馬白顛。**白顛：白額。馬額正中有白色，是一種上好良馬。朱熹《集傳》：「白顛，額有白毛。今謂之的顙（sǎng）。」「的顙」即「的盧」，辛棄疾《破陣子》「馬作的盧飛快，弓如霹

鼕弦驚」。**未見君子**，君子：尊稱。〔2〕**寺人之令**。寺人：即侍人，侍奉之人。馬瑞辰《通釋》：「寺人之，即侍人之省，非謂《周禮》寺人之官也。」王先謙《集疏》：「寺、侍古字通。……寺人即侍臣，蓋近侍之通稱，不必泥歷代寺人為說。」之令：「令之」之倒文，即指使（寺人去通傳）。

　　阪有漆，阪：山坡。參《鄭風·東門之墠》注。漆：漆樹。**隰有栗**。隰：低濕之地。阪、隰句為《詩》中常見「山有□，隰有□」起興句式。參《唐風·山有樞》注。**既見君子，並坐鼓瑟**。鼓：彈奏。**今者不樂，逝者其耋**。逝者：他日。俞樾《平議》：「逝者對今者言，今者謂此日，逝者謂他日也。逝，往也，謂過此以往也。」先秦言時間多用今者、逝者、往者、來者等詞。《論語·微子》有「往者不可諫，來者猶可追」句。耋（dié）：八十歲，泛指老。一說七十、九十曰耋。《禮記·曲禮上》「八十、九十曰耋」；《鹽鐵論·孝養》「七十曰耋」。

　　阪有桑，隰有楊。既見君子，並坐鼓簧。簧：古樂器名。參《王風·君子陽陽》注。**今者不樂，逝者其亡**。

　　〔1〕《晨風》「山有苞櫟（lì），隰有六駁（bó）」、「山有苞棣，隰有樹檖（suì）」，《唐風·山有樞》「山有樞，隰有榆」、「山有栲，隰有杻」、「山有漆，隰有栗」，《鄭風·山有扶蘇》「山有扶蘇，隰有荷華」、「山有橋松，隰有游龍」等。

　　〔2〕此詩舊說多以為是寫秦國君臣相樂。「君子」指何君？各解有異。《毛序》認為「美秦仲也。秦仲始大，有車馬禮樂侍御之好焉。」《孔疏》：「言秦仲始大者，秦自非子（引按：周孝王封秦之始祖）以來，世為附庸，其國仍小。至今秦仲而國土大矣。由國始大，而得有此車馬禮樂，故言『始大』以冠之。」秦仲是秦伯之子，秦侯之孫，秦非子曾孫，應是秦國第四任國君。周宣王時秦仲被封為大夫，令攻西戎，時秦國開始強大。《秦本紀》：「秦仲立二十三年，死於戎。有子五人，其長者曰莊公。周宣王乃召莊公昆弟五人，與兵七千人，使伐西我，破之。」

　　或以為此詩美秦襄公。明人豐坊在《詩說》中認為「襄公伐戎，初名為秦伯，國人榮之，賦《車鄰》」。何楷在《詩經世本古義》中也認為「《車鄰》，秦臣美襄公也。

平王初命襄公為秦伯，其臣榮而樂之」。襄公為秦仲之孫，莊公之子。秦仲於公元前822年為西戎所殺後，其孫世父率兵西伐，讓其弟襄公為太子。《秦本紀》：「七年春，周幽王用襃姒廢太子，立襃姒子為適，數欺諸侯，諸侯叛之。西戎犬戎與申侯伐周，殺幽王酈山下。而秦襄公將兵救周，戰甚力，有功。周避犬戎難，東徙雒邑，襄公以兵送周平王，平王封襄公為諸侯，賜之岐以西之地。」如是則秦仲與襄公皆為秦有功之臣，從此意義上秦國人有可能歌而詠之。但從詩的第二、第三章看，這首詩不宜作為頌歌，即便是「經學」也難牽強。按：後兩首《駟驖》、《小戎》漢儒認為皆「美襄公」，蓋因襄公是春秋時期秦國被正式列為諸候的「開國之君」。明人學漢儒，將《車鄰》也說成是「秦臣美襄公」，就顯得很可笑，雖然意願都是要借以歌讚當朝之「開國皇帝」——老實說，無論劉邦還是朱元璋，其實是不在乎這些的。

又清人吳懋清《毛詩復古錄》：「秦穆公宴飲賓客及群臣，以西山之土音，作歌以侑（引按：侑音 yòu，勸酒食）。」秦穆公已是「春秋五霸」之一，晚西周秦仲一百二十年左右、春秋秦國第一任國君秦襄公七十年左右。

秦風·駟驖

「風」詩七首相關狩獵（另《周南·兔罝》，《召南·騶虞》，《鄭風·叔于田》、《大叔于田》，《齊風·還》、《盧令》)），《駟驖》最顯端莊。在秦君不動聲色和眾犬眈眈而視的目光中，似乎見得秦國於未來的躊躇和重重心事。〔1〕

駟驖孔阜， 駟：四馬。參《鄭風·清人》注。驖（tiě）：赤黑色馬。毛黑，毛尖略帶紅色，遠望為紅黑色，屬上好精良之馬。孔：甚。阜：盛壯肥大。**六轡在手。** 黃焯《平議》：「上句『駟驖孔阜』言馬之善，此句則形容御者之良耳。嚴氏《詩緝》云：『此謂把握其轡，能制馬之遲速，惟手之是聽。』是矣。」轡：馬繮繩。六轡：《孔疏》：「每馬有二轡，四馬當八轡矣。諸文皆言六轡者，以驂馬內轡納之於觖（jué 觼），故在手者為六轡耳。」觖，同「觼（jué）」，有舌的環，環舌用以穿過皮帶，使之固定。《小戎》「鋈以觼軜」。陳奐《傳疏》：「觼者，所以貫驂內轡之環也。」**公之媚子，** 公：或泛言之，或指秦襄公。《秦本紀》：「（襄公）七年（引按：前771年）春，周幽王用襃姒廢太子，立襃姒子為適，數欺諸侯，諸侯叛之。西戎犬戎與申侯伐周，殺

幽王酈山下。而秦襄公將兵救周，戰甚力，有功。周避犬戎難，東徙洛邑，襄公以兵送周平王。平王封襄公為諸侯，賜之岐以西之地。曰：『戎無道，侵奪我岐、豐之地，秦能攻逐戎，即有其地。』與誓，封爵之。襄公於是始國，與諸侯通使聘享之禮，乃用騮駒、黃牛、羝羊各三，祠上帝西畤（引按：畤音 zhì，祭天地五帝之處所）。」媚子：所寵愛（信）之人，即下句「從公于狩」者。**從公于狩。**于：往。狩：冬獵。《左傳·隱公五年》：「故春蒐夏苗，秋獮冬狩，皆於農隙以講事也。」講事，指講習武事。以狩獵形式習武。

　　奉時辰牡，奉：驅出野獸供射獵。《鄭箋》：「奉是時牡者，謂虞人也。時牡甚肥大，言禽獸得其所。」朱熹《集傳》：「奉之者，虞人翼以待射也。」虞人，《周禮》掌管山澤的官，有澤虞和山虞之分。《夏官·大司馬》「虞人萊所田之野」，鄭玄注：「鄭司農云：『虞人萊所田之野，芟除其草萊，令車得驅馳。』……玄謂萊，芟除可陳之處。」賈公彥疏：「虞人者，若田在澤，澤虞。若田在山，山虞。謂使其地之民，於可陳之處，芟除草萊。故云：『萊所田之野。』」情形大體若此。參《周南·兔罝》、《召南·騶虞》注。時：《毛傳》：「是。」陳奐《傳疏》：「時、是同聲，故以時為是字也。」辰：時，應時。《毛傳》：「辰，時也。冬獻狼，夏獻麋，春秋獻鹿豕群獸。」《孔疏》：「《釋訓》云：『不辰，不時也。』是辰為時也。」牡：公獸。參《邶風·匏有苦葉》注。**辰牡孔碩。**碩：肥大。《鄭箋》：「時牡甚肥大，言禽獸得其所。」**公曰左之，**左之：使之左，或云從左邊射擊。**舍拔則獲。**舍：放，發。拔：箭的尾部。《毛傳》：「拔，矢末也。」意箭被彈出（著意其霎那間）。

　　遊于北園，北園：聞一多《類鈔》：「秦之苑囿，公所遊田之地。」**四馬既閑。**既：已。閑：通「嫻」，嫻熟，熟練。《毛傳》：「閑，習也。」《鄭箋》：「公所以田則克獲者，乃遊于北園之時，時則已習其四種之馬。」**輶車鸞鑣，**輶（yóu）車：用於圍追堵截野獸的輕便之車。《毛傳》：「輶，輕也。」《鄭箋》：「輕車，驅逆之車也。」鸞：即鸞鈴。鸞口銜鈴，故謂之鸞鈴。此鸞鈴掛在鑣兩邊，故曰鸞鑣。《鄭箋》：「置鸞於鑣，異於乘車也。」《孔疏》：「《夏官·大馭》及《玉藻》《經解》之注皆云『鸞在衡，和在軾』，謂乘車之

鸞也。此云『鸞鑣』，則鸞在於鑣，故異於乘車也。」鑣：即馬銜鐵。參《衛風・碩人》注。《說文》：「鑾，人君乘車，四馬四鑣八鸞，鈴象鸞，鳥聲，和則敬也。」**載獫歇驕。** 獫（xiǎn）：長嘴巴的獵狗。歇驕，短嘴巴的獵狗。《毛傳》：「獫、歇驕，田犬也。長喙曰獫，短喙曰歇驕。」朱熹《集傳》：「以車載犬，蓋以休其足力也。」嚴粲《詩緝》：「載田犬之獫，歇其驕逸，謂休其足力也。田而獲，獲而休，常事也。」

〔3〕《毛序》：「《駟驖》，美襄公也，始命，有田狩之事，園囿之樂焉。」《鄭箋》：「始命，命為諸侯也。秦始附庸也。」《孔疏》：「作《駟驖》詩者，美襄公也。秦自非子以來，世為附庸，未得王命。今襄公始受王命為諸侯，有遊田狩獵之事，園囿之樂焉，故美之也。諸侯之君，乃得順時遊田，治兵習武，取禽祭廟。附庸未成諸侯，其禮則闕。故今襄公始命為諸侯，乃得有此田狩之事，故云『始命』也。」

秦風・小戎

既是開國之君，儒家覺得理應稱頌一番，所以毛、鄭以為《小戎》是「美」秦襄公的。〔1〕但官方的「主題創作」或達不到這個水平——以婦人的口吻和第一人稱成詩，反映了作者追求創作技巧和審美心理的複雜。車馬皮革和兵戈之氣息與婦人的溫婉之心相容，於誇飾之中克制「言念君子」，使遠方的「四牡孔阜，六轡在手」之雄威頗見分量。

小戎俴收， 小戎：一中輕便的兵車，車廂較小，故稱小戎。《毛傳》：「小戎，兵車也。」《孔疏》：「先啟行之車謂之大戎，從後行者謂之小戎。」俴（jiàn）：淺。收：軫（zhěn），即車後橫木。《毛傳》：「俴，淺。收，軫也。」馬瑞辰《通釋》：「軫之為說不一，或以為車後橫木。《說文》：『軫，車後橫木也。』《考工記》『車軫四尺』鄭注：『車後橫木』是也。」王夫之《稗疏》：「收，有從後收束之意。」俴收，即指淺的車廂（橫木低即車廂淺）。**五楘梁輈。** 楘（mù）：皮革花紋狀纏於車輈，加固且裝飾。《毛傳》：「五，五束也。楘，歷錄也。……一輈（zhōu）五束，束有歷錄。」《孔疏》：「五楘是輈上之飾。故以五為五束，言以皮革五處束之。『楘，歷錄』者，謂所束之

處，因以為文章歷錄然。歷錄蓋文章之貌也。」梁輈：輈，車轅。《孔疏》：「輈者，轅也。」春秋時車為單轅，通身微曲，轅頭之處上彎稍甚，以便其衡著於馬頸背之上，以其形似房梁，故謂之梁輈。嚴粲《詩緝》：「梁輈者，輈轅如梁也。」**游環脅驅，**游環：朱熹《集傳》：「游環，靷（yǐn）環也，以皮為環，當兩服馬之背上，游移前卻無定處，引兩驂馬之外轡，貫其中而執之，所以制驂馬使不得外出。」脅驅：駕具名。朱熹《集傳》：「脅驅，亦以皮為之，前繫於衡之兩端，後繫於軫之兩端，當服馬脅之外，所以驅驂馬使不得入內也。」衡，即車轅頭上的橫木。**陰靷鋈續。**陰：車軾（車廂前面用作扶手的橫木）前面的橫擋板，也稱掩軌。朱熹《集傳》：「陰，掩軌也。軌在軾前而以板橫側掩之，以其陰映此軌，故謂之陰也。」靷：引車前行的皮帶，前端繫於馬頸背之上衡端皮套，經過車下後端繫於車軸，引車而行。朱熹《集傳》：「靷，以皮二條前繫驂馬之頸，後繫陰板之上也。」鋈（wù）續：鋈，白銅，此指白銅嵌制其壞。或曰白銅鍍的環。王夫之《稗疏》：「《廣雅》：『白銅謂之鋈。』鋈乃白銅之名，無『沃灌』之義。……若以銅液傾沃，則生熱不相沾洽……世豈有已成之鐵，可用他金液灌而得黏合者哉！」以當時之冶金技術，王辯是有道理的。續，環繫皮帶。嚴粲《詩緝》：「靷端作環相接，謂之續。」鋈續，意即以白銅環緊扣皮帶。**文茵暢轂，**文茵：文通「紋」，文茵指虎皮車坐墊。朱熹《集傳》：「文茵，車中所作虎皮褥也。」**駕我騏馵。**騏（qí）：青黑色有如棋盤格子紋的馬。《說文》：「騏，馬青驪，文如博棋也。」馵（zhù）：蹄白的馬。《毛傳》：「騏，騏文也。左足白曰馵。」馬蹄白不僅左者，此應泛指白蹄之馬。屬駿美之馬。**言念君子，**言：句首助詞，有「誠然」之語氣。或曰言，乃。參《周南·葛覃》注。君子：尊愛之稱。此詩或寫婦人牽念遠征者。《秦本紀》紀秦曾數伐西戎。《漢書·地理志下》引「在其板屋」顏師古注：「婦人居板屋之中而念其君子。」**溫其如玉。在其板屋，**板屋：此處代指西戎。西戎多林木，民以板狀之木造屋，曰板屋。參《漢書·地理志下》。**亂我心曲。**心曲：曲，本意為曲折隱秘的地方。心曲，即指心之深處。

四牡孔阜，阜：肥而高大。《毛傳》：「阜，大也。」**六轡在手。騏**騮是中，騮（liú）：亦作「驑」，赤身黑鬣的馬。即棗騮馬。《鄭箋》：「赤身黑鬣（liè）曰騮。」中：指駕車四馬中間兩服馬。朱熹《集傳》：「中，兩服馬也。」**騧驪是驂。**騧（guā）：黑嘴的黃馬。《毛傳》：「黃馬黑喙曰騧。」驪：純黑色的馬。驂：驂馬。參《鄭風·大叔于田》注。**龍盾之合，**龍盾：畫龍的盾牌。《毛傳》：「龍盾，畫龍其盾也。」合：兩盾合而掛於車。**鋈以觼軜。**鋈：此指嵌之以白銅。或曰鍍上白銅。觼軜（nà）：觼，有舌的環。參《秦風·駟驖》注。軜，驂馬裏側的轡。《毛傳》：「軜，驂內轡也。」朱熹《集傳》：「觼，環之有舌者。軜，驂內轡也。置觼於軾前以繫軜，故謂之觼軜，亦消鋈白金以為飾也。」**言念君子，溫其在邑。**溫：（性情）溫和。婦人因而憂其於戎地交戰而受苦。在邑：在西戎之屬邑。《毛傳》：「在邑，在敵邑也。」嚴粲《詩緝》：「在西鄙之邑。」**方何為期？**方：將。何：何時。期：日期。朱熹《集傳》：「將以何時為歸期乎？何為使我念之極也。」**胡然我念之。**胡然：為什麼這樣。

俴駟孔群，俴駟：披薄甲的四馬。甲，或金為之，或皮為之。《毛傳》：「俴駟，四介馬也。」《鄭箋》：「俴，淺也。謂以薄金為介之劄。介，甲也。」甲劄，鎧甲上的葉片。《孔疏》：「俴訓為淺，駟是四馬。是用淺薄之金，以為駟馬之甲。故知『淺駟，四介馬也。』」俞樾《平議》：「凡毛之淺者皆謂之俴。古者戰馬之甲蓋以他獸之皮毛淺者為之。」孔群：群，協調。孔群，即很協調。《毛傳》：「孔，甚也。」《鄭箋》：「甚群者，言和調也。」**厹矛鋈錞。**厹（qiú）矛：有三棱鋒刃的長矛。《毛傳》：「厹，三隅矛也。」《孔疏》：「厹矛，三隅矛，刃有三角。」鋈錞（duì）：錞，矛柄下端的白銅金屬套。朱熹《集傳》：「鋈錞，以白金沃矛之下端平底者也。」**蒙伐有苑，**蒙：遮，蓋。引為畫、塗。《毛傳》：「蒙，討羽也。」「討羽也」，意即「蒙以討羽」，非「蒙，即討羽也」之義。《鄭箋》：「討，雜也，畫雜羽之文（紋）於伐。」伐：通「瞂（fá）」，盾。《方言》：「盾或謂之瞂。」《逸周書·王會》「鮫瞂、利劍為獻」，孔晁注：「瞂，盾也，以鮫皮作之。」苑：指盾上的花紋。《毛傳》：「苑，文

（紋）貌。」**虎韔鏤膺**。虎韔：虎皮弓囊。《毛傳》：「虎，虎皮也。韔，弓室也。」韔音見《鄭風·大叔于田》注。鏤膺（lòu yīng）：鏤，雕刻。膺：本意為胸，引為「正面」。嚴粲《詩緝》：「鏤膺，鏤飾弓室之膺。弓以後為背，則以前為膺。故弓室之前亦為膺耳。」**交韔二弓**，交韔二弓：兩張弓弓背或弓膺相向交錯置於弓袋中。韔，此處用作動詞。**竹閉緄縢**。竹閉：閉，通「柲（bì）」。竹柲，竹製的矯正弓弩的器具。朱熹《集傳》：「閉，弓檠（qíng）也。」《儀禮·既夕禮》鄭玄注：「柲，弓檠。」檠，正弓之具。《荀子·性惡》：「繁弱、鉅黍，古之良弓也；然而不得排檠，則不能自正。」《淮南子·脩務訓》：「弓待檠而後能調。」緄（gǔn）：繩。縢（téng）：捆縛。《毛傳》：「緄，繩。縢，約也。」朱熹《集傳》：「以竹為閉，而以繩約之於弛弓之裏，檠弓體使正也。」**言念君子，載寢載興**。載：則，乃。興：起。載寢載興，意為起臥不寧。**厭厭良人**，厭厭（yān）：同「懕懕（yān）」，安靜溫和貌。《爾雅·釋訓》：「懕懕，安也。」良人：指從軍之「君子」。**秩秩德音**。秩秩：有序之貌，引為有禮節。或曰聰明多智貌。德音：好的聲譽，名譽。詩中或指溫良性情。參《邶風·日月》、《谷風》注。

〔1〕《毛序》孔穎達疏：「作《小戎》詩者，美襄公也。襄公能備具其兵甲，以征討西方之戎。於是之時，西戎方漸強盛，而襄公征伐不休，國人應苦其勞，婦人應多怨曠。襄公能說以使之，國人忘其軍旅之苦，則矜誇其車甲之盛，婦人無怨曠之志，則能閔念其君子，皆襄公使之得所，故序外內之情以美之。」

秦風·蒹葭

《蒹葭》始，「在水一方」成了一種永遠的牽惹。無法想像在兩千多年前會有這樣一首詩出現在「華夏」之西部秦國。如此隱忍的抒情背後——秋水無邊而終究意難平，肯定並不僅僅是作為個體的人的愛情而言。（《詩經》之悲秋意識與「戰爭詩」等生命關懷意識是相通的）

蒹葭蒼蒼，蒹（jiān）葭：蘆葦。朱熹《集傳》：「蒹，似萑（引按：萑，即長成後的蒹）而細，高數尺，又謂之薕（lián）。葭，蘆也。」嚴粲《詩緝》：

「蒹也，葭也，萑也。三物共十一名。蒹曰小者，蒹、薕、荻（dí）也，一物而三名也。……葭曰大者，葭、蘆、葦也，又名華，一物而四名也。」蘆葦之屬以不同名稱數現《詩經》，因不同地域、不同時期而稱謂不一，各種字書和《詩》解也因地域和時代的不同而訓解不一，讀《詩》無需細究和強作區分。葭、萑音見《召南·騶虞》、《周南·漢廣》注。**白露為霜。**白露：深秋之露水。朱熹《集傳》：「蒹葭未敗，而露始為霜，秋水時至，百川灌河之時也。」**所謂伊人，**謂：言。伊人：今語「那人兒」。朱熹《集傳》：「伊人，猶言彼人也。」**在水一方。**一方：不可及之方。《毛傳》：「一方，難至矣。」朱熹《集傳》：「一方，彼一方也。」**溯洄從之，**溯洄（sù huí）：逆河流往上游而去。《毛傳》：「逆流而上曰溯洄。」從：追尋。**道阻且長。**阻：險阻。《古詩十九首》「道路阻且長，會面安可知」。**溯游從之，**溯遊：順著河流（向上）涉水而行。《毛傳》：「順流而涉曰溯遊。」「順流」為「順著河流」，非謂「順流而下」。**宛在水中央。**宛：宛然。

蒹葭淒淒，淒淒：同「萋萋」，茂盛貌。**白露未晞。**晞（xī）：乾。《九歌·少司命》「與女沐兮咸池，晞女髮兮陽之阿」。**所謂伊人，在水之湄。**湄：水與草交接地，即岸邊。《毛傳》：「湄，水隒（yǎn）也。」《孔疏》：「《釋水》云：『水草交為湄。』謂水草交際之處，水之岸也。……隒是山岸，湄是水岸，故云水隒。」**溯洄從之，道阻且躋。**躋（jī）：《毛傳》：「升也。」《鄭箋》：「升者，言其難至如升阪。」**溯游從之，宛在水中坻。**坻（chí）：水中的小洲或小的高地。《毛傳》：「坻，小渚也。」

蒹葭采采，采采：盛多鮮明貌。《毛傳》：「采采，猶萋萋也。」戴溪《續呂氏家塾讀詩記》：「采采，非謂其盛而可採，大抵物未肅則其葉鮮明，故曰采采。」參《周南·卷耳》、《芣苢》注。**白露未已。所謂伊人，在水之涘。**涘：岸邊。參《王風·葛藟》注。**溯洄從之，道阻且右。**右：迂迴彎曲。《鄭箋》：「右者，言其迂迴也。」**溯游從之，宛在水中沚。**沚：水中小的沙洲。

秦風‧終南

　　《毛序》：「《終南》，戒襄公也。能取周地，始為諸侯，受顯服，大夫美之，故作是詩以戒勸之。」是否戒秦襄公並不重要，無論於何公何君，或大夫卿士，或國人，敢以詩歌的形式戒勸之，其政權日後或將作為一番——但是，通篇媚詞，春秋時的秦人頌其君竟與後世無異：「襄公來到了終南山，盛德顯服，紅光滿面，萬壽無疆……」（頌歌總與謊言、暴政相連，其後的秦國證明了這一點。而暴君在需要的時候又常常以「親民」示世）

　　終南何有？ 終南：《毛傳》：「周之名山中南也。」何有：即「有何」之倒文。**有條有梅**。條：樹名。朱熹《集傳》：「條，山楸也。皮葉白，色亦白，材理好，宜為車版（板）。」王夫之《稗疏》：「今謂之楸（qiū），似梓，至秋垂條如綫，故謂之條。」《鄭箋》：「問何有者，意以為名山高大，宜有茂木也。興者，喻人君有盛德，乃宜有顯服，猶山之木有大小也，此之謂戒勸。」（顯服，指「錦衣狐裘」及下章「黻衣繡裳」）王夫之《稗疏》：「此詩云『終南何有』，又云『有紀有堂』，皆遙望之詞，非歷終南而歷歷指數之也。則條梅皆非樹名，梅當與枚通，小樹之枝曰條，其莖曰梅。蓋秦山無樹，但有灌莽鬱蔥而已。望終南者，遙矚其山阜參差，遠領其荊榛之蒼翠，以興望君而歆慕之詞，故曰『其君也哉！』亦遙望而讚美之也。」**君子至止，** 止：語助詞。「至止」，即指「君子」至終南山下。**錦衣狐裘。顏如渥丹，** 渥：塗。丹：赤石所製紅色顏料，即朱砂。《鄭箋》：「渥，厚漬也，顏色如厚漬之丹，言赤而澤也。」參《邶風‧簡兮》注。**其君也哉！** 其：語助詞，類今語「啊！」

　　終南何有？有紀有堂。 紀：「杞」之借，杞柳。堂：「棠」之借，棠梨。王引之《述聞》卷五：「紀讀為杞，堂讀為棠，條梅紀堂皆木名也。」**君子至止，黻衣繡裳。** 黻（fú）衣：黑色和青色花紋相間的上衣。繡裳：五彩繡成的下衣。《毛傳》：「黑與青謂之黻，五色備謂之繡。」見《考工記‧繢人》。**佩玉將將，** 將將：同「鏘鏘」，摹佩玉相擊之聲。**壽考不忘！** 壽考：長壽。《大雅‧棫樸》有「周王壽考，遐不作人」句。

秦風·黃鳥

「天子殺殉，多者數百，寡者數十，將軍、大夫殺殉，多者數十，寡者數人。」（《墨子·節葬》）中國自商周有生人殉葬，止於漢初。但宋元時又因少數民族入主中原而使人殉死灰復燃。直到明代和 17 世紀後半葉的「大清」，仍有皇帝死後以妃嬪侍女和奴僕殉葬。「臨其穴，惴惴其栗」，顫抖的不知是「文化」，還是「傳統」？

秦國從武公開始生人殉葬，《秦本紀》「（武公）二十年（前 678 年），武公卒，葬雍平陽。初以人從死，從死者六十六人」，「獻公元年（前 384 年），止從死」。但秦始皇三十七年（前 210 年）死後，「二世（胡亥）曰：『先帝後宮非有子者，出焉不宜。』皆令從死，死者甚眾。葬既已下，或言工匠為機，臧皆知之，臧重即泄。大事畢，已臧，閉中羨（引按：羨音 yán，同「埏」，墓道），下外羨門，盡閉工匠臧者，無復出者。」（《秦始皇本紀》）也就是說，在秦國和秦朝五百六十多年的歷史中（前 770 年秦襄公被封為諸侯，二世三年〔前 207 年〕十月子嬰降劉邦），實際上有近三百年是有殉葬制度的；除《左傳》、《史記》對《黃鳥》一詩之於秦穆公有確切記載外，〔1〕後世發掘的秦君（如秦景公）墓葬中，並有大量的殉葬者。

《毛序》：「《黃鳥》，哀三良也。國人刺穆公以人從死，而作是詩也。」但自鄭玄主張「從死，自殺以從死」，《後漢書·匡衡傳》「秦穆貴信，而士多從死」，曹植《三良詩》「功名不可為，忠義我所安。秦穆先下世，三臣皆自殘。生時等榮樂，既沒同憂患」，王先謙《詩三家義集疏》：「三家皆謂秦穆要人從死，穆公既死，三臣自殺以從也……」張守節在《史記正義》中引應劭詳其細節：「秦穆公與群臣飲酒，酣，公曰：『生共此樂，死共此哀。』於是奄息、仲行（háng）、鍼（qián）〔2〕虎許諾。及公薨，皆從死。《黃鳥》詩所為作也。」應劭是東漢桓帝時「名臣」，張守節是唐開元年間人，作此注，其文化良知還遠不如早他們千年前《黃鳥》詩的作者們。

交交黃鳥，交交：摹鳥鳴聲。馬瑞辰《通釋》：「交交，通作『咬咬』；鳥聲也。」俞樾《平議》：「詩人言鳥，如『關關雎鳩』、『雝雝鳴雁』，以聲音為多，交交也當以聲言。」黃鳥：即黃雀。**止于棘。**棘：即酸棗樹。**誰從穆公？**從：從死，指殉葬。穆公：即「春秋五霸」之一秦穆公，姓嬴，名任好。**子車奄息。**子車奄息：人名，「子車」為姓。**維此奄息，百夫之**

特。特：匹。《毛傳》：「乃特百夫之德。」馬瑞辰《通釋》：「《柏舟》詩『實為我特』，《傳》：『特，匹也。』此《傳》『乃特百夫之德』，正訓特為匹。匹之言敵也，當也，猶云乃當百夫之德耳。」臨其穴，穴：墓穴。惴惴其栗。惴惴（zhuì）：恐懼貌。《毛傳》：「惴惴，懼也。」《後漢書·王吉傳》「郡中惴恐，莫敢自保」，李賢注：「惴，懼也。」彼蒼者天，殲我良人！如可贖兮，人百其身！人百其身：《鄭箋》：「如此奄息之死，可以他人贖之者，人皆百其身。謂一身百死猶為之。」又朱熹《集傳》：「三子皆國之良，而一旦殺之，若可貿以他人，則人皆願百其身以易之矣。」

交交黃鳥，止于桑。誰從穆公？子車仲行。維此仲行，百夫之防。防：《鄭箋》：「猶當也，言此一人當百夫。」臨其穴，惴惴其栗。彼蒼者天，殲我良人！如可贖兮，人百其身！

交交黃鳥，止于楚。楚：荊樹。誰從穆公？子車鍼虎。朱熹《集傳》：「按《史記》秦武公卒，初以人從死，死者六十六人。至穆公遂用百七十七人，而三良與焉。」維此鍼虎，百夫之禦。禦：抵禦。《毛傳》：「禦，當也。」臨其穴，惴惴其栗。彼蒼者天，殲我良人！如可贖兮，人百其身！

〔1〕《文公六年》：「秦伯任好卒。以子車氏之三子奄息、仲行、鍼虎為殉，皆秦之良也。國人哀之，為之賦《黃鳥》。」魯文公六年為秦穆公三十九年，前621年。《秦本紀》：「（穆公）三十九年，穆公卒，葬雍。從死者百七十七人，秦之良臣子輿氏三人名曰奄息、仲行、鍼虎，亦在從死之中。秦人哀之，為作歌《黃鳥》之詩。」

〔2〕行、鍼音從《左傳》杜預注「戶郎反」、「其廉反」。又朱熹《詩集傳「（鍼）音柑」。

秦風·晨風

晉國借道伐虢滅虞，虞君和大夫百里奚（井伯）被俘後，晉獻公將百里奚作為嫁給秦穆公的女兒的媵臣送往秦國，不堪其辱的他逃出之後又被楚人

所擄，秦穆公用五張羊皮將其贖回——此時的百里奚已七十多歲了，終以其賢智而「授之國政，號曰五羖大夫」。（《秦本紀》、《左傳》僖公二年、五年）「百里奚，五羊皮。憶別時，烹伏雌，炊扊扅（yányí），今日富貴忘我為。」〔1〕這首琴歌東漢應劭《風俗通》敘其本事為：「百里奚為秦相，堂上作樂，所賃澣婦自言知音，因援琴撫弦而歌。問之，乃其故妻也。」百里奚一生坎坷，老年遇其故妻已不識。這個悽楚的（文學）故事見得先秦時代婦女的苦難與心靈之大美——《晨風》中的婦人，面對似海深林「憂心欽欽」，那個多年未見的「君子」，還能記得她嗎？

　　鴥彼晨風，鴥（yù）：《毛傳》：「疾飛貌。」晨風：鳥名，即鸇（zhān）鳥，鷂鷹一類的猛禽。《左傳·文公十八年》「如鷹鸇之逐鳥雀也」。《毛傳》：「晨風，鸇也。」馬瑞辰《通釋》：「《說文》：『鷐（chén），鷐風也。』『鸇，鷐風也。』毛《傳》作晨，聲借字也。」受此詩影響，漢詩多有取「晨風」意象者，《古詩十九首》「晨風懷苦心，蟋蟀傷局促」，李陵《與蘇武三首》「欲因晨風發，送子以賤軀」，《贈蘇武詩》「晨風動喬木，枝葉日夜零」，《晨風鳴北林》「晨風鳴北林，熠耀東南飛」。**鬱彼北林。**鬱：蔥鬱茂密貌。《孔疏》：「鬱者，林木積聚之貌。」朱熹《集傳》：「鬱，茂盛貌。……婦人以夫不在，而言鴥彼晨風，則歸於鬱然之北林矣，故我未見君子，而憂心欽欽也。」**未見君子，憂心欽欽。**欽欽：憂思貌。《爾雅·釋訓》：「欽欽，憂也。」《毛傳》：「思望之，心中欽欽然。」**如何如何？**如何：奈何。陳奐《傳疏》：「如，猶奈也。」**忘我實多。**

　　山有苞櫟，苞：草木叢生貌。參《唐風·鴇羽》注。櫟：即櫟樹。**隰有六駁。**六：胡承珙《後箋》：「六字當為犖（luò）之聲借，六駁（bó）即犖駁，疊韻為名。犖駁者，言其文（紋）采。」犖，雜色的牛，引為雜色。駁：本指馬毛色斑駁不純，樹借其名。《孔疏》：「陸機《疏》云：『駁馬，梓榆也。其樹皮青白駁犖，遙視似駁馬，故謂之駁馬。下章雲山有苞棣，隰有樹檖，皆山、隰之木相配。』」**未見君子，憂心靡樂。**靡樂：靡，不。朱熹《集傳》：「靡樂則憂之甚也。」**如何如何？忘我實多。**

山有苞棣，棣：《毛傳》：「唐棣也。」隰有樹檖。樹：形容檖樹直立之貌。檖：山梨。《陸疏》：「檖，一名赤羅，一名山梨，今人謂之楊檖，實如梨但小耳。」未見君子，憂心如醉。醉：朱熹《集傳》：「如醉，則憂又甚矣。」如何如何？忘我實多。

〔1〕伏雌：正在抱雛的母雞。扊扅：門閂（shuān），句意以門閂作柴燒飯，言其貧窮之至。為：語助詞。《樂府詩集》卷六十《琴歌三首》署名「秦·百里奚妻」。另兩首為：「百里奚，初娶我時五羊皮。臨當別時烹乳雞，今適富貴忘我為。」「百里奚，百里奚，母已死，葬南溪，墳以瓦，覆以柴。春黃黎，扼伏雞。西入秦，五羖皮，今日富貴捐我為。」

秦風·無衣

《左傳·定公四年》（前506年）吳軍攻陷了楚國都城郢，楚大夫申包胥至秦求援，立在院墻下哭七天七夜，勺水不進。秦哀公（前536～前501年在位）感而按劍誦《無衣》，申包胥聽到之後，連叩九首，隨後秦軍就出發了。秦哀公是秦康公的玄孫，距康公已逾百年。〔1〕倘《左傳》所紀不謬，則《無衣》流行已久於秦——「同仇」不是「同仇敵愾」而是匹伴而行。「修我戈矛」、「修我矛戟」、「修我甲兵」者，正如《豳風·七月》「三之日于耜」，役而備其器，《地官·遂人》「使各掌其政令刑禁，以歲時稽其人民，而授之田野，簡其兵器」；而「與子同袍」、「與子同澤」、「與子同裳」更多的是一種相依。車轔轔，馬蕭蕭，鏗鏘之歌聲背後是於生活的不捨和生命的無限留戀。

豈曰無衣？與子同袍。袍：長袍，中間著絮。役者日以當衣，夜以當被，類披風、斗篷。《玉篇》、《廣雅·釋器》並訓：「袍，長襦（rú）也。」王于興師，王：《孔疏》：「此時當周頃王、匡王，天子之命不行於諸侯。檢《左傳》，於時天子未嘗出師，又不見康公從王征伐……今是康公自興之，王不興師也。以出師征伐是王者之法，故以王為言耳。猶《北門》言『王事敦我』，《鴇羽》云『王事靡盬』，皆非天子之事，亦稱王事。」于：助詞，同「曰」、「聿」。《小雅·六月》「王于出征，以匡王國」，《鄭箋》：「于，曰。」胡承珙《後箋》：「此與《秦風》之『王于興師』，文法正同。……『王于興師』，王

聿興師也；『王于出征』，王聿出征也。聿、曰古通用。」興師：起兵，發兵。**修我戈矛，**《毛傳》：「戈長六尺六寸，矛長二丈。」見《考工記·盧人》。**與子同仇！**仇：《毛傳》：「匹也。」《鄭箋》：「于，於（wū）也。怨耦曰仇。君不與我同欲，而於王興師，則云：修我戈矛，與子同仇，往伐之。」〔2〕《孔疏》：「朋友相謂云：我豈曰子無衣乎？我冀欲與子同袍……至於王家於是興師之時，百姓皆自相謂：修我戈矛，與子同為仇匹，而往征之。」

　　豈曰無衣？與子同澤。澤：通「襗（zé）」，貼身內衣，汗衣。《鄭箋》：「澤，褻衣，近污垢。」朱熹《集傳》：「澤，裏衣也。以其親膚，近於垢澤，故謂之澤。」秦之北、後世陝北一帶將上裏衣稱之為「濕（tā）水水」、「濕水的」，即「汗褟（tā）兒」。**王于興師，修我矛戟，**戟：兵器，長柄，合戈、矛為一體，刺、擊皆有傷力。朱熹《集傳》：「戟，車戟也，長丈六尺。」參《鄭風·清人》注。**與子偕作！**作：起。《毛傳》：「作，起也。」陳奐《傳疏》：「『作』訓『起』者，『起』讀『起軍旅』之起。」《春官·典瑞》「牙璋（引按：發兵的玉器），以起軍旅，以治兵守。」胡承珙《後箋》：「作，如《小司徒》『田與追胥竭作』之『作』，謂振起師旅。」《地官·小司徒》：「凡起徒役，毋過家一人，以其餘為羨；唯田與追胥竭作。」羨，餘剩，引為「後備力量」。田：狩獵。追：追寇。胥：全，都。

　　豈曰無衣？與子同裳。裳：下衣，指「裙」。**王于興師，修我甲兵，**甲：鎧甲。兵：泛指兵器。**與子偕行！**行：往前。《毛傳》：「行，往也。」胡承珙《後箋》：「此則結隊前行也。」

　　〔1〕《毛序》：「《無衣》，刺用兵也。秦人刺其君好攻戰，亟用兵，而不與民同欲焉。」孔穎達認為《無衣》作於秦康公之世。「康公以文七年立（引按：魯文公七年為前620年），十八年卒（前609年）。案《春秋》文七年，晉人、秦人戰於令狐。十年，秦伯伐晉。十二年，晉人、秦人戰於河曲。十六年，楚人、秦人滅庸。見於經、傳者已如是，是其好攻戰也。」

　　〔2〕「仇」本匹伴之義，《毛傳》和《孔疏》是對的。但鄭玄以《左傳·桓公二年》「嘉耦曰妃，怨耦曰仇」，將「仇」箋為「怨耦」，意戰相仇怨。鄭玄並非望文生

義，他其實心知肚明。「春秋無義戰」，他想要把「君（王）好攻戰」替換為「人民戰爭」；也想借機主張和表達諸侯方國於「王」的服從與忠心（孔穎達疏：「鄭以為，康公平常之時，豈肯言曰：汝百姓無衣乎？吾與子同袍。終不肯言此也。及於王法於是興師之時，則曰：修治我之戈矛，與子百姓同往伐此怨耦之仇敵」），並刻意將「于」注為「於」，將「王于興師」幻變為「於王興師」——《大雅・文王》「於昭於天」，《周頌・清廟》「於穆清廟」、《武》「於皇武王」，《商頌・那》「於赫湯孫」，「於」者，讚歎之詞——鄭玄於《詩》之文本好不熟悉！尊王、頌王與王權主張一致，是兩漢「經學」得以盛行的重要原因。

　　後世解《詩》、讀《詩》、引《詩》者不識其用心，以「共同對敵」、「對敵共同之憤慨」、「同仇敵愾」爭說《詩經・無衣》之「同仇」——「仇」本無而自樹之，某種操弄之下的「文藝」之力量有時是十分邪惡的。

秦風・渭陽

　　《毛序》：「《渭陽》，康公念母也。康公之母，晉獻公之女。文公遭驪姬之難，未反（返），而秦姬卒。穆公納（晉）文公，康公時為太子，贈送文公於渭之陽，念母之不見也。我見舅氏，如母存焉。及其即位，思而作是詩也。」秦康公為秦穆公與晉獻公之女穆姬所生，晉文公重耳的外甥——《左傳・莊公二十八年》「（晉獻公）烝於齊姜，生秦穆夫人及太子申生。又娶二女於戎，大戎狐姬生重耳，小戎子生夷吾」，也即秦康公之母秦穆夫人與重耳是同父異母之姐弟。驪姬是晉獻公攻打驪戎時所得，其「亂晉」使申生死而重耳、夷吾逃——重耳在流亡十九年後終在秦穆公的援助下回國繼位（《左傳》莊公二十八年、僖公四年、五年、二十三年、二十四年，《晉語》，《晉世家》），成「春秋五霸」之一。《渭陽》若是於此歷史背之下的「甥送舅歸」，則時為太子的秦康公，實在是應該高看其一眼的。至於「我見舅氏，如母存焉」，則是漢人於儒家「孝治」思想之附會。

　　我送舅氏，舅氏：舅父。甥、舅姓氏不同，故作舅氏。**曰至渭陽。**曰：發語詞。渭：渭河，亦名渭水，入黃河。陽，水之北岸。陳奐《傳疏》：「水北曰陽，渭陽，在渭水北，送舅氏至渭陽，不渡渭也。」**何以贈之？路車乘黃。**路車：諸侯所乘之車。《公羊傳・昭公二十五年》何休注：「禮，

天子大路，諸侯路車，大夫大車，士飾車。」乘（shèng）黃：四匹黃馬。一車四馬為一乘。參《鄭風·大叔于田》注。

　　我送舅氏，悠悠我思。何以贈之？瓊瑰玉佩。 瓊瑰：美玉。或似玉之美石。《毛傳》：「瓊瑰，石而次玉。」《孔疏》：「瓊者，玉之美名，非玉名也。瑰是美石之名也。」陳奐《傳疏》：「瓊瑰，美石也，古玉石通稱。」《左傳·成公十七年》「濟洹（huán）之水，贈我以瓊瑰。歸乎歸乎，瓊瑰盈吾懷乎！」

秦風·權輿

　　馮諼倚著柱子彈著自己那把草繩纏柄的劍唱道：「長鋏（jiá）歸來乎，食無魚！」（《齊策》、《孟嘗君列傳》）春秋戰國時期社會變革，諸侯兼並，各諸侯勢力為了各自利益苦心經營，廣攬人才，養士成風。學士、謀士、方術之士、食客，三教九流，趨附於權勢之門下，有真才實學者，有如孟嘗君所養雞鳴狗盜之徒和混吃混喝者，一時成為中國歷史上一番獨特之政治景象。這些人七嘴八舌有時也可能惹主子煩，所以也就有了類似《權輿》之嗟。與由余、百里奚、蹇（jiǎn）叔、邳（pī）豹、公孫支等人相比（《秦本紀》、李斯《諫逐客書》），如此傾心於「夏屋渠渠」和「每食四簋（guǐ）」之「士」或所謂「賢者」，不養也罷。

　　於我乎！ 於（wū）：歎詞。**夏屋渠渠，** 夏屋：大的食器。夏：《毛傳》：「大也。」陳奐《傳疏》：「《方言》：『自關而西秦晉之間，凡物之壯大者而愛偉之，謂之夏。』是夏為大也。」屋：《鄭箋》：「屋，具也。……厚設禮食大具以食我。」聞一多《類鈔》：「夏屋，蓋食器，房俎之類，狀如屋，故名。」房俎，祭器，俎，謂俎幾，祭祀、燕饗用器。渠渠：盛大貌。馬瑞辰《通釋》：「《廣雅》：『渠渠，盛也。』夏屋渠渠，正狀其禮食大具之盛。」承：承續。**今也每食無餘。于嗟乎，不承權輿！** 于：同「吁」。參《衛風·氓》注。權輿（yú）：本義草木初發，引為起初，當初。馬瑞辰《通釋》：「凡草之始生通曰權輿。《大戴禮》『孟春百草權輿』是也。因而人之始事亦曰權輿。」見《大戴禮記·誥志篇》。曹丕《登城賦》「孟春之月，唯歲權輿」。

於我乎！每食四簋，簋：食器。扁圓形，圈足，無耳或兩耳。初為竹、陶製。周有青銅者。也有四耳、方座或有蓋者。四簋：《毛傳》：「四簋，黍稷稻粱。」朱熹《集傳》：「方曰簠（fǔ），圓曰簋。簠盛稻粱，簋盛黍稷。四簋，禮食之盛也。」簠，食器，西周始有青銅者，長方形，有蓋、耳。沿用至戰國。今也每食不飽。于嗟乎，不承權輿！

陳　風

　　「舜南巡，葬於蒼梧，堯二女娥皇、女英淚下沾竹，文悉為斑。」這是《述異志》之紀。唐人高駢有《湘浦曲》：「虞帝南巡去不還，二妃幽怨水雲間。當時珠淚知多少，直到而今竹尚斑。」舜死後，禹承天下，舜的兒子商均為諸侯。自夏后氏舜之後人的侯位便時斷時續，是武王滅商後才又封媯（guī）滿胡公於陳。（《陳杞世家》）歷史中的「文學」實則是政治；《史記》中姬姓之外的所有「世家」，史遷皆有溯源尋根之敘寫——帝制之下，他或真以為「天下」自古以來就是帝王的。至於《樂記》「武王克殷，（反）〔及〕商，未及下車，而封黃帝之後於薊，封帝堯之後於祝，封帝舜之後於陳。下車而封夏后氏之後於杞，投殷之後於宋……」戰國兩漢儒生為文相襲之言。

　　《左傳・襄公二十五年》陳哀公會楚王伐鄭，所過之處「井堙木刊（杜預注：「堙，塞也。刊，除也」）」，後鄭師「宵突陳城，遂入之」。子產向晉國獻其所獲，晉人問陳之罪，對曰：「昔虞閼（yān）父為周陶正（注：「閼父，舜之後。當周之興，閼父為武王陶正。」陶正，陶官），以服事我先王。我先王賴其利器用也，與其神明之後也（注：「舜，聖，故謂之神明」），庸以元女大姬配胡公（注：「庸，用也。元女，武王之長女。胡公，閼父之子滿也」），而封諸陳，以備三恪（注：「周得天下，封夏、殷二王後，又封舜後，謂之恪。」或曰杞、宋以外，別有三恪，謂黃帝、堯、舜之後）。則我周之自出，至於今是賴（注：「言陳，周之甥，至今賴周德」）……」

　　《左傳》故事，子產編造伐陳理由，說說而已。但鄭玄以為是，遂於《詩譜・陳譜》中將「先王」界定為周武王。覺得《陳風》之內容實在不好與「先王」關聯，便「大姬無子，好巫覡（xí）禱祈鬼神歌舞踴之樂，民俗化而為之……」

〔1〕

　　大姬無子禱神而得使陳國得以繁衍成為周室甥國之「歷史」，或與現實中的陳人幾無相關。擊鼓於宛丘之上，婆娑於枌栩之下更多的是「活在當下」之表現。城門外、池水旁、河堤上的「詩歌」，相較於他「風」，即便是男女相悅之作亦多顯得憂思感傷。當夏日夜的原野上遠處隱隱傳來「月出皎兮，佼人僚兮」的吟唱時，我們在驚異春秋時人們於愛情如此執著的同時，更為其曠世優雅和精神之高貴所震憾。

　　〔1〕《孔疏》：「《地理志》云：『周武王封媯滿於陳，是為胡公，妻以元女大姬。婦人尊貴，好祭祀，用巫，故其俗好巫鬼者也。』詩稱擊鼓於宛丘之上，婆娑於枌栩之下，是有大姬歌舞之遺風也。《志》又云『婦人尊貴，好祭祀』，不言無子。鄭知無子者，以其好巫好祭，明為無子禱求，故言無子。若大姬無子，而《左傳》子產云：『我周之自出。』杜預曰：『陳，周之出者。』蓋大姬於後生子。以禱而得子，故彌信巫覡也。《楚語》云：『在女曰巫。在男曰覡。』巫是總名，故《漢書》唯言好巫。」

陳風・宛丘

　　衛有楚丘，陳有宛丘——國都於山之下、丘之旁，既是地理之屏障，也是心理上的依託。陳國「其地廣平，無名山大澤」（《陳譜》），宛丘，其重要的政治、軍事、文化活動之地。「子之湯兮，宛丘之上兮……」春秋中葉陳國這位執其鷺羽舞之蹈之的風情萬種的巫女——即便與《周禮》之「女巫」相涉，〔1〕不知惹得多少多情男子心旌搖蕩——作「詩」以紀之。

　　子之湯兮，子：你。指舞蹈的婦人。《漢書・地理志下》：「陳國，今淮陽之地。陳本太昊（引按：伏羲氏）之虛……《陳詩》曰：『坎其擊鼓，宛丘之下，亡冬亡夏，值其鷺羽。』又曰：『東門之枌，宛丘之栩，子仲之子，婆娑其下。』此其風也。」朱熹《集傳》：「大姬婦人尊貴，好樂巫覡歌舞之事，其民化之。」湯（dàng）：「蕩」之借。《太平御覽》（卷五十三）引作「蕩」。**宛丘之上兮**。宛丘：丘阜名。《爾雅・釋丘》：「丘上有丘，為宛丘。陳有宛丘。」又《毛傳》：「四方高中央下，曰宛丘。」**洵有情兮**，洵：誠然。《毛傳》：「洵，信也。」參《鄭風・溱洧》注。**而無望兮**。望：指與女巫結好的希望。又朱熹《集傳》：「言雖信有情思而可樂矣，然無威儀可瞻望也。」

坎其擊鼓，坎：《毛傳》：「擊鼓聲。」其：然。**宛丘之下。無冬無夏，值其鷺羽。**值：《毛傳》：「持也。」《孔疏》：「鷺羽，執持之物，故以值為持。」鷺羽：用鷺鳥的羽毛做成的舞蹈道具，扇形或傘形。《毛傳》：「鷺鳥之羽，可以為翳。」翳，遮蔽。《孔疏》：「無問冬，無問夏，常持其鷺鳥羽翳身而舞也。」

坎其擊缶，缶（fǒu）：可敲擊發聲的瓦製盛器，也可能是專用的瓦製打擊樂器。《毛傳》：「盎（àng）謂之缶。」盎，一種腹大口小的盛器。《急就篇》「甀（zhuì）缶盆盎甕罃壺」，顏師古注：「缶、盆、盎，一類耳。缶即盎也，大腹而斂口；盆則斂底而寬上。」**宛丘之道。無冬無夏，值其鷺翿。**翿：同「纛」，用鳥羽製成如扇或傘狀之舞具，也稱翳。《毛傳》：「翿，翳也。」《孔疏》引《爾雅·釋言》郭璞注：「舞者所以自蔽翳。」《山海經·海外西經》「夏后啟左手操翳」，郭璞注：「翳，羽葆幢（chuáng）也。」羽葆，鳥羽聯綴為飾。幢，傘蓋。參《王風·君子陽陽》注。

〔1〕《春官·女巫》：「掌歲時祓除、釁浴（鄭玄注：「歲時祓除，如今三月上巳如水上之類。釁浴，謂以香薰草藥沐浴」）。旱暵，則舞雩（注：「使女巫舞旱祭，崇陰也」）。若王后弔，則與祝前（注：「女巫與祝前後，如王禮」）。凡邦之大災，歌哭而請（注：「有歌者，有哭者，冀以悲哀感神靈也」）。」

陳風·東門之枌

《春官·旄人》「掌教舞散樂，舞夷樂，凡四方之以舞仕者屬焉。凡祭祀、賓客，舞其燕樂」，鄭玄注：「散樂，野人為樂之善者，若今黃門倡矣，自有舞。夷樂，四夷之樂，亦皆有聲歌及舞。」賈公彥疏：「云『散樂，野人為樂之善者』，以其不在官之員內，謂之為『散』，故以為野人為樂善者也。云『若今黃門倡矣』者，漢倡優之人，亦非官樂之內，故舉以為說也。」六遂之「野人」地位遠低於六鄉之「國人」，無教而「為樂之善」，資質當王室和公卿大夫子弟所不及。（參《春官·大司樂》、《樂師》、《大胥》、《小胥》）

如果說「禮」之樂是儒家之炒作，那麼民間的歌之舞之自我精神釋放則是真實的。春秋時期「禮崩樂壞」使「民間」文化的繁榮和豐富多彩成為可能。《東門之枌》實際上寫的是兩組鏡頭：遠處枌栩樹下子仲之子正婆娑起舞，這邊男女相約前往時，大約又發生了一點「視爾如荍，貽我握椒」的愛情故事。（那東門之下的歌舞或即漢代「散樂百戲」之前身）

東門之枌， 東門：王先謙《集疏》：「宛丘蓋地近東門，陳國之城門也。」參《鄭風·出其東門》注。枌：《毛傳》：「白榆也。」**宛丘之栩。** 栩：柞樹。參《唐風·鴇羽》注。**子仲之子，** 子仲：《毛傳》：「陳大夫氏。」[1] 王先謙《集疏》：「子仲為大夫氏，猶秦大夫子車氏也。」子：王先謙《集疏》引黃山：「《詩》『婆娑其下』，與『市也婆娑』即是一人，下章言『不績其麻』，則『子仲之子』亦猶『齊侯之子』、『蹶父之子』（引按：《大雅·韓奕》句），明是女子。……婆娑而舞，皆唯女巫降神為然，男子齊（齋）肅而已。巫覡之事，以大姬尊貴而好之，故國中尊貴女子亦化之。」**婆娑其下。** 婆娑：指舞姿婆娑婀娜。朱熹《集傳》：「婆娑，舞貌。」

穀旦于差， 穀：《毛傳》：「善也。」旦：日子。歐陽修《詩本義》：「穀旦者，善旦也。猶今言吉日耳。」王先謙《集疏》：「穀旦，猶言良辰也。」于：是，確指前置賓語。差（chāi）：選擇。《鄭箋》：「差，擇也。」黃焯《平議》：「『穀旦于差』者，即差此穀旦，特倒文以便韻耳。」**南方之原。** 原：高而平坦之地。朱熹《集傳》：「差擇善旦以會於南方之原。」**不績其麻，** 績：緝麻綫，將麻的纖維抽剝並柔軟後搓成綫。《說文》：「績，緝也。」段玉裁注：「績之言積也。積短為長，積少為多。」《魯語下》「公父文伯退朝，朝其母，其母方績」。**市也婆娑。** 市：指鬧市處。吳文英《玉樓春·京市舞女》有「歸來困頓殢（tì）春眠，猶夢婆娑斜趁拍」句。殢，沉溺於。

穀旦于逝， 逝：《毛傳》：「往。」參《邶風·谷風》注。**越以鬷邁。** 越以：于以，發語詞。《鄭箋》：「越，于。」陳奐《傳疏》：「越，讀同粵。《爾雅》：『粵，于也。』」鬷（zōng）：會合，聚集。《鄭箋》：「鬷，總也。……謂

之所會處也，於是以總行，欲男女合行。」邁：行，往。《毛傳》：「邁，行也。」
視爾如荍，荍（qiáo）：植物名，亦名葵或荊葵，花淡紫紅色。《陸疏》：「荍，
一名芘芣（pípiě），一名荊（錦）葵，似蕪菁，華紫綠色，可食，微苦。」**貽
我握椒。**貽：贈送。握：一把，量之詞。椒：花椒。《孔疏》：「椒之實芳香，
故以相遺也。」「男說（悅）女而言其色美，女說（悅）男而遺之以椒，交相
說（悅）愛。」按：花椒因色紅且馨香，時或為一種珍貴而寓意深長之物。
又《離騷》「巫咸將夕降兮，懷椒精而要之」，王逸注：「椒，香物，所以降神
是也。」

〔1〕《左傳·隱公八年》：「天子建德（杜預注：「立有德以為諸侯」），因生以賜
姓（注：「因其所由生以賜姓，謂若舜由媯汭〔ruì〕，故陳為媯姓」），胙（zuò）之土
而命之氏（注：「報之以土而命氏。」孔穎達疏：「胙訓報也……報之以土，謂封之以
國名，以為之氏。諸侯之氏，則國名是也」）。」「子仲」或為陳國大夫之氏，但「之
子」不一定為其女，或可以後世所說「子民」理解。

（鄭樵《通志·氏族略序》：「三代之前，姓、氏分而為二，男子稱氏，婦人稱
姓。氏所以別貴賤，貴者有氏，賤者有名無氏。……古之諸侯詛辭多曰『墜命亡氏，
踣〔bó〕其國家』〔引按：見《左傳·襄公十一年》。踣，注：「斃也。」顛覆，敗亡〕，
以明亡氏則與奪爵失國同，可知其為賤也。故姓可呼為氏，氏不可呼為姓。姓所以
別婚姻，故有同姓、異姓、庶姓之別。氏同姓不同者，婚姻可通；姓同氏不同者，
婚姻不可通。……於文，女生為姓，故姓之字多從女，如姬、姜、嬴、姒、媯、姞、
妘、姻、姶、妚〔pī〕、嫪〔lào〕之類是也；所以為婦人之稱，如伯姬、季姬、孟姜、
叔姜之類，並稱姓也。」）

陳風·衡門

　　男人憂愁一聲唱，女人憂愁一聲哭。經歷了太多的苦厄，淤積了太多的
痛楚，人們需要渲洩與疏解——勞動為他們提供了唯一的機會。將《鄘風·
桑中》、《鄭風·有女同車》和《衡門》、《東門之池》放在一起作為一組詩，
看到的是春秋人心靈的負重與達觀，看到他們在「作為意志行為的樂觀主義」
〔1〕中堅強地存活著。

衡門之下，衡門：淺陋的「橫木之門」。《毛傳》：「衡木，橫木為門。言淺陋也。」《孔疏》：「《考工記·玉人》注云：『衡，古文橫，假借字也。』然則衡、橫義同，故知『衡門，橫木為門』。門之深者，有阿塾堂宇，此唯橫木為之，言其淺也。」或曰陳國的城門名。可以棲遲。棲遲：《毛傳》：「遊息也。」余冠英《詩經選》：「棲遲，疊韻連綿詞，棲息盤桓之意。」泌之洋洋，泌：湧流的泉水。或亦陳國泉名。《孔疏》：「泌者，泉水涓流不已，乃至廣大。」馬瑞辰《通釋》：「泌本泉水疾流之貌，因名其泉水為泌矣。」參《邶風·泉水》注。可以樂饑。樂（liáo）：通「療」，治療。陸德明《釋文》：「樂，本又作療。」《鄭箋》：「泌之水流洋洋然，饑者見之，可飲以療饑。」樂、療古通用。《韓詩外傳》（卷二）引作「可以療饑」。

豈其食魚，必河之魴？魴：魚名，即鯿魚。參《周南·汝墳》注。豈其取妻，取：通「娶」。必齊之姜？齊之姜：齊國姜姓（貴族）女子。《漢樂府·隴西行》：「取婦得如此，齊姜亦不如。」

豈其食魚，必河之鯉？豈其取妻，必宋之子？宋之子：宋國子姓（「貴族」）女子。子：朱熹《集傳》：「宋姓。」按：宋為春秋諸侯之一，國君子姓。周武王伐紂滅商，周公平定武庚的反叛後，將商的舊都周圍地區封給紂的庶兄微子啟，是為宋，都商丘。春秋時宋襄公曾圖霸未成，後國勢衰弱，前286年為齊所滅。從詩句看，大約其時宋國女子也以美著稱。

〔1〕（日）大江健三郎語。見《面向「作為意志行為的樂觀主義」——在世界筆會「災害與文化」論壇上的演講》 許金龍譯，《作家》2008年第5期。

陳風·東門之池

　　漚麻與剝麻並不屬特別繁重的勞動但千頭萬緒。這個見物起興無意間顯得意味深長——「晤歌」、「晤語」與「晤言」漸次設想情景的背後（「嘔啞嘲哳難為聽」的山歌村笛或未能傳世，但野語俚詞因為文字而流傳下來了。既有「采詩」，便一定也有後期的加工與整理），是「活著」的困抑和苦辛。不滅之信念與希冀，也正體現在如此日常的堅守之中。

　　東門之池，池：城池，即護城河。《毛傳》：「池，城池也。」《禮記‧禮運》「城郭溝池以為固」。馬瑞辰《通釋》：「古者有城，必有池，《孟子》『鑿斯池也，築斯城也』是也。池皆設於城外。所以護城。」**可以漚麻**。漚：浸泡。麻在收割後需先在溝中小池中浸泡數日，撈出曬乾後方可抽剝其纖維。朱熹《集傳》：「漚，漬也。治麻者，必先以水漬之。」**彼美叔姬**，叔：「伯、仲、叔、季」之叔，排行第三。姬：婦之美稱。《孔疏》：「美女而謂之姬者，以黃帝姓姬，炎帝姓姜，二姓之後，子孫昌盛，其家之女，美者尤多，遂以姬、姜為婦女之美稱。成九年《左傳》引逸詩云：『雖有姬姜，無棄憔悴。』是以姬、姜為婦女美稱也。」孔氏言之有理但涉言黃帝、炎帝又是「經學」之言。周室在分封列國諸侯時，姬姓封國最多（五十三個），非姬姓封國中姜姓有齊、許、紀等國，其中齊國以出美女聞名，世多以「姬」「姜」言婦人之美。參《鄘風‧桑中》注。**可與晤歌**。晤歌：晤，相遇，會面。晤歌，即對歌。《毛傳》：「晤，遇也。」《鄭箋》：「晤，猶對也。言淑姬賢女，君子宜與對歌相切化也。」謝靈運《酬從弟惠連》有「晤對無厭歇，聚散成分離」句。

　　東門之池，可以漚紵。紵：麻的一種，亦名苧麻。《陸疏》：「紵亦麻也。科生，數十莖，宿根在地中，至春自生，不歲種也。」左思《魏都賦》「黝黝桑柘，油油麻紵」。紵音及下章菅音見《鄭風‧東門之墠》注。**彼美叔姬，可與晤語**。語：此「語」應與下章「言」有別，可能是指「談話」、「談論」。《論語‧鄉黨》「食不語，寢不言」，朱熹注：「答述曰語，自言曰言。」

　　東門之池，可以漚菅。菅：茅一類的草，漚而柔之，可編織。《陸疏》：「菅似茅，而滑澤無毛，根下五寸中有白粉者柔韌，宜為索，漚乃尤善矣。」**彼美叔姬，可與晤言**。言：閒談，談天。《毛傳》：「言，道也。」

陳風‧東門之楊

　　「東門」的出現可能破壞了高大茂密的楊樹之美。好在僅僅是春秋時期的門，應該並不影響楊樹與星空之對話──「昏以為期，明星煌煌」、「明星晢晢（zhé）」的心理空間是巨大的。較之《鄭風‧東門之墠》「豈不爾思，子

不我即」，或許，並不單單是在等待，等待的也的並不單單是人。一種心境，一種夏日夜色中的明淨而淒迷之心境。「他」或「她」皆無指向而虛擬。

東門之楊，其葉牂牂。牂牂（zāng）：茂盛貌。《毛傳》：「牂牂然，盛貌。」或曰「牂牂」與下章「肺肺」皆風吹楊葉之聲。**昏以為期**，昏：黃昏。**明星煌煌。**明星：即啟明星，天亮前現於東天。朱熹《集傳》：「明星，啟明也。」煌煌：明亮貌。

東門之楊，其葉肺肺。肺肺（pèi）：茂盛貌。《毛傳》：「肺肺，猶牂牂也。」馬瑞辰《通釋》：「《說文》：『宋，草木盛宋宋然。讀若輩。』《廣雅》：『芾芾，茂也。』此詩『其葉肺肺』，《大雅》『荏菽旆旆』，《小雅》『萑葦淠淠（pài）』，《廣雅》『淠淠，茂也』。並當為宋宋之假借。」《說文》段玉裁注：「宋宋者，枝葉茂盛、因風疏散之貌。」《大雅》、《小雅》句分別為《生民》、《小弁》者**昏以為期，明星晢晢。**晢晢：《毛傳》：「猶煌煌也。」

陳風·墓門

前707年，陳國第十二任國君陳桓公卒，其異母弟佗殺太子免而代之（《左傳·桓公五年》。《陳杞世家》所紀異，見司馬貞集解辨）。《毛序》：「《墓門》，刺陳佗也，陳佗無良師傅，以至於不義，惡加於萬民焉。」《鄭箋》：「不義者，謂弒君而自立。」《孔疏》：「陳佗身行不義，惡加萬民……由其師傅不良，故至於此。既立為君，此師傅猶在，陳佗乃用其言，必將至誅絕。故作此詩以刺佗，欲其去惡傅，而就良師也。經二章，皆是戒佗，令去其惡師之辭。」[1]

崔述《讀風偶識》：「以《墓門》為刺陳佗則絕不類，陳佗不聞他惡但爭國耳，而篇中絕無一語針對陳佗者。」文本也不能看出所「刺」者究竟是誰——此以「國人知之」看，這位「不良」之「夫」或虛擬，或已是國人皆知之「人物」，這恰好又是「民歌」中常用的手法。或類《唐風·蟋蟀》，《墓門》亦流行的訓戒歌謠——春秋諸侯國「頂層」於君室和中層「公務員」是有教化一說的，《左傳》、《國語》事例甚多。而《列女傳》「陳辯女」所言或近陳國實況。[2]（其「晉大夫」或也是「陳大夫」、「宋大夫」或任何歷史時空下的「大夫」——卑鄙與高尚從來不取決於身份地位）

墓門有棘，墓門：陳國城門名。馬瑞辰《通釋》：「墓門，蓋陳之城門，猶《左傳》言『秦師過周北門』。」見《僖公三十三年》。王引之《述聞》：「襄公三十年《左傳》：『晨自墓門之瀆（dú）入。』杜注曰：『墓門，鄭城門。』此墓門蓋亦陳之城門。若魯有鹿門，齊亦有鹿門，齊有楊門，宋亦有楊門也。」瀆，排水溝。另一種解釋是「墓門」為墓道之門。棘：酸棗樹。**斧以斯之。**斯：劈，砍。《毛傳》：「斯，析也。」**夫也不良，**夫：朱熹《集傳》：「指所刺之人也。」**國人知之。知而不已，**不已：不止，引為不改。王先謙《集疏》：「已，止也。國人知之而汝不知止。」**誰昔然矣。**誰昔：往昔，從前。《鄭箋》：「誰昔，昔也。」王先謙《集疏》：「《釋詁》云；『疇，誰也。』故『誰昔』猶言『疇昔』也。」疇昔，往昔之意。潘岳《夏侯常侍誄》有「疇昔之遊，二紀於茲」句。（十二年為一紀）

墓門有梅，梅：馬瑞辰《通釋》：「前章言棘，後章言梅，二木美惡大小不相類，非詩取興之旨。……是知二章『墓門有梅』《三家詩》原作『墓門有棘』與首章同。」**有鴞萃止。**鴞（xiāo）：或指貓頭鷹，時以為惡鳥。《毛傳》：「鴞，惡聲之鳥也。」王夫之在《稗疏》中認為鴞指竹雞，引《異物志》：「鴞如小雞，體有文，色異，俗謂之鵬，不能遠飛，行不出域。」萃：《毛傳》：「集也。」王夫之《稗疏》：「萃，聚也。此鳥聚群於叢棘之中。」止：句末助詞。**夫也不良，歌以訊之。**訊：《毛傳》：「訊，告也。」陸德明《釋文》：「訊，字又作誶（suì）。」馬瑞辰《通釋》：「《毛詩》、《韓詩》作訊，皆以訊為誶之假借。王逸《楚辭章句》引《詩》『誶予不顧』，則《齊詩》、《魯詩》必有用本字作誶者也。」誶，勸誡，警告。**訊予不顧，**訊予：即予訊。朱熹《集傳》：「夫也不良，則有歌其惡以訊之者矣；訊之而不予顧，至於顛倒，然後思予，則豈有所及哉？」「或曰『訊予』之『予』，疑當依前章作『而』字。」**顛倒思予。**顛倒：朱熹《集傳》：「顛倒，狼狽之狀。」陳奐《傳疏》：「顛倒，亂也。」

〔1〕「夫也不良，國人知之」，《毛傳》：「夫，傅相也。」《鄭箋》：「良，善也。陳佗之師傅不善，群臣皆知之。言其罪惡著也。」夫訓「傅相」，唯其「經學」、也唯

其漢人之訓。而無論《史記》還是《左傳》都沒有「陳佗無良師傅，以至於不義」之紀。所以憑空而說，蓋維護皇權而擴展至於皇室相關，將「不義」歸咎於輔相之「師傅」——皇權厲勢之下「經學家」們如此猥瑣，「學術」早已其次。《史記‧商君列傳》就有一個「太子，君嗣也，不可施刑，刑其傅公子虔，黥其師公孫賈」的故事。

〔2〕「辯女者，陳國採桑之女也。晉大夫解居甫使於宋，道過陳，遇採桑之女，止而戲之曰：『汝為我歌，我將舍汝。』採桑女乃為之歌曰：『墓門有棘，斧以斯之。夫也不良，國人知之。知而不已，誰昔然矣。』大夫又曰：『為我歌其二。』女曰：『墓門有梅，有鴞萃止。夫也不良，歌以訊止。訊予不顧，顛倒思予。』大夫曰：『其梅則有，其鴞安在？』女曰：『陳，小國也，攝乎大國之間，因之以飢饉，加之以師旅，其人且亡，而況鴞乎？』大夫乃服而釋之。」

陳風‧防有鵲巢

像《防有鵲巢》興句與詠句間意不相涉者在《國風》中不多見。《防有鵲巢》在個別意義上或反映了《國風》的「民間性」特質和其時詩歌創作的原生態風格。而「心焉忉忉」、「心焉惕惕」狀態中的「予美」又多半是一種一廂情願。「俏（zhōu）」而間之使其實是「予無美」找到了體面的理由——從「直面人生」的意義上講，如此心理智慧應該是春秋人所引以自豪的。

防有鵲巢， 防：堤壩。朱熹《集傳》：「防，人所築以捍水者。」馬瑞辰《通釋》：「此章『防』與『邛（qióng）』對言，猶下章『中唐』與『邛』對言。邛為丘名，則防宜讀如堤防之防，不得以為邑名。」**邛有旨苕。** 邛：土丘。《毛傳》：「邛，丘也。」馬瑞辰《通釋》：「鵲巢宜於林木，今言『防有』，非其所應有也。不應有而以為有，所以為之讒言也。……苕（tiáo）生於下濕，今言『邛有』者，亦以喻讒言之不可信。」此解十分牽強。旨：美，此或指味美。參《邶風‧谷風》注。苕：豆科植物，苕菜，嫩莖葉可食。《陸疏》：「葉似蒺藜而青，其莖葉綠色可生食。」一說凌霄花；一說葦花。**誰俏予美？** 俏：欺騙，蒙蔽，引為「離間」。《毛傳》：「俏，張誑也。」《一切經音義》：「《爾雅》：『俏，張誑也。』郭璞曰：『俏張，幻惑欺誑人也。』」《鄭箋》：「女（汝）眾讒人，誰俏張誑，欺我所美之人乎？使我心忉忉然。」《尚書‧無逸》「民

無或胥俯張為幻」。成語「俯張為幻」，意欺騙作偽，蠱惑蒙蔽人心。予美：予之美，猶今語「我的愛」，指詩者心儀之人。**心焉忉忉。**忉忉：憂愁貌。朱熹《集傳》：「忉忉，憂貌。」參《齊風·甫田》注。

　　中唐有甓，唐：朝堂前或宗廟門內的大路。《爾雅·釋宮》：「廟中路謂之唐。」中唐，即中庭之道路。《毛傳》：「中，中庭也。」甓（pì）：磚瓦。《毛傳》：「甓，瓴甋（líng dì）也。」瓴，即房屋上的仰瓦，也稱瓦溝。甋，磚。《爾雅·釋宮》：「瓴甋謂之甓。」馬瑞辰《通釋》：「甓為磚，亦得為瓦稱。」**邛有旨鷊。**鷊（yì）：本作「虉（yì）」，草名。《毛傳》：「鷊，綬草也。」《陸疏》：「鷊，五色，作綬文，故曰綬草。」綬：用來拴在印紐上的絲質帶。**誰俯予美？心焉惕惕。**惕惕：憂懼貌。《毛傳》：「惕惕，猶忉忉也。」

陳風·月出

　　春秋時陳國上空的一輪明月，所以引無數人為之癡迷，蓋因其最初見證了愛情的憂傷與喜悅——中國詩壇從《詩經》時代開始被月光浸染，其後世代愛也明月，思也明月，恨也明月……也所謂「文溫以麗，意悲而遠，驚心動魄」。（鍾嶸《詩品》認為《古詩十九首》「其體源於《國風》」）

　　月出皎兮，皎：皎潔。《毛傳》：「皎，月光也。」《說文》：「皎，月之白也……《詩》曰：『月出皎兮。』」《鄭箋》：「喻婦人有美色之白晰。」《古詩十九首》「明月皎夜光，促織鳴東壁」。**佼人僚兮。**佼（jiǎo）：通「姣」。陸德明《釋文》：「佼，字又作姣。《方言》云：自關而東，河濟之間凡好謂之姣。」河為黃河，濟為濟水。僚：通「嫽（liáo）」。陸德明《釋文》：「僚，本亦作嫽。」《毛傳》：「僚，好貌。」傅毅《舞賦》「貌嫽妙以妖蠱兮，紅顏曄其揚華」。**舒窈糾兮，**舒：《毛傳》：「遲也。」《孔疏》：「舒者，遲緩之言，婦人步行，貴在舒緩。」窈糾（yǎojiǎo）：《毛傳》：「舒之姿也。」《孔疏》：「窈糾是舒遲之姿容。」馬瑞辰《通釋》：「窈糾，猶窈窕，皆疊韻，與下懮（yǒu）受、夭紹同為形容美好詞。」**勞心悄兮！**勞心：憂心，言思念之苦。馬瑞辰《通釋》：「高誘《淮南子·精神篇》注：『勞，憂也。』凡《詩》言『勞心』

『勞心悄兮』猶言憂心悄悄也。」悄：深憂貌。《毛傳》：「悄，憂也。」《鄭箋》：「思而不見則憂。」參《邶風・柏舟》注。

月出皓兮，皓：嚴粲《詩緝》：「月光之白也。」**佼人懰兮。**懰（liǔ）：馬瑞辰《通釋》：「《釋文》：『懰，本又作劉，好貌。』《埤蒼》作嬼（liǔ），『嬼，妖也。』……妖亦好也。」**舒憂受兮，**憂受：體態輕盈舒美貌。《玉篇》：「憂受，舒遲之貌。」胡承珙《後箋》：「凡此疊字形容，即《梁冀傳》所謂『愁眉啼妝』、『折腰齲齒』，以『善為妖態』者也。」見《後漢書》，原文為：「壽（冀妻）色美而善為妖態，作愁眉，啼妝，墮馬髻，折腰步，齲齒笑，以為媚惑。」應劭《風俗通》釋曰：「愁眉者，細而曲折。啼妝者，薄拭目下若啼處。墮馬髻者，側在一邊。折腰步者，足不任體。齲齒笑者，若齒痛不忻忻。始自冀家所為，京師翕然皆放（仿）傚之。」忻忻：歡喜貌。春秋時的「自然美」被後世人解讀成了「病態美」。東漢桓帝時佞臣梁冀之妻孫壽之「妖態」，實則也是權力權勢的膨脹跋扈。**勞心慅兮！**慅（cǎo）：憂思不安貌。朱熹《集傳》：「慅，猶悄也。」王先謙《集疏》：「慅，亦憂也。」

月出照兮，照：用為形容詞，光明。**佼人燎兮。**燎：通「嫽」，嬌美。陳奐《傳疏》：「燎當為嫽。《說文》：『嫽，女字也。』（引按：指命名用字）《方言》、《廣雅》云：『嫽，好也。』嫽與僚同。」**舒夭紹兮，**夭紹：風姿卓約貌。胡承珙《後箋》：「《文選・西京賦》『要紹修態，麗服揚菁』，注：『要紹，謂蟬娟作姿容也。』又《南部賦》：『致飾程蠱，要紹便娟。』又《靈光殿賦》『曲枅（jī）要紹而環句』，注云：『要紹，曲貌。』此諸言『要紹』者，皆與『夭紹』同。」按：《西京賦》、《南部賦》，張衡作。《靈光殿賦》王逸之子王延壽作。楊樹達《述林》卷六：「夭訓和舒，紹訓緩，正與訓遲訓徐之舒義相類也。《莊子・逍遙遊篇》云：藐姑射之山有神人焉，肌膚若冰雪，綽約若處子，綽約即夭紹之倒文也。」**勞心慘兮！**慘：通「懆（cǎo）」，憂愁不安。戴震《考證》：「慘，蓋懆字轉寫誤為慘耳。」朱熹《集傳》：「慘，憂也。」《玉篇・心部》：「懆，憂愁也。不樂也。」《說文》：「懆，愁不安也。……《詩》曰：『念子懆懆。』」「念子懆懆」為《小雅・白華》句。

陳風・株林

　　「夏姬滅兩國，逃作巫臣姬。」杜牧《杜秋娘詩》中的兩句。「亂國淫女」夏姬是鄭國第十一任國君鄭穆公之女，嫁給了陳國大夫夏御叔，生子夏南（徵舒），為大夫。夏姬貌美而艷蕩，所以陳靈公（陳國第十九任國君，前 613～前 599 年在位）和其大夫孔寧（公孫寧）、儀行父均與其私通，導致了陳國的滅亡和夏南的死。[1] 歷史上因女人亡國的事並不少見，[2] 但像夏姬這樣「夭子蠻，殺御叔，弑靈侯，戮夏南，出孔、儀，喪陳國」者，[3] 在有記錄的春秋史上絕無僅有。她像一朵美麗的罌粟花一樣而使多人罹禍，政權崩塌。史家於其難以釋然，所以《國語》、《左傳》、《穀梁傳》、《公羊傳》、《史記》等於其「不可道矣」事反覆敘說。以歌謠的形式「作詩以刺」，《株林》寫得幽默而犀利。

　　胡為乎株林，株：邑名，陳國夏氏食邑。王應麟《詩地理考》「《寰宇記》：陳州南頓縣西南三十里有夏亭城，城北五里有株林。」《寰宇記》即樂史所撰《大平寰宇記》，北宋初地理總志。《毛傳》：「株林，夏氏邑也。」馬瑞辰《通釋》：「株為邑名，林則野之別稱。……是株為邑名，故二章『朝食於株』得單言株也。《爾雅》：『邑外謂之郊，郊外謂之牧，牧外謂之野，野外謂之林。』野與林對文則異，散文則通，株林猶株野也。《傳》云『株林，夏氏邑』者，隨文連言之。」**從夏南？**從：追隨。夏南：夏徵舒，字南，陳國大夫。《毛傳》：「夏南，夏徵舒也。」馬瑞辰《通釋》：「不言夏姬言夏南者，上二句詩人故設為問辭，若不知其淫於夏姬者，以為從夏南遊耳。下二句當連讀，謂其非適株林從夏南也，言外見其實淫於夏姬，此詩人立言之妙。」**匪適株林，**匪：非。適：往，去。**從夏南！**句讀為「非適株林從夏南」。

　　駕我乘馬，我：擬陳靈公、孔寧、儀行父。乘（shèng）：指車馬。一車四馬謂一乘。**說于株野。**說：通「稅」，停車止息。《孔疏》：「向夕而說舍於株林之野。」參《衛風・碩人》注。野：牧外之野。**乘我乘駒，**乘（前字）：動詞，駕。駒：少壯的駿馬。《毛傳》：「大夫乘駒。」《鄭箋》：「馬六尺以下曰駒。」又陳奐《傳疏》：「駒當依《釋文》作驕。……乘驕，四馬皆驕

也。大夫乘驕。」參《周南・漢廣》注。**朝食于株**。朝食：吃早飯。稅舍焉，朝食焉，《孔疏》：「言公朝夕往來，淫泆不息，可惡之甚。」

〔1〕《楚語上》：「昔陳公子夏為御叔娶於鄭穆公，生子南。子南之母亂陳而亡之，使子南戮於諸侯，莊王既以夏氏之室賜申公巫臣，則又畀之子反，卒於襄老。襄老死於邲（bì），二子爭之，未有成。恭王使巫臣聘於齊，以夏姬行，遂奔晉。」畀：給予。子反：即公子側，職司馬。襄老：即連尹（楚官名，掌車馬）襄老，楚國大臣。「莊王既以夏氏……」句意即楚莊王把夏姬賞賜給申公巫臣，接著又賞給子反，最後又給了連尹襄老。邲：鄭國地名。邲之戰即周定王十年、楚莊王十七年（前 597 年）楚軍攻鄭，晉軍往救而敗之戰役，是楚國建立霸權的重要戰役。二子爭之：指巫臣和子反兩人爭奪夏姬。

《左傳・宣公九年》（前 600 年）：「陳靈公與孔寧、儀行父通於夏姬，皆衷其衵（rì）服以戲於朝。泄冶諫曰：『公卿宣淫，民無效焉，且聞不令。君其納之。』公曰：『吾能改矣。』公告二子，二子請殺之，公弗禁，遂殺泄冶。」衷，懷，用作動詞，貼身穿。衵，女人的貼身汗衣。戲於朝，戲言於朝庭上。泄冶，陳國大夫。無效，無所效法。聞：名聲。不令，不體面。納之，指把穿著的夏姬的內衣藏起來。二子，指孔寧和儀行父。

《宣公十年》：「陳靈公與孔寧、儀行父飲酒於夏氏。公謂行父曰：『徵舒似女（汝）。』對曰：『亦似君。』徵舒病之，公出，自其廄射而殺之。二子奔楚。」夏氏，指夏徵舒（家）。病，憤恨。射而殺之：夏徵舒射殺陳靈公（自立為陳侯）。

《春秋・宣公十一年》「冬十月，楚人殺陳夏徵舒。丁亥，楚子入陳。納公孫寧、儀行父於陳」，《左傳》：「冬，楚子為陳夏氏亂故，伐陳。謂陳人：『無動，將討於少西氏。』遂入陳，殺夏徵舒，轘（huàn）諸栗門，因縣陳。」無動，意不要驚恐。少西氏：指夏徵舒。夏徵舒祖父字子夏，名少西。轘，車裂之刑。栗門，陳國城門。縣陳，以陳國為楚國的一個縣。陳靈公、孔寧、儀行父、泄冶、夏徵舒及陳楚事又見《公羊傳》、《穀梁傳》宣公九年、十年、十一年、十二年，《陳杞世家》。

〔2〕《周語中》：「昔鄢（yān）之亡也由仲任，密須由伯姞，鄶由叔妘（yún），聃由鄭姬，息由陳媯，鄧由楚曼，羅由季姬，盧由荊媯，是皆外利離親者也。」鄢，妘姓侯國。韋昭注：「取仲任氏之女為鄢君夫人。」密須，亦作密，商時姞姓侯國。伯姞，注：「密須之女也。」鄶，周初異姓封國之一，妘姓。叔妘：注：「同姓之女，

為鄅夫人。」聃，姬姓侯國。鄭姬，注：「鄭女，為聃夫人。」息，姬姓侯國。陳媯，注：「陳女，為息侯夫人。」鄧，曼姓侯國。楚曼，注：「鄧女，為楚武王夫人，生文王。文王過鄧而利其國，遂滅鄧而兼之也。」羅，熊姓侯國。季姬，注：「姬氏女，為羅夫人而亡其國也。」盧，媯姓侯國。荊媯，注：「盧女，為荊夫人。荊，楚也。」

〔3〕《左傳・成公二年》（前589年）：「楚之討陳夏氏也，莊王欲納夏姬，申公巫臣曰：『不可。君召諸侯，以討罪也。今納夏姬，貪其色也。貪色為淫，淫為大罰。《周書》曰：『明德慎罰。』文王所以造周也。明德，務崇之之謂也；慎罰，務去之之謂也。若興諸侯，以取大罰，非慎之也。君其圖之！』王乃止。

子反欲取（娶）之，巫臣曰：『是不祥人也！是夭子蠻，殺御叔，弒靈侯，戮夏南，出孔、儀，喪陳國，何不祥如是！人生實難，其有不獲死乎！天下多美婦人，何必是？』子反乃止。

王以予連尹襄老。襄老死於邲，不獲其屍，其子黑要烝焉。巫臣使道焉，曰：『歸！吾聘女（汝）。』又使自鄭召之，曰：『屍可得也，必來逆之。』姬以告王，王問諸屈巫。……王遣夏姬歸。將行，謂送者曰：『不得屍，吾不反矣。』巫臣聘諸鄭，鄭伯許之。」

「若興諸侯」，指聯合諸侯興師。「圖之」，意即慎重考慮。「子蠻」，史載不詳。杜預謂「鄭靈公，夏姬之兄」。楊伯峻：「杜注謂為鄭靈公之字，為夏姬之兄。然據昭二十八年《傳》，夏姬之兄字子貉，子貉實鄭靈公字。子蠻非鄭靈公字。昭二十八《傳》又謂夏姬殺三夫，由此推測，子蠻或是其最早之丈夫。」「不獲死」，指不善終。「黑要」，襄老之子。「巫臣使道」，指巫臣示意、使用計策給夏姬。「又使自鄭召之」，指巫臣讓鄭國召夏姬回去。「逆」，迎。「屈巫」，即巫臣。「聘諸鄭」，指巫臣向鄭國請求聘夏姬為妻。「諸」，「之乎」之合音。「鄭伯」，指鄭襄公。

陳風・澤陂

無論立意還是詞句、景象，《澤陂》與《周南・關雎》皆相似。「河之洲」變成「澤之陂」，「參差荇菜」換為「有蒲與荷」「有蒲與蕑（jiān）」「有蒲菡萏（hàndàn）」；「窈窕淑女」代之以「有美一人」；而「寤寐無為」與「輾轉伏枕」則直接是「寤寐求之」「輾轉反側」的翻版。所透出的信息令人欣喜——陳國的女子們有了愛情的主動。春秋已非西周「禮樂」社會「郁郁乎文哉」（論語・八佾），鉛灰色的天空之下已然有了自由的薰風吹拂和人性的淺綠泛出。

彼澤之陂，澤：聚水之窪地，類池塘。陂（bēi）：《毛傳》：「澤障也。」《孔疏》：「澤障，謂澤畔障水之岸。」即堤壩。有蒲與荷。蒲：蒲草，也稱香蒲。多生於河灘水澤之地。莖可製席，嫩苗可食。荷：荷花。《毛傳》：「荷，芙蕖也。」聞一多《類鈔》：「荷，葉；蓮，實；菡萏，花；然亦可通稱。」有美一人，傷如之何！傷：憂思。《鄭箋》：「傷，思也。」陳奐《傳疏》：「傷，即《序》『憂思感傷』之傷。」《毛序》：「《澤陂》……男女相說（悅），憂思感傷焉。」朱熹《集傳》：「有美一人而不可見，則雖憂傷而如之何哉？」寤寐無為，寤寐：醒著和睡著。參《周南・關雎》注。涕泗滂沱。涕泗：眼淚和鼻液。《毛傳》：「自目曰涕，自鼻曰泗。」滂沱：本義大雨貌，此狀涕泗俱下。嚴粲《詩緝》：「言涕泗如雨也。」

彼澤之陂，有蒲與蕑。蕑：有香氣的蘭草。據上下章，此處似應為「蓮」。《鄭箋》：「蕑當作『蓮』。蓮，芙蕖實也。」《魯詩》作「蓮」。《太平御覽》卷九百七十五亦引為「有蒲與蓮」。有美一人，碩大且卷。卷（quán）：通「婘（quán）」，美好貌。陸德明《釋文》：「卷，本又作婘。」《馬瑞辰《通釋》：「卷即婘之假借。……《爾雅》：『婘，好也。』《玉篇》：『婘，好貌。』」寤寐無為，中心悁悁。悁悁（yuān）：鬱悶貌。《毛傳》：「悁悁，猶悒悒（yì）也。」《說文》：「悒悒，不舒之貌也。」《韓詩外傳》（卷八）「於是楚王蓋悒如也」。司馬相如《長門賦》「舒息悒而增欷兮，躧（引按：躧音 xi，跋）履起而彷徨」。《鹽鐵論・國疾》「大夫視文學，悒悒而不言也」。

彼澤之陂，有蒲菡萏。菡萏：未開的荷花。《毛傳》：「菡萏，荷華也。」有美一人，碩大且儼。儼（yǎn）：《毛傳》：「矜莊貌。」《離騷》「湯禹儼而祗敬兮，周論道而莫差」。寤寐無為，輾轉伏枕。

檜　風

　　「鄭桓公將欲襲鄶（引按：鄶音 kuài，陸德明《釋文》：「檜，本又作鄶」），先問鄶之豪傑、良臣、辯智果敢之士，盡與姓名，擇鄶之良田賂之，為官爵之名而書之。因為設壇場郭門之外而埋之，釁之以雞猳（猳音 jiā，公豬，此泛指豬。句意即灑上雞和豬的血），若盟狀。鄶君以為內難也，而盡殺其良臣。桓公襲鄶，遂取之。」（《韓非子・內儲說下》）相較其子鄭武公以女妻胡君而殺之（《說難》），鄭桓公的手段在春秋時代算是一個一般的詭譎與陷阱，但是鄶君上當了。

　　太史伯鼓動鄭桓公時說，「當成周者……西有虞、虢、晉、隗（Wěi）、霍、楊、魏、芮……是其子、男之國，虢、鄶為大，虢叔恃勢、鄶仲恃險……」接下來說的是，你如果因為周室遭難之緣，想把妻妾家眷和財物寄放到那裡，他們不敢不答應；如果率領洛邑的民眾，奉天子之命去討伐他們的罪惡，不會不成功。話裏有兩層意思：一是虢、檜二國並不太小，鄰近大的城邑就有八處之多；二是虢、檜二君皆為驕侈懈怠、貪婪自利之人，二國不堪一擊——後一點在鄭武公兩年的時間連滅兩國得到了證實，所謂「斧小不勝柯者亡」。〔1〕《鄭語》「……（桓）公說（悅），乃東寄帑與賄，虢、鄶受之，十邑皆有寄地」，《鄭世家》「……桓公曰：『善。』於是卒言王（引按：意急速向周王通報自己的擴張計劃，時當為周幽王），東徙其民洛東，而虢、鄶果獻十邑」——沒有人願意將城池領土主動給與侵略者，「果獻十邑」是史家於虢、鄶的極度失望之詞。

　　但是，鄶國的滅亡還有另外的說法。《周語中》「鄶（亡）由叔妘」，叔妘者，鄶夫人也，《公羊傳・桓公十一年》「鄭伯有善於鄶公者，通乎夫人，以

取其國而遷鄭焉（何休注：「遷鄭都於鄶也」）──倘若此，鄶人又情何以堪？《檜風》僅四篇，亂世亡國之音，篇篇哀怨悽惻。

〔1〕《逸周書·史記解》：「斧小不勝柯者亡。昔有鄶君嗇儉，滅爵損祿，群臣卑讓，上下不臨。」唐大沛云：「正文疑當作『柯小不勝斧者亡』，柯斧字誤倒耳。」劉師培云：「據《潛夫論》所云，此文『嗇儉』以上似有『驕貪』二字。」孔晁云：「柯秉所以喻君。斧所以用，喻臣。臣無爵祿，君所以任。不臨，言不相承奉也。」「君所以任」，唐大沛云：「當作『不為君所任』。」潘振云：「斧小，喻臣職分小也。不勝柯，喻不勝君任也。……上下，指臣位言。以尊蒞卑曰臨。」（黃懷信等《逸周書匯校集注》）

檜風·羔裘

像是某個自戀的「雅人」，他希望心儀已久的婦人於己深情如此──借男女別情自抒失意，於《風》詩中每每似曾相識的言辭〔1〕背後，或是「國」將不「國」、或是一時無所歸依之大無奈。春秋政治陰險無常，疾風板蕩，「英雄」常有氣短時。

羔裘逍遙，羔裘：與下句「狐裘」皆大夫之服。《毛傳》：「羔裘以遊燕，狐裘以適朝。」《禮記·少儀》「燕見，不將命」，鄭玄注：「自不用賓主之正，來則若子弟然。」私燕而見無需賓主之禮。逍遙：與下章「翱翔」皆逍遙燕遊之意。**狐裘以朝。豈不爾思？**爾思：即「思爾」之倒文。**勞心忉忉。**忉忉：憂勞貌。參《齊風·甫田》、《陳風·防有鵲巢》注。

羔裘翱翔，狐裘在堂。堂：《毛傳》：「堂，公堂也。」**豈不爾思？我心憂傷。**

羔裘如膏，膏：脂油。蘇轍《詩集傳》：「如膏，言光澤也。」**日出有曜。**曜：明亮，發光。有曜，即曜曜。《毛傳》：「日出照曜，然後見其如膏。」**豈不爾思？中心是悼。**中心，即心中。言「中心」者，含「心頭」、「心窩」、「心坎」意，強調其程度。悼，悲傷。《毛傳》：「悼，動也。」《鄭

箋》：「悼猶哀傷也。」《孔疏》：「哀悼者，心神震動，故為動也。與《箋》『哀傷』同。」參《衛風·氓》注。

〔1〕「逍遙」、「翱翔」見於《鄭風·清人》，《女曰雞鳴》、《有女同車》有「將翱將翔」句；「豈不爾思」見於《王風·大車》、《鄭風·東門之墠》；「勞心忉忉」見於《齊風·甫田》──《陳風·防有鵲巢》中有「心焉忉忉」句，《邶風·燕燕》、《雄雉》中有「實勞我心」句，《邶風·柏舟》中有「我心匪鑒」、「我心匪石」、「我心匪席」和「憂心悄悄」、「心之憂矣」句，《曹風·蜉蝣》也有「心之憂矣」句。《召南·草蟲》中有「我心傷悲」句，《檜風·素冠》中有「我心傷悲兮」句；「中心是悼」見於《邶風·終風》。

檜風·素冠

當《羔裘》之「勞心忉忉」者在失落與憂傷中漸將隱去時，《素冠》裏瘦瘠的棘囚之人緩步走出。何人、何罪之有不得而知，但從「素冠」和「素韠（bì）」之朝服看，當為大夫以上者。小人當道、賢良罹難是集權與極權政治中的常見景象，官僚制度尚未成熟的春秋時期概莫例外。無論邪惡勢力多麼強大，險惡中總有正義的堅守與同志──「聊與子同歸兮」、「聊與子如一兮」，使「欒欒」之棘人抬眼遠望的目光沉鬱而堅定。

庶見素冠兮，庶：幸，欣幸。素：白色。素冠：姚際恒《通論》：「『素冠』者，指所見其人而言；素冠而及衣、韠，即承上『素』字，以『衣』、『韠』為換韻。」按：舊解「素」多泥於「素冠」、「素衣」、「素韠」為孝服，謂詩刺世人不尊先王禮制，為子者守喪不能三年，而詩中「素冠」者能盡其孝道。姚際恒以「其不可信者十」辯之。「……古人多素冠、素衣，不似今人以白為喪服而忌之也。古人服喪唯以麻之升數為輕重，不關於色也。『素韠』，《士冠禮》：『主人玄冠、朝服、緇帶、素韠』，又於皮弁服云『素積、緇帶、素韠』。《玉藻》云：『韠，君朱，大夫素』，則又不必言矣。」積，即襞積，衣服上打的褶子。參《魏風·葛屨》注。**棘人欒欒兮**。棘人：棘囚之人。姚際恒《通論》：「此詩本不知指何事何人，但『勞心』、『傷悲』之詞，『同歸』、『如一』之語，或如諸篇以為思君子可，以為婦人思男亦可……。『棘人』，其人

-265-

當罪之時。《易・坎》六爻曰『係用徽纆（mò），置於叢棘』是也。」徽纆，捆綁俘虜或罪犯的繩索。《漢書・揚雄傳》「（范雎）折脅拉髂（引按：髂音 qià，髂骨，在腰下腹部兩側），免於徽索」。《史記・賈誼列傳》錄《鵩鳥賦》「夫禍之與福兮，何異糾纆」，裴駰集解：「瓚曰：糾，絞也；纆，索也。」欒欒：瘦瘠貌。《毛傳》：「欒欒，瘠貌。」《鄭箋》：「形貌欒欒然腹（shòu 瘦）瘠也。」**勞心慱慱兮！**慱慱（tuán）：憂苦不安。《毛傳》：「慱慱，憂勞也。」《孔疏》：「慱慱然而憂之兮。」方玉潤《原始》：「棘人乃罪人之稱……棘人素服，必其人以非罪而在縲絏（léixiè）之中，適所服者素服耳，而幸而見之，以至於傷悲，願與同歸如一者，非其所親，即素所愛敬之人，故至『勞心慱慱』而不能自已也。」縲絏，捆綁犯人的繩索，也借指監獄、囚禁。《論語・公冶長》：「雖在縲絏之中，非其罪也。」

庶見素衣兮，我心傷悲兮。聊與子同歸兮！聊：且。《鄭箋》：「聊，猶且也。」同歸：馬瑞辰《通釋》：「猶下章言『如一』，皆謂一致。」

庶見素韠兮，韠：即蔽膝，本為朝服之飾，繫在腰間裙外的狹長形裝飾。熟革製成。朱熹《集傳》：「韠，蔽膝也。以韋為之。冕服謂之韍，其餘曰韠。韠從裳色，素衣素裳則素韠也。」韋，熟牛皮。冕服，冕本指天子、諸侯、卿大夫所著之冠，冕服即指其禮服。**我心蘊結兮。**蘊結：鬱結，憂思不能釋。朱熹《集傳》：「蘊結，思之不解也。」**聊與子如一兮！**如一：站在一道。朱熹《集傳》：「與子如一，甚於同歸矣。」

檜風・隰有萇楚

「政煩賦重，人不堪其苦，歎其不如草木之無知而無憂也。」（朱熹《詩集傳》）「遭亂而貧窶，不能贍其妻、子之詩。」（姚際恒《詩經通論》）「此遭亂詩也。……檜破民逃，自公族子姓以及小民之有室有家者，莫不扶老攜幼，挈妻抱子，相與號泣路歧，故有家不如無家之好，有知不如無知之安也。」（方玉潤《詩經原始》）

「我生之初，尚無為……我生之後，逢此百罹……」離亂中見得如此萇（cháng）楚並與之對話，類《小雅·苕之華》「苕之華，其葉青青。知我如此，不如無生」——《詩經》時代的傾聽者，常常是「草木鳥獸蟲魚」，常常是天空和大地。

隰有萇楚， 隰：低濕之地。參《秦風·車鄰》注。萇楚：即羊桃，藤本植物。《孔疏》引《陸疏》「今羊桃是也。葉長而狹，華紫赤色。其枝莖弱，過一尺引蔓於草上。」**猗儺其枝。** 猗儺（ē nuó）：美盛。《毛傳》：「猗儺，柔順也。」王引之《述聞》：「萇楚之枝，柔弱蔓生，故傳、箋並以猗儺為柔順。但下文又云『猗儺其實』，華與實不得言柔順，而亦云猗儺，則猗儺乃蓋盛之貌矣。」胡承珙《後箋》：「『猗儺』固可以『美盛』言，而亦未嘗無『柔順』之義。……至華實皆附於枝，枝既柔順，則華與實亦必從風而靡，雖概稱猗儺，不妨。」**夭之沃沃，** 夭：草木幼嫩而有生機貌。《毛傳》：「夭，少也。」俞樾《平議》：「《國語·魯語上》：『澤不伐夭。』韋注曰：『草木未成曰夭。』《漢書·貨殖傳》：『澤不伐夭。』師古注曰：『夭謂草木初長成者。』此《經》夭字義與彼同。」沃沃：豐澤貌。《毛傳》：「沃沃，壯佼也。」《孔疏》：「言其少壯而佼好也。」朱熹《集傳》：「沃沃，光澤貌。」黃焯《平議》：「毛訓夭為『少』，沃沃為『壯佼』，意在形容萇楚之枝與華實，……此章末句云『無知』，實通下二章『無家』，『無室』為言，蓋謂萇楚少而壯佼，而不知有男女室家之事。」參《衛風·氓》注。**樂子之無知。** 樂：喜，引為羨慕。子：朱熹《集傳》：「子，指萇楚也。」知，知覺。

隰有萇楚，猗儺其華。夭之沃沃，樂子之無家。

隰有萇楚，猗儺其實。夭之沃沃，樂子之無室。

檜風·匪風

「……曼余目以流觀兮，冀一反之何時？鳥飛反故鄉兮，狐死必首丘。信非吾罪而棄逐兮，何日夜而忘之？」[1]與屈原長歌當哭不同，詩中人將其傷悲強抑心底，一種怎樣的無言之痛楚；東去不歸而「顧瞻周道」，「誰將西

歸？懷之好音」——「國」不愛他而他還在深深地愛著「國」。（春秋之「國」與「祖國」已有不盡相同，「愛國之心」多也是於利益的糾結與憂患）

匪風發兮，匪：通「彼」，那。王引之《釋詞》卷十：「言彼風之動發發然，彼車之驅偈偈（jié）然。」參《邶風·旄丘》注。發，風疾貌。或曰「發發」，摹風疾吹聲。**匪車偈兮。**偈：急，疾。朱熹《集傳》：「偈，疾驅貌。」**顧瞻周道，**顧：《鄭箋》：「回首曰顧。」周道：大道。馬瑞辰《通釋》：「周道猶周行（háng），朱子《集傳》云『周行，大道』是也。周道又為通道，亦大道也。凡《傳》『周道』皆謂大路，即《孟子》云：『夫道若大路然也。』」見《告子下》，孟子所言「道」指事物內在的規律和法則。馬氏引其句中「大路」，非引其「道」。引朱熹者指其《周南·卷耳》「嗟我懷人，置彼周行」之訓。本詩中朱熹訓「周道」為「適周之路也」。**中心怛兮。**怛：憂傷。《毛傳》：「怛，傷也。」《孔疏》：「怛者，傷痛之言。」參《齊風·甫田》注。

匪風飄兮，飄：指有旋流的大風。《毛傳》：「回風為飄。」**匪車嘌兮。**嘌（piāo）：疾驅貌。《毛傳》：「嘌嘌，無節度也。」陳奐《傳疏》：「云無節度者，是亦疾驅之意。」《說文》：「嘌，疾也。《詩》曰：『匪車嘌兮。』」**顧瞻周道，中心弔兮。**弔：傷悲。《毛傳》：「弔，傷也。」陳奐《傳疏》：「今吳郡人有『弔心』之語，弔心即傷心也。」

誰能亨魚？亨（pēng）：「烹」之本字，古亨、烹通。陸德明《釋文》：「亨，普庚反，煮也。」**溉之釜鬵。**溉：一作「摡（gài）」，《毛傳》：「溉，滌也。」陸德明《釋文》：「溉，本文作摡，古愛反，滌也。」釜：鍋。鬵（xín）：大鍋。《毛傳》：「鬵，釜屬。」《說文》：「鬵，大釜也。」《毛傳》：「亨魚煩則碎，治民煩則散，知亨魚則知治民矣。」《孔疏》：「言誰能亨魚者乎？有能亨魚者，我則溉滌而與之釜鬵。以興誰能西歸輔周治民者乎？有能輔周治民者，我則歸之以周舊政令之好音。恨當時之人無輔周者。亨魚煩則碎，治民煩則散，亨魚類於治民，故以亨魚為喻。」〔2〕**誰將西歸？懷之好音。**懷：遺，送，引為「祝福」。《毛傳》：「懷，歸也。」吳闓生《會通》：「《傳》以懷

為歸，歸者，饋遺之義。」好音：祝願，祝福的話。嚴粲《詩緝》:「好音，猶好語也。」

〔1〕《九章・哀郢》。郭沫若曾將其譯為:「……啊，我在向四方遠望，要幾時才能再回故鄉！飛鳥一定要歸巢，狐死，頭向著山崗。我無罪而遭流竄，日日夜夜心中不忘。」(《屈原賦今譯》)

〔2〕《毛序》:「《匪風》，思周道也。國小政亂，憂及禍難，而思周道焉。」孔穎達以《序》疏說之，亦「於經無所當」。「周道」即大路而非「周之政令」(鄭玄)。春秋時的檜人顧不得「思周道之事」。

曹　風

　　周公東征後的分封仍以姬姓為主，但也封部分原殷商貴族。商紂庶兄微子啟被封於宋，建都商丘。其地域廣大，且「微子故能仁賢，乃代武庚，故殷之餘民甚戴愛之」（《宋微子世家》），周室為防不測，又封其他異姓諸侯和姬姓諸侯於宋國的周圍以制約之。曹國便是其北部的姬姓封國，周文王子、武王弟振鐸為開國之君，都陶丘。

　　早期的國君還頗有作為，但到春秋時漸不足觀，國勢傾頹的曹國也成了晉楚爭霸拉鋸戰的受害國。晉公子重耳（其後的「晉文公」）落難流亡國外十九年，到齊國時齊桓公為他娶妻並送馬八十匹，到宋國時，宋襄公也送馬八十匹，到了楚國楚成王設宴款待，到了秦國秦穆公為其「納女五人」。但前637年重耳經過曹國時，「甚荒唐」的曹共公（前652～前618年在位）卻「聞其駢脅，欲觀其裸。浴，薄而觀之」（《左傳·僖公二十三年》，又《晉語四》、《晉世家》、《管蔡世家》）。風雲變幻，諸事莫測，身為一國之君不顧卻躲在簾子後好奇一個重要的國際人物洗澡，其手下大夫和大小官差又能出息到哪裏去呢？曹國的命運也就可想而知。便也就有了《曹風》不同人等的頹廢與歎息、怨刺、期盼和「位卑未敢忘憂國」者們的痛苦與煎熬。

曹風·蜉蝣

　　《國風》大概要比《古詩十九首》（或產生於東漢桓、靈之際）至少早300年～400年以上。當我們為《古詩十九首》那種莫名而深遠的傷感所震撼時，卻發現早在《詩經》時代就已經有人在迷茫和無奈中追問「我是誰，我從哪

裏來，我要到哪能裏去」的問題了──於生命的思考源於生存現實的嚴酷。《蜉蝣》類作品已非簡單地「感於哀樂，緣事而發」（《藝文志》），而是顯現出了某種「文學」之自覺，中國文學之少年時代。

蜉蝣之羽，蜉蝣：昆蟲名，翅半透明，成蟲生存期極短，朝生暮死。《毛傳》：「蜉蝣，渠略也，朝生夕死，猶有羽翼以自修飾。」馬瑞辰《通釋》：「蓋詩人不忍言人之似蜉蝣，故轉言蜉蝣之羽翼有似於人之衣裳，此正詩人立言之妙。」**衣裳楚楚。**楚楚：鮮明整潔貌。《毛傳》：「楚楚，鮮明貌。」聞一多《類鈔》：「『蜉蝣之羽，楚楚衣服，』猶言楚楚的衣服，有如蜉蝣之羽。」元好問《雜言》詩有「諸郎楚楚皆玉立」句。**心之憂矣，於我歸處。**我：通「何」，何處。《鄭箋》：「當於何歸依乎？」俞樾《平議》：「《經》云『於我歸處』，《箋》云『於何歸依乎』，蓋即以我為何。我、何古音相通。」歸處：歸依。王先謙《集疏》：「歸處，猶依止也。」

蜉蝣之翼，采采衣服。采采：華美鮮麗。朱熹《集傳》：「采采，華飾也。」陳奐《傳疏》：「謂文（紋）采之眾多也。」**心之憂矣，於我歸息。**歸息：義同上章「歸處」。《毛傳》：「息，止也。」陳奐《傳疏》：「歸息，猶歸處也。處亦止也。」

蜉蝣掘閱，掘：穿，謂昆蟲穿穴而出。《廣雅·釋詁》：「掘，穿也。」《孔疏》：「蜉蝣之蟲，初掘地而出。」閱：古與「穴」通。馬瑞辰《通釋》：「閱讀為穴，宋玉《風賦》『空穴來風』，即《莊子》『空閱來風』也。老子《道德經》『塞其兌，閉其門』，兌即閱之省，謂塞其穴也。」見《道德經》五十二章。「空閱來風」為《文選》宋玉《風賦》李善注引《莊子》佚文。**麻衣如雪。**麻衣：時「貴族」常服，即「深衣」，為諸侯、大夫、士閒居時所著之服，上衣和下裳相連，白色麻布製成，無彩飾。《鄭箋》：「麻衣，深衣。諸侯之朝朝服，朝夕則深衣也。」《孔疏》：「麻衣者，白布衣。如雪，言甚鮮潔也。」蜉蝣初生其翼半透明，故詩興比以麻衣。**心之憂矣，於我歸說。**說（shuì）：同「稅」，歸依息止。《鄭箋》：「說，猶言息也。」參《陳風·株林》注。

曹風‧候人

　　重耳過曹，大夫僖負羈的妻子說應該禮而遇之才是，僖負羈就送給重耳一盤晚飯，並在其中藏了一塊玉璧。前 632 年春天晉國攻打曹國，三月八日進入曹都，晉文公重耳指責曹共公任用三百多大夫，卻不用僖負羈，下令不准進入僖負羈的住宅，赦免其族人，以報饋食之恩。〔1〕《毛序》將《候人》與之聯繫起來，認為詩是刺曹共公——亦未必不可。〔2〕但「三百赤芾」更可能的是泛指，全詩極像是一首諷世之謠。末章興句「薈兮蔚兮，南山朝隮」在《風》詩中十分罕見——雲霞滿天，鄉遂下野裏，遍地是飢饉。

　　彼候人兮，候人：《毛傳》：「道路送迎賓客者。」掌道路及迎送賓客的小官。《夏官‧候人》：「各掌其方之道治，與其禁令，以設候人。若有方治（引按：一方之政事，即諸侯派人前來請示國政），則帥而致於朝；及歸，送之於竟（境）。」《周語中》：「敵國賓至，關尹以告，行理（引按：接待賓客之官。韋昭注：「理，吏也……行理，小行人也」）以節（所持憑證）逆（迎）之，候人為導。」關尹，守關之官。韋昭注：「關尹司關，掌四方之賓客，叩關則為之告。」**何戈與祋。**何：《齊詩》作「荷」。《毛傳》：「何，揭。」祋（duì）：即殳，撞擊用的兵器。竹製，長一丈二尺，頭上不以金屬為刃，八棱而尖。或曰杖端裝八棱平頭的金屬器。參《衛風‧伯兮》注。**彼其之子。**彼：那，他。其：語助詞。之子：指「三百赤芾」者。參《王風‧揚之水》、《魏風‧汾沮洳》、《唐風‧椒聊》注。**三百赤芾。**赤芾：芾通「韍」，禮服上的蔽膝，用熟皮製成。三百赤芾，即指佩赤芾者三百人。三百，泛指多。《毛傳》：「芾，韠也。一命縕芾黝珩，再命赤芾黝珩，三命赤芾蔥珩。大夫以上赤芾乘軒。」嚴粲《詩緝》：「芾，當作韍，古字通也。」芾、韍、韠（韡）皆指蔽膝。《禮記‧玉藻》中不同等級韠的顏色、形狀式樣皆有制。參《檜風‧素冠》注。

　　維鵜在梁，鵜（tí）：即鵜鶘。《毛傳》：「鵜，洿澤鳥也。」洿（wū），池溏，也指低凹之地。《孟子‧梁惠王上》：「數（音 shuò，密）罟（魚網）不入洿池，魚鱉不可勝食也。」梁：魚壩。《毛傳》：「梁，水中之梁。」參《邶風‧谷風》注。**不濡其翼。**濡：沾濕。《鄭箋》：「鵜在梁，當濡其翼，而不

濡者，非其常也。以喻小人在朝，亦非其常。」參《邶風‧匏有苦葉》注。**彼其之子，不稱其服。**稱：相稱。《鄭箋》：「不稱者，言德薄而服尊。」

維鵜在梁，不濡其咮。咮（zhòu）：鳥嘴。《毛傳》：「咮，喙也。」陳奐《傳疏》：「喙者，口也。」**彼其之子，不遂其媾。**遂：遂意，稱心。朱熹《集傳》：「遂，稱。……遂之為稱，猶今人謂遂意曰稱意。」媾：寵愛，指恩寵厚遇。《毛傳》：「媾，厚也。」朱熹《集傳》：「媾，寵也。」

薈兮蔚兮，薈、蔚：本義指草木繁盛、茂盛，此並指雲霧彌漫。班固《西都賦》「茂樹蔭蔚，芳草被堤」，李格非《洛陽名園記》「林木薈蔚，煙雲掩映」；木華《海賦》「薈蔚雲霧」，李周翰注：「薈蔚，雲霧津潤氣也。」（見《文選》唐「五臣注」）**南山朝隮。**南山：曹地南山。《毛傳》：「南山，曹南山也。」王先謙《集疏》引《一統志》：「曹南山在曹州濟陰縣東二十里，《詩》：『南山朝隮』是也。」曹州，即今山東菏澤。《一統志》指《大清一統志》，清代官修。隮：雲氣升騰。一說虹。《毛傳》：「隮，升雲也。」《鄭箋》：「薈蔚之小雲，朝陛於南山，不能為大雨，以喻小人雖見任於君，終不能成其德教。」又朱熹《集傳》：「朝隮，雲氣升騰也。薈蔚朝隮，言小人眾多而氣焰盛也。」參《鄘風‧蝃蝀》注。**婉兮孌兮，**婉孌：年少而貌美。《毛傳》：「婉，少貌。孌，好貌。」參《齊風‧甫田》注。**季女斯飢。**季女：少女。《毛傳》：「季，人之少子也。女，民之弱者。」斯飢：這麼（樣）飢餓。《孔疏》：「此言斯飢，當謂幼者並飢，非獨少女而已，故以季女為人之少子、女子。……伯仲叔季，則季處其少。女比於男，則男強女弱，不堪久飢，故詩言少女耳。」

〔1〕《左傳‧僖公二十八年》：「三月丙午，（晉侯）入曹。數之，以其不用僖負羈而乘軒者三百人也，且曰獻狀。令無入僖負羈之宮而免其族，報施也。」丙午，初八日。數，責備，羅列罪狀。乘軒者，杜預注：「軒，大夫車，言其無德居位者多。」且曰獻狀，意即必須說明（三百乘軒者）何功而獲其祿位。並見《僖公二十三年》。《晉語四》僖負羈「饋飧」與重耳在《左傳》中變成了僖負羈之妻，故事更具可讀性。

〔2〕《毛序》：「《候人》，刺近小人也。共公遠君子而好近小人焉。」朱熹《詩集傳》：「晉文公入曹，數其不用僖負羈而乘軒者三百人，其謂是歟？」

曹風・鳲鳩

　　戰爭與兼併、廝殺方興未艾，加之不虞天災和各種外來的侵害，「天地不仁，以萬物為芻狗；聖人不仁，以百姓為芻狗」（《道德經》第五章），人們唯一能夠做到的，依然是祈盼能有一個聖明者來改變自己的生活和命運——與《衛風・淇奧》中「寬兮綽兮」的「有匪君子」相比，《鳲鳩》中的「淑人君子」似乎更顯端莊而「有德」，是人們所理想的能夠「正是四國」、「正是國人」的國君。（但是，先王而後有「民」，王「有德」與否不受「民」之監督與約束，一切不過一個永遠的童話）

　　鳲鳩在桑，鳲鳩：布穀鳥。《毛傳》：「鳲鳩，秸鞠也。鳲鳩之養其子，朝從上下，莫（暮）從下上，平均如一。」〔1〕「秸鞠」或作鶛鶋（jiējū）。布穀又稱杜宇、杜鵑、子歸、伯（博）勞、催歸、鵜（tí鵜）鴂（jué）等。《孟子・滕文公上》「今也南蠻鴂舌之人」（孟子譏楚人許行），趙岐注：「鴂，博勞鳥也。」穀雨始鳴，夏至乃止。屈原《離騷》有「恐鵜鴂之先鳴兮，使夫百草為之不芳」句。參《召南・鵲巢》注。**其子七兮。**七：虛數，泛指多。首二句為興句，《孔疏》「以興人君之德，養其國人，亦當平均如一」。**淑人君子，**淑：善。**其儀一兮。**儀：《鄭箋》：「義也。善人君子，其執義當如一也。」胡承珙《後箋》引《禮記・緇衣》：「子曰：『下之事上也，身不正，言不信，則義不一，行（引按：品行）無類（比較）也。』子曰：『言有物（事之徵驗）而行有格（法則）也，是以生則不可奪志，死則不可奪名。』」「其末引《詩》云『淑人君子，其儀一也』，然則『義一』謂執義如一，尤有明證。」《中庸》：「義者，宜也。」韓愈《原道》：「博愛之謂仁，行而宜之之謂義。」**其儀一兮，心如結兮。**結：固結，引為「堅定」。《毛傳》：「言執義一，則用心固。」朱熹《集傳》：「如結，如物之固結而不散也。」

　　鳲鳩在桑，其子在梅。梅：梅樹。**淑人君子，其帶伊絲。**帶：圍於腰間的絲製大帶，結在前，兩頭垂下的部分稱紳。《禮記・玉藻》：「〔天

子素帶朱裏，終辟〕（引按：指整條大帶都滾邊），而〔諸侯〕素帶，終辟。大夫素帶，辟垂（指只在紳帶下垂部分滾邊），士練帶（指白色熟絹製的帶子），率下辟（指只在下垂的帶頭加滾邊）。居士（有道藝而未仕者）錦帶。弟子（在學的弟子）縞（白色生絹）帶。」朱熹《集傳》：「帶，大帶也。大帶用素絲，有雜色飾焉。」另有皮製的革帶，用以懸掛飾物。《玉藻》：「凡帶（指革帶）必有佩玉，唯喪否。」伊：是。絲：指素絲。**其帶伊絲，其弁伊騏。**弁：皮帽。《毛傳》：「弁，皮弁也。」弁音見《衛風·其奧》注。騏：本義為青黑色有棋盤格紋的馬，此或指其弁青黑色，或指紋如棋盤格，皆言華貴。《孔疏》：「馬之青黑者謂之騏。此字從馬，則謂弁色如騏馬之文也。」參《秦風·小戎》注。

鳲鳩在桑，其子在棘。淑人君子，其儀不忒。忒（tè）：差誤。《毛傳》：「忒，疑也。」《孔疏》：「執義如一，無疑貳之心。」陳奐《傳疏》：「《傳》以不忒為不疑，與《禮記》釋詩正同。不疑，猶壹也。」見《緇衣》。**其儀不忒，正是四國。**正：治理，統治。《毛傳》：「正，長也。」《鄭箋》：「執義不疑，則可為四國之長。」四國：四方。

鳲鳩在桑，其子在榛。淑子君子，正是國人。國人：此「國人」或泛指一國之人民。春秋與西周社會格局與生產關係已大不相同，各國情況又不盡相同（甚至五花八門），「國人」一詞不一定是專指與「野人」相對的、住在國城之內的六鄉之民。參《衛風·氓》注。**正是國人，胡不萬年。**胡：何。

〔1〕「典籍」有鳲鳩養子平均的說法。《左傳·昭公十七年》紀郯國國君郯子來魯國朝見，魯昭公與之宴飲，席間問其少皞氏用鳥名作為官名是何緣故，郯子說少皞是他的高祖，他知道為什麼，並一一作答和解釋。其中說到掌管水利土地之職的「司空」時，「鳲鳩氏，司空也。」杜預注：「鳲鳩平均，故為司空，平水土。」司空即「司工」，掌水利、營建之事。郯子「我高祖少皞」自然是唬人的話。郯子所言也說明了《左傳》漢人所為。

曹風・下泉

　　《周本紀》：「（周景王）二十年（前 525 年），景王愛子朝（引按：景王長庶子），欲立之，會崩（前 520 年），子丐（景王次子。《左傳・昭公十五年》紀周景王太子壽卒）之黨與爭立，國人立長子猛為王（太子壽死後周景王曾立猛），子朝攻殺猛。猛為悼王。晉人攻子朝而立丐（《昭公二十二年》「冬十月丁巳，晉籍談、荀躒〔lì〕帥九州之戎及焦、瑕、溫、原之師，以納王於王城」），是為敬王。敬王元年（前 519 年），晉人入敬王，子朝自立，敬王不得入，居澤。四年（前 516 年），晉率諸侯入敬王於周（《昭公二十六年》「晉知躒、趙鞅帥師納王」），子朝為臣，諸侯城周（指新修築敬王之「東城」）。十六年（前 504 年），子朝之徒復作亂，敬王奔於晉。十七年（前 503 年），晉定公遂入敬王於周。」（《左傳》紀與子朝爭位者為悼王猛，非子丐；「王子猛卒」，未紀被殺）

　　何楷《詩經世本古義》：「《下泉》，曹人美荀躒納周敬王也。」「《易林・蠱之歸妹》其繇（zhòu）云：『下泉苞粮，十年無王。荀伯遇時，憂念周京。』今考詩與《春秋》事相符合。」「自《春秋》昭二十二年王子朝作亂，至三十二年城成周為十年，與《易林》『十年無王』合，荀伯，即荀躒也。」王先謙《詩三家義集疏》「何氏闡明齊（詩）說，深於詩義有裨」。雖是卦辭（《四庫全書》將《易林》列「術數類」），又是漢人之作，但其歸納或也大體不誣。

　　周室之事，曹國又如何產生了這樣一首詩呢？《左傳》昭公二十五年（前517 年），夏天，魯國的叔詣與晉國的趙鞅、宋國的樂大心、衛國的北宮喜、鄭國的游吉以及曹人、邾人、滕人、薛人、小邾人在一個叫黃父的地方會見，圖謀如何安定周王室。晉大夫趙鞅讓各諸侯的大夫給天子輸送糧食，預備戍守王室的將士，說第二年準備護送天子回到王城；二十七年（前 515 年），秋天，晉國的士鞅、宋國的樂祁犁、衛國的北宮喜、曹人、邾人、滕人再次會於扈（鄭國之扈地），決定派兵戍守王室；（經）三十二年（前 510 年），冬天，魯國大夫仲孫何忌會見晉國的韓不信、齊國的高張、宋國的仲幾、衛國的世叔申、鄭國的國參、曹人、莒人、薛人、杞人、小邾人，商議築成周城；（傳）十一月，晉國大夫魏舒、韓不信到京師召集各諸侯大夫在狄泉重溫盟約，下令要在成周築城……

　　一系列的行動中，曹國甚至連參加人的姓名都沒有列出來。小國只有隨從的份兒而絕無發言權，唯可做的就是送糧、築城。王先謙謂「自文公定霸

之後，曹之事晉甚恭，議戍必皆從役，而成周之城則曹人明書於經，故曹人在周者為此詩」。

就在曹國率自己的百姓在晉國的安排下為周敬王築成周城後不久，前487年，弱小的曹國便為宋國所滅——這首「美荀躒」（實為討好晉國和周王室）的《下泉》，不知亡國後的曹人，讀之心情若何？

冽彼下泉，冽（liè）：寒，涼。《毛傳》：「冽，寒也。」下泉：本指地下湧出的泉水，此指「狄泉」。《周本紀》「敬王不得入，居澤」；《春秋》昭公二十三年經、《穀梁傳》、《公羊傳》皆作「天王居於狄泉」，「澤」即「狄泉」。「狄泉雖近成周，成周不屬王也」，所以「澤」「狄泉」實指晉人率諸侯為敬王所築之都城（其規模建制文獻無紀），位於「王城」（「成周」）之東。時子朝立於「王城」（孔穎達「二十四年傳云『王子朝用成周之寶珪於河』，是周常屬子朝之驗也。沉珪於河，禱河求福），稱為「西王」，敬王因稱東王。**浸彼苞稂。**苞：草木叢生貌。朱熹《集傳》：「苞，草叢生也。」參《唐風·鴇羽》、《秦風·晨風》注。稂（láng）：禾之秀而不實者，類莠。《陸疏》謂「禾秀為穗而不成」。**愾我寤嘆，**愾（xì）：《鄭箋》：「歎息之意。」寤：醒。參《衛風·考槃》注。**念彼周京。**周京：《孔疏》：「周京與京師，一也，因異章而變文耳。周京者，周室所居之京師也。京周者，京師所治之周室也。桓九年《公羊傳》云：『京師者何？天子之居也。京者何？大也。師者何？眾也。天子之居，必以大、眾言之。』」馬瑞辰《通釋》：「（昭）二十二年『王猛入於王城』，《公羊傳》：『王城者何，西周也。』二十六年『冬十月，天王入於成周』，《公羊傳》：『成周者何，東周也。』孔廣森曰：『稱成周不稱京師者，敬王新居於東周，非故京師矣。』此詩『念彼周京』，似王新遷成周，追念故京師王室之詞。」按：孔廣森「故京師」指「王猛入於王城」者，即後被王子朝佔居之「西周」。而以「詩歌」之情感邏輯講，「周京」是可以指曾經的西周國都鎬京的——前770年平王東遷，周敬王元年即前519年，晉率諸侯入敬王於周為前516年，詩當作於其後，距「鎬京」已二百五十多年了。

冽彼下泉，浸彼苞蕭。蕭：蒿草。《毛傳》：「蕭，蒿也。參《王風·采葛》注。**愾我寤嘆，念彼京周。**

冽彼下泉，浸彼苞蓍。蓍：草名，多年生直立草本，其莖可用以占卜。朱熹《集傳》：「蓍，筮草也。」陳奐《傳疏》：「《淮南子・說山訓》：『上有叢蓍，下有伏龜。』是蓍為叢生之草矣。」蓍音見《衛風・氓》注。愾我寤嘆，念彼京師。

芃芃黍苗，芃芃：盛美之貌。《說文》：「芃，草盛也。《詩》曰：『芃芃黍苗。』」《毛傳》：「芃芃，美貌。」《孔疏》：「芃芃然盛者，黍之苗也。」參《鄘風・載馳》注。陰雨膏之。膏：潤澤。《孔疏》：「此苗所以得盛者，由上天以陰雨膏澤之故也。」四國有王，四國：四方之國，指四方諸侯國。郇伯勞之。郇伯：即「荀伯」，指晉國大夫荀躒。郇、荀音同相通假。王先謙《集疏》：「荀氏在晉為名卿，納王之事，身著勤勞，詩美其遇王室危亂之時，能以周京為憂念，故言：黍之苗芃芃然盛者，以陰雨能膏澤之；今四國尚知有王事者，以郇伯能勞來之也。」

豳　風

　　當夏朝的民眾不無怨忿地詛咒夏桀「時日害喪？予及汝皆亡」時，曾孫公劉默默地帶領周人復修后稷之業。他「相土地之宜，水土之便」，自漆水、沮水渡渭水，在遠離「華夏」的西部豳地務農桑、取材用，蓄財富，萬民歸附；公劉第九代孫古公亶父受戎狄威逼自豳徙於岐下，在周原營造城廓房舍，組織眾民分邑落定居下來，周「國」形成──到古公亶父之子季歷時，周已強盛起來，商王文丁感到了威脅而殺死了季歷；僅隔一代，古公亶父孫「文王」（他其實是不能稱之為「王」的）便利用殷商政權「西伯」之身份，擁兵自重，叛殷掠殺，「周天下」的開創進入了最實質性階段。

　　《漢書・地理志》：「昔后稷封斄（tái 邰），公劉處豳，大王徙岐，文王作酆（fēng 豐），武王治鎬，其民有先王遺風，好稼穡，務本業，故豳詩言農桑衣食之本甚備。」

　　班固所言，當依《七月》而來。其實《豳風》並非單言農桑衣食。周人最早的「革命根據地」的人們同樣要跟隨周公去東征──遠征的苦辛和歸來的欣喜一併唱在了如歌的行板裏；在沒有戰爭的日子裏，渾圓的太陽之下，豳人於溫熱的土地有著一種近乎宗教般的依戀──勞動成為一種生命之狀態。忍受與服從上升為某種自覺的精神內涵，在土地和四季的農事裏得到了極致的延伸。《詩經》時代的「詩意」的土地情結，〔1〕於後世之影響遠不止於一千年、兩千年──中國文化注定與黃土相關。

　　〔1〕《春官・籥章》：「掌土鼓、豳籥。中春，畫擊土鼓，吹《豳詩》，以逆暑。中秋，夜迎寒，亦如之。凡國祈年於田祖，吹《豳雅》，擊土鼓，以樂田畯。國祭蠟，則吹《豳頌》，擊土鼓，以息老物（賈公彥疏：「謂息田夫萬物也」）。」

　　鄭玄注：「杜子春云：『土鼓，以瓦為匡，以革為兩面，可擊也。』……豳籥，豳人吹籥之聲章。……《豳詩》，《豳風·七月》也。吹之者，以籥為之聲。……迎暑以畫，求諸陽。迎寒以夜，求諸陰。祈年，祈豐年也。田祖，始耕田者，謂神農也。《豳雅》，亦《七月》也。《七月》又有『於耜』『舉趾』、『饁彼南畝』之事，是亦歌其類。謂之雅者，*以其言男女之正。鄭司農云：『田畯，古之先教田者。《爾雅》曰：「畯，農夫也。」』……杜子春云：『……《郊特牲》曰：「天子大蜡（zhà）八，伊耆氏（引按：鄭玄注：「古天子號也」）始為蜡。歲十二月，而合聚萬物而索饗之也。蜡之祭也，主先嗇而祭司嗇也（注：「先嗇，若神農者。司嗇，后稷是也」）。黃衣黃冠而祭，息田夫也。既蜡而收，民息已。」』玄謂十二月（引按：指周曆，即夏曆十月），建亥之月也。求萬物而祭之者，萬物助天成歲事，至此為其老而勞，乃祀而老息之，於是國亦養老焉，《月令》『孟冬，勞農以休息之』是也。《豳頌》，亦《七月》也。《七月》又有獲稻作酒、『躋彼公堂，稱彼兕觥，萬壽無疆』之事，是亦歌其類也。謂之頌者，*以其言歲終人功之成。」

　　*《詩大序》「雅者，正也，言王政之所由廢興也」「頌者，美盛德之形容，以其成功告於神明者也」已先有流傳，故《周禮》有「豳雅」「豳頌」之字。《周禮》無足信，但「逆（迎）暑」、「迎寒」、「祈年」而「吹《豳詩》」是可能的，《小雅·甫田》有「琴瑟擊鼓，以御田祖。以祈甘雨，以介我稷黍，以穀我士女」。而如《禮記·郊特牲》「蜡八」之「祭蜡」，或為一種事實上的有組織的集會與農事狂歡（周曆十二月或有另外的儀式也在舉行，《地官·黨正》「國索鬼神而祭祀，則以禮屬民，而飲酒於序以正齒位」，鄭玄注：「國索鬼神而祭祀，謂歲十二月大蜡之時，建亥之月也。正齒位者，《鄉飲酒義》所謂『六十者坐，五十者立侍。六十者三豆，七十者四豆，八十者五豆，九十者六豆』是也」）。我們無法知其音樂之旋律與配器——《詩經》所現樂器甚多，但「風」樂不比廟堂之「雅」樂以金為貴，「八音」當以絲、竹、匏、土、革、木、石為主，以「豳籥」看當以管樂為主並協以「土鼓」（鄭玄引杜子春：「土鼓，以瓦為匡，以革為兩面」）。收穫時節，秋日高懸，夜空深幽，遙遠的高原上的《豳頌》應該是迷人的。

豳風·七月

　　《七月》，人類「詩意地棲息在地球上」的某種記憶——約公元前六世紀至公元前五世紀，中國春秋時代「周」之豳地，人類學和地理學意義上的「黃

土高原」。與《七月》需同時閱讀的還有《夏小正》、《禮記・月令》等，唯其《七月》立體而全息：

正月——

《七月》：三之日于耜；三之日納于凌陰（引按：指藏冰）。

《夏小正》：啟蟄；雁北鄉（向）；雉震呴（呴音 gòu，雉雞叫）；魚陟負冰（陟，升）；農緯厥耒（農，農人。緯，為，修整。厥，其。耒，耒耜）；囿有見韭；時有俊風（和煦之東南風）；寒日滌凍塗（滌，消解。凍塗，冰凍之泥塗）；田鼠出；農率均田（農，農官。傳：「率者，循也。均田者，始除田也。」意即按則配田授民而作）；獺（tǎ）祭魚（水獺捕食魚，始捕魚時節）；鷹則為鳩（實即鷹去鳩來）；農及雪澤（農，農人。澤，消釋）；初服於公田（傳：「古有公田焉者，古者先服公田而後服其田也」）；採芸；鞠則見（傳：「鞠者何？星名也。鞠則見者，歲再見爾。」見，晨現）；初昏參中（傳：「蓋記時也。」昏，黃昏。參音 shēn，二十八宿西方七宿之一。中，朱駿聲《補傳》：「中於南方，仰首即見也」）；斗柄縣（懸）在下；柳稊（稊音 tí，通「荑」，嫩芽）；梅、杏、杝桃則華（杝音 yí，杝桃，山桃）；雞桴粥（桴粥音 fúyù，伏、育之借，句意即雞始產卵）。

《月令》：孟春之月，日在營室（營室，即室宿，北方七宿之一。日在營室，即太陽的位置在營室），昏參中（黃昏時參星在南天中），旦尾中（尾，東方七宿之一。旦尾中，拂曉時尾星在南天中。下各月「日在×」「昏×中」「旦×中」解仿此）；東風解冰（一作凍），蟄蟲始振；魚上冰，獺祭魚，鴻雁來；以立春；天氣下降，地氣上騰，天地和同（融合），草木萌動。王命布農事，命田舍東郊（田，農官田畯），皆修封疆（田界），審端徑（小路）、術（又作「遂」，小溝），善相丘陵、阪險（阪，斜坡）、原隰土地所宜，五穀所殖（植），以教道民（道，導），必躬親之。田事既飭（整治），先定準直（種植方法），農乃不惑；乃修祭典，命祀山林川澤，犧牲毋用牝。禁止伐木。毋覆巢，毋殺孩蟲、胎、夭（指剛出生的小獸）、飛鳥，毋麛（麛音 mí，幼鹿，此泛指幼獸），毋卵。

二月——

《七月》：四之日舉趾；同我婦子，饁彼南畝，田畯至喜；其始播百穀；四之日其蚤，獻羔祭韭。

《夏小正》：往耰（yōu）黍墠（耰，耕，指耕田播種。墠音 shàn，除草並平整好的田）；初俊羔（俊，俊美，意羊羔初長能食草木）；綏多士女（傳：「綏，安也。冠子取婦之時也。」或曰綏，匹行。意即眾男女匹行。《地官‧媒氏》「中春之月，令會男女」）；祭鮪（傳：「鮪之至有時，美物也。鮪者魚之先至者也。」《衛風‧碩人》「施罛濊濊，鱣鮪發發」）；榮菫（菫音 jīn，苦菫。《大雅‧綿》「菫荼如飴」。荼，苦菜）；采蘩；（玄鳥）來降；有鳴倉庚；時有見稊（稊，白茅之萌）。

《月令》：仲春之月，日在奎（奎，西方七宿之一），昏弧中（弧，屬南方七宿之井宿），旦建星中（建星，屬北方七宿之斗宿。鄭玄注：「建星在南斗上」）；始雨水，桃始華。倉庚鳴，鷹化為鳩（布穀鳥）；玄鳥至；日夜分（晝夜漸等），雷乃發聲，始電。蟄蟲咸動，啟戶始出（出洞穴）；毋竭川澤，毋漉（漉音 lù，使……乾涸）陂池，毋焚山林；天子乃鮮（同獻）羔開冰，先薦寢廟。

三月──

《七月》：春日載陽，有鳴倉庚。女執懿筐，遵彼微行，爰求柔桑。春日遲遲，采蘩祁祁。女心傷悲，殆及公子同歸；蠶月條桑，取彼斧斨，以伐遠揚，猗彼女桑。

《夏小正》：參則伏（傳：「伏者，非亡之辭也。星無時而不見，我有不見之時，故曰伏云」）；攝桑，委揚（修整桑樹，棄去揚出的長枝條）；螽（螽音 hú，螻蛄。傳：「螽，天螻也」）則鳴；頒冰（朱駿聲《補傳》：「頒冰者也，分冰以授大夫也」）；妾子始蠶；祈麥實（傳「麥實者，五穀之先見者，故急祈而記之」）；越有小旱；田鼠化為鴽（鴽音 rú，鵪鶉類小鳥；實則田鼠少而鴽鳥見多）；鳴鳩。

《月令》：季春之月，日在胃（胃，西方七宿之一），昏七星中（七星，即星宿，南方七宿之一），旦牽牛中（牽牛，即牛宿，北方七宿之一）；桐始華，田鼠化為鴽，虹始見，萍始生；生氣方盛，陽氣發泄，句（句音 gōu，捲曲的嫩芽）者畢出，萌者盡達；鳴鳩拂其羽，戴勝（鳥名，似雀，頭有冠，五色）降於桑。具曲（蠶薄）、植（置蠶薄的木架）、籧（籧，蠶具，類籠筐，圓曰籧，方曰筐）、筐，后妃齊（齋）戒，親東鄉（向）躬桑（親自採桑）。

四月——

《七月》：四月秀葽（yāo）。

《夏小正》：昴則見（昴音 mǎo，西方七宿之一。見，晨現）；初昏南門正（南門，屬東方七宿之角宿）；鳴劄（劄，蟬之形小者）；囿有見杏；鳴蟈（蟈音 guō，通蠅，蛙）；王萯秀（萯音 fù，即王瓜。一說香附草）；取荼；秀幽（即秀葽，遠志）；越有大旱。

《月令》：孟夏之月，日在畢（畢，西方七宿之一），昏翼中（翼，南方七宿之一），旦婺女中（婺女，即女宿，北方七宿之一）；其蟲羽；螻蟈鳴（螻蟈，蛙），蚯蚓出，王瓜生（王瓜即栝樓），苦菜秀（抽穗開花）；以立夏；驅獸毋害五穀，毋大田獵。農乃登麥（農，農官。登，進獻），天子乃以彘嘗麥，先薦寢廟；蠶事畢，后妃獻繭，乃收繭稅，以桑為均（以所用桑葉確定數量）。

五月——

《七月》：五月鳴蜩（tiáo）；五月斯螽動股；七月鳴鵙（jú）。（「七月」當為「五月」之誤）

《夏小正》：參則見（《補傳》：「雞鳴時旦見也」）；鳩則鳴；時有養日（傳：「養，長也。」此時當夏至前後，意白日時間長）；乃衣（即飼蠶、治絲之後製衣）；良蜩鳴（傳：「良蜩也者，五采〔彩〕具」）；鳩為鷹（實則鳩少而鷹始多見）；唐（螗）蜩鳴；初昏大火中（傳：「大火者，心也。心中，種黍、菽、糜時也。」「心」為東方七宿之一），種黍（當為晚黍）；煮梅；蓄蘭（傳：「為沐浴也。」蘭為香草，沐浴用之）；頒馬（將馬群分布在不同的牧地）。

《月令》：仲夏之月，日在東井（東井，即井宿，南方七宿之一），昏亢中（亢，北方七宿之一），旦危中（危，北方七宿之一）；小暑至，螳螂生，鵙始鳴，反舌無聲（反舌，百舌鳥）；農乃登黍；天子乃以雛嘗黍，羞以含桃（羞同「饈」，進獻。含桃，櫻桃），先薦寢廟；遊牝別群，則縶（縶音 zhí，拴，繫）騰駒。班（頒）馬政（指飼養馬的方法）；日長至（至極），陰陽爭（陰氣殺物，陽氣生物），死生分（萬物死生分界）；鹿角解，蟬始鳴，半夏生，木菫榮（花盛開）；毋用火南方。可以居高明，可以遠眺望，可以升山陵，可以處臺榭。

六月——

《七月》：六月莎雞振羽；六月食鬱及薁（yù）。

《夏小正》：初昏斗柄正在上；煮桃；鷹始摯（振羽，習飛翔、搏擊以捕食）。

《月令》：季夏之月，日在柳（柳，南方七宿之一），昏火中（火，即「大火」），旦奎中；溫風始至，蟋蟀居壁，鷹乃學習（學練飛翔），腐草為螢；樹木方盛，乃命虞人入山行（巡視）木，毋有斬伐；土潤溽暑（溽音 rù，溽暑，潮濕悶熱），大雨時行。可以糞田疇（糞，用為動詞）。

七月──

《七月》：七月流火；七月在野（指蟋蟀）；七月亨（pēng）葵及菽（shū）；七月食瓜。

《夏小正》：秀葽葦（小者曰葽，大者曰葦。「秀葽葦」即蘆花生出）；狸子肇肆（肇，始。肆，成長。意即狸子已長大開始捕殺其他動物）；湟潦生苹（湟，低窪積水之處。傳：「湟，下處也。有湟然後有潦，潦而後有苹草也。」潦，見《召南·采蘋》注）；莘（莘音 píng，《爾雅·釋草》「莘，馬帚」，郭璞注：「似蓍，可以為埽彗。」掃帚）秀；漢案戶（傳：「漢也者，河也。案戶也者，直戶也，言正南北也。」因窗戶向南而言之）；寒蟬鳴；初昏織女正東鄉（織女，織女星。鄉，向）；時有霖雨；斗柄縣（懸）在下則旦。

《月令》：孟秋之月，日在翼，昏建星中，旦畢中；涼風至，白露降，寒蟬鳴，鷹乃祭鳥（捕殺鳥），用始行戮；以立秋；立秋之日，天子親帥三公、九卿、諸侯、大夫以迎秋於西郊；農乃登穀（獻上新穀）。天子嘗新，先薦寢廟。命百官始收斂（指收穫秋季農作物）。完堤防，謹壅塞，以備水潦（澇）。修宮室（普通的房屋），坏墻垣（坏，用為動詞。或曰通「培」），補城郭。

八月──

《七月》：八月載績。載玄載黃，我朱孔陽，為公子裳；八月其穫；八月在宇（指蟋蟀）；八月剝棗；八月斷壺。

《夏小正》：剝瓜（傳：「畜（蓄）瓜之時也」）；玄校（傳：「玄也者，黑也。校也者，若綠色然，婦人未嫁者衣之。」句意即用植物染衣料為黑、綠等色）；剝棗（《傳》：「剝也者，取也」）；栗零（零，落。傳：「零也者，降也。零而後取之，故不言剝也」）；辰則伏（傳：「伏也者，入而不見也。」《補傳》：「孔廣森云辰讀晨，房星也。按是時房在日前三十度內，故日入時不見於西方」）；鴽為鼠（八月秋禾既熟，實即其候鳥鴽去而田鼠見多）；參中則旦（參星現於南天中則將曉）。

《月令》：仲秋之月，日在角（角，東方七宿之一），昏牽牛中，旦觜（zī）觿中（觜觿，即觜宿，西方七宿之一）；盲風至（盲風，疾風。蔡邕《月令章句》：「仲秋白露節，盲風至。秦人謂蓼風為盲風」），鴻雁來，玄鳥歸，群鳥養羞（羞同饈。養饈，養者，不盡食也）；可以築城郭，建都邑，穿竇窖（挖掘地庫，圓曰竇，方曰窖），修囷倉（囷，儲藏糧食的倉庫，圓曰囷，方曰倉。參《魏風・伐檀》注）。乃命有司趣（趣，促）民收斂，務畜（蓄）菜，多積聚。乃勸種麥（冬小麥），毋或失時；日夜分（晝夜等分），雷始收聲，蟄蟲坏戶，殺氣浸盛（浸，漸），陽氣日衰，水始涸；易關市，來商旅，納貨賄，以便民事。四方來集，遠鄉皆至，則財不匱，上無乏用（指國家富足），百事乃遂。

九月——

《七月》：九月授衣；九月在戶（指蟋蟀）；九月叔苴（jū）；採荼薪樗（chū），食（sì）我農夫；九月築場圃；九月肅霜。

《夏小正》：遰（dì）鴻雁《傳：「遰，往也」）；陟玄鳥（陟，意即飛逝。玄鳥，燕子）；熊羆豹貉鼴鼬則穴（豹，一作貈〔mò〕，獸。貉音hé。鼴音sī，田鼠之大者。鼬音yòu，食肉目之「黃鼠狼」者）；榮鞠（野菊）；樹麥（樹，種。麥，冬麥）；王始裘（傳：「衣裘之時也」）；雀入海為蛤（古以為蛤是雀所化）。

《月令》：季秋之月，日在房（房，東方七宿之一），昏虛中（虛，北方七宿之一），旦柳中；鴻雁來賓（用作動詞，停留），爵（què雀）入大水為蛤，鞠（菊）有黃華，豺乃祭獸戮禽；霜始降，則百工休；天子乃教於田獵，以習五戎（即五種兵器：弓矢、殳、矛、戈、戟），班馬政；草木黃落，乃伐薪為炭。蟄蟲咸俯在內（穴），皆墐（jìn）其戶（墐，用泥塗塞）。

十月——

《七月》：十月隕蘀；十月蟋蟀入我床下。穹窒熏鼠，塞向墐戶。嗟我婦子，曰為改歲，入此室處；十月穫稻，為此春酒，以介眉壽；十月納禾稼，黍稷重（tóng）穋（lù），禾麻菽麥。嗟我農夫！我稼既同，上入執宮功，晝爾于茅，宵而索綯，亟其乘屋；十月滌場。朋酒斯饗，曰殺羔羊，躋彼公堂，稱彼兕觥，萬壽無疆！

《夏小正》：豺祭獸（豺性凶，襲擊中小型獸類。傳：「善其祭而後食之

也」）；初昏南門見（傳：「南門者，星名也。及此再見矣。」朱駿聲《補傳》：「昏，當作旦，傳寫之誤。……此蓋雞鳴時見於東南隅也。」）；黑鳥浴（傳：「黑鳥者何也？烏也。浴也者，飛乍高乍下也」）；時有養夜（傳：「養者，長也。若日之長也。」言此時夜長）；玄雉入於淮為蜃（蜃指蚌類，句意是古人的認為）；織女正北鄉（向）則旦（織女，星名，屬牛宿）。

《月令》：孟冬之月，日在尾，昏危中，旦七星中；水始冰，地始凍，雉入大水為蜃，虹藏不見；以立冬；天子始裘。命百官謹蓋藏。命司徒循行積聚（指禾稼），無有不斂（指入倉）；乃命水虞（掌湖泊沼澤之官）、漁師收水泉池澤之賦。

十一月——

《七月》：一之日觱發；一之日于貉，取彼狐狸，為公子裘。

《夏小正》：王狩（《傳》：「狩者，言王之時田也。」）；陳筋革（筋、革皆為製兵甲所用材料）；嗇人不從（嗇人，司農之官。意農官因斂收農產而不從王狩獵）。

《月令》：仲冬之月，日在斗（斗，北方七宿之一），昏東壁中（東壁，即壁宿，北方七宿之一），旦軫中（軫，南方七宿之一）；冰益壯，地始坼（坼音 chè，裂），鶡（hé）旦不鳴（鶡旦，鳥名），虎始交；審門閭，謹房室，必重閉（重音 chóng，指內外皆閉）；乃命大酋（酒官之長）秫（shú）稻必齊（秫稻純淨而不雜秕稗。秫，黏高粱），麴蘖（niè）必時（蘖，酒麴。必時，指酒麴發酵必須及時、適度），湛熾必潔（漬米、炊蒸必須清潔），水泉必香，陶器必良，火齊必得（火候溫度必須適宜）；農有不收藏積聚者，馬牛畜獸有放佚者，取之不詰（追究）。山林藪澤（無水曰藪，有水曰澤），有能取蔬食（草木之果實）、田獵禽獸者，野虞教道之（教導指引）。有其相侵奪者，罪之不赦；日短至，陰陽爭，諸生蕩（指植物又將萌芽）；芸始生（芸，香草），荔挺出（荔挺，草名，鄭玄謂「馬薤〔xiè〕」），蚯蚓結（捲曲於泥土中），麋角解（麋鹿的角開始換茬），水泉動；則伐木取竹箭（蓋因冬寒時竹木堅實）。

十二月——

《七月》：二之日栗烈，無衣無褐，何以卒歲？二之日其同，載纘（zuǎn）武功。言私其豵，獻豣于公；（豵、豣音見《召南·騶虞》注）二之日鑿冰沖沖。

《夏小正》：鳴弋（鳥在風中飛翔鳴叫。傳：「弋也者，禽也。先言鳴而後言弋者何也，鳴而後知其弋也」）；玄駒賁（玄駒，毛色黝黑之馬。賁音 bēn，意馬駒已長大）；納民祢（報告人口數目）；虞人入梁（指水虞，水澤之官。梁，水中取魚之設。傳：「梁者，主設罟罟者也。」參《邶風·谷風》注。入：納，收起。或曰交納漁梁數目）；隕麋角（麋鹿冬季脫其角，開春又生。表時序為冬深之際，春之前。《傳》：「蓋陽氣且睹也，故記之也」）。

《月令》：季冬之月，日在婺女，昏婁中（婁，西方七宿之一），旦氐中（氐，東方七宿之一）；雁北鄉（向），鵲始巢，雉雊（雊音 gòu，指雄雞鳴叫），雞乳（孵）；冰方盛，水澤腹堅，命取冰，冰以入（入凌窖收藏），令告民出五種（出，挑選出。五種，五穀的種子）。命農計耦耕事（計，計劃。耦耕，本義兩人並耕，此泛指耕種），修耒耜（lěisì），具田器；日窮於次（窮，盡、完結。次，經過、停留。意即太陽又運行到了上年經過的位置），月窮於紀（紀，會。意即月亮又運行到了上年的位置，指日月會合處），星回於天（鄭玄注：「言日月星辰運行，於此月皆周匝於故處也」），數將幾終（數，一年的天數），歲且更始。

七月流火，七月，夏曆七月。三代曆法不同：夏以正月為歲首，商以夏十二月為歲首，周以夏十一月為歲首。《史記·曆書》：「夏正以正月，殷正以十二月，周正以十一月。」（周滅商後頒布周曆。秦代及漢初曾以夏曆十月為正月。至漢武帝又改用夏正，歷代相沿至今）流：向下移動。火：即「大火」，夏夜星空中最亮星之一。五月黃昏時現於天空正南，位置最高。六月過後，開始偏西向下，即詩中所謂「流火」。《毛詩》：「火，大火也。流，下也。」**九月授衣。**九月：夏曆九月。授衣：授使為衣，即把縫製冬衣之事交給婦女們做。《毛傳》：「九月霜始降，婦功成，可以授冬衣矣。」馬瑞辰《通釋》：「凡言授者，皆授使為之也。此詩『授衣』亦授冬衣使為之。蓋九月婦功成，絲麻之事已畢，始為衣。非謂九月冬衣已成，遂以授人也。」聞一多《類鈔》：「授衣，授女工使為之。」**一之日觱發，**一之曰：指周曆歲首正月，即夏曆十一月；下文「二之日」指周曆二月，即夏曆十二月；「三之日」指周曆三月，即夏曆正月；「四之日」指周曆四月，即夏曆二月。夏曆三月詩中不再作「五之日」，作「蠶月」、「春日」。詩中「豳曆」、周曆、夏曆之關係可列表為：

豳曆	一之日	二之日	三之日	四之日	蠶月 春日	四月	五月	六月	七月	八月	九月	十月
周曆	正月	二月	三月	四月	五月	六月	七月	八月	九月	十月	十一月	十二月
夏曆	十一月	十二月	正月	二月	三月	四月	五月	六月	七月	八月	九月	十月

周曆和夏曆並用，可能是作詩句式節奏所需，也可能是為完整和統一十個月份的序數字，可謂匠心。詩中言四到十「月」者，又均依夏曆。皮錫瑞《經學通論》：「此詩言月者皆夏正，言一、二、三、四之日者皆周正，改其名不改其實。」又戴震《考證》：「周時雖改為周正，但民間農事仍然用夏曆。」**觱發**（bìbō）：《毛詩》：「觱發，風寒也。」聞一多《類鈔》：「觱發，寒風撼物聲。」**二之日栗烈**。栗烈：指寒風凜冽。《毛傳》：「栗烈，寒氣也。」《古詩十九首》「孟冬寒氣至，北風何慘栗」。**無衣無褐**，褐（hè）：粗毛或粗麻做的短衣。《鄭箋》：「褐，毛布也。」《孔疏》：「今夷狄作褐，皆織毛為之，賤者所服。」《孟子・滕文公上》「『許子必織布而後衣乎？』曰：『否，許子衣褐』」，趙岐注：「褐以毳織之，若今馬衣（引按：馬衣即短褐）也；或曰褐，枲衣也；一曰粗布衣也。」參《周南・葛覃》注。**何以卒歲？**卒歲：終歲。《鄭箋》：「卒，終也。」朱熹《集傳》：「歲，夏正之歲也。」**三之日于耜，**于：為。《毛傳》：「豳土晚寒，于耜，始修耒耜也。」按：《地官・遂大夫》「正歲簡稼器，修稼政」。正歲，即夏之正月。耜：翻土的農具。《易・繫辭下》：「神農氏作，斫木為耜，揉木為耒。」耒是耒耜的柄，耜是耒的鏵，形成後來的鍤（chā），也即鍬（qiāo）。《考工記・匠人》：「耜廣五寸，二耜為耦（耦音ǒu，兩人各執一耜，並肩翻耕）。」詩中之「耜」或指類鍬之耜，或泛指農具。馬瑞辰《通釋》：「『于耜』與『舉趾』相對成文，于猶為也。為與修同義，于耜即為耜也，為耜即修也。《傳》以『修耒耜』釋於『于耜』，正訓於如為。」**四之日舉趾**。舉趾：指舉足下田而耕。朱熹《集傳》：「舉趾，舉足而耕也。」**同我婦子，饁彼南畝；**饁（yè）：送飯給田間勞作者吃。《毛傳》：「饁，饋也。」《說文》：「饁，餉田也。……《詩》曰：『饁彼南畝。』」**田畯至喜。**田畯：監督、指導農事的田官。「田畯」一詞凡三見於《詩》，本詩及《小雅・甫田》、《大田》，皆言及農事，同為「饁彼南畝，田畯至喜」句。《毛傳》：「田

畯，田大夫也。」《鄭箋》：「耕者之婦子，俱以餉來至於南畝之中，見其田大
夫，又為設酒食焉，言勸其事，又愛其吏也。」馬瑞辰《通釋》：「《國語》『命
農大夫咸戒農用』，韋昭注：『農大夫，田畯也。』田畯也稱農正，《國語》『農
正再之』，韋注：『農正，后稷之佐田畯也。』省文則單稱畯，《爾雅》：『畯，
農夫也。』農夫即農大夫省稱也。亦單稱田，《月令》『命田舍東郊』，鄭注『田
謂田畯，主農之官』，又《淮南子》『四月官田』是也。亦單稱農，《郊特牲》
『饗農』，鄭注『農，田畯也』是也。」見《周語上》、《淮南子·時則訓》。
又《春官·籥章》「擊土鼓以樂田畯」，鄭玄引鄭司農：「田畯，古之先教田者」，
似指農神而言。孫詒讓《周禮正義》：「凡諸經所云田畯，有指田神者，此經
是也。有指當時司田之官者，詩《七月》及《甫田》、《大田》之田畯是也。」

七月流火，九月授衣。春日載陽，春曰：夏曆正、二、三月皆
為春，此當指三月。《月令》：「仲春之月……始雨水，桃始華，倉庚鳴。」載：
始。陽：天氣溫暖。朱熹《集傳》：「載，始也。陽，溫和也。」《鄭箋》：「陽，
溫也。溫而倉庚又鳴，可蠶之候也。」**有鳴倉庚。**有：動詞詞頭。倉庚，
即黃鶯。《毛傳》：「倉庚，離黃也。」朱熹《集傳》：「倉庚，黃鸝也。」又《夏
小正》：「二月……采蘩……有鳴倉庚。」**女執懿筐，**懿筐：《毛傳》：「深筐
也。」朱熹《集傳》「懿，深美也。」**遵彼微行，**遵：沿著。參《周南·汝
墳》注。微行（háng）：小路。朱熹《集傳》：「小徑也。」**爰求柔桑。**爰：
乃，於是。柔桑：鮮嫩的桑葉。《鄭箋》：「柔桑，稚桑也。蠶始生宜稚桑。」
春日遲遲，遲遲：遲緩徐行，形容春天日長貌。《孔疏》：「遲遲者，日長而
暄（xuān）之意，故為舒緩。……而秋言淒淒，春言遲遲者，陰陽之氣感人不
同。」，暄，暖。**采蘩祁祁。**蘩：即白蒿。桑為蠶食之用，蘩為蠶棲之用。
故女執懿筐，既求柔桑也采蘩。參《召南·采蘩》注。祁祁：《毛詩》：「眾多
也。」《孔疏》：「然而舒緩采蘩以生蠶者，祁祁然而眾多。」**女心傷悲，**傷
悲：懷春而傷感。《毛傳》：「傷悲，感事苦也。春女悲，秋士悲，感其物化也。」
《鄭箋》：「春女感陽氣而思男，秋士感陰氣而思女，是其物化，所以悲也。
悲則始有與公子同歸之志，欲嫁焉。女感事苦而生此志。」《孔疏》：「女是陰

也，男是陽也。秋冬為陰。春物得陽而生，女則有陰而無陽，春女感陽氣而思男。春夏為陽。秋物得陰而成，男則有陽而無陰，故秋士感陰氣而思女。是由其萬物變化，故所以思見之而悲也。」姚際恒《通論》：「自『執懿筐』起，以至忽地心傷，描摹此女盡態極妍，後世詠採桑女，作閨情詩，無以復加。」方玉潤《原始》：「女當春陽，閒情無限，又值採桑，倍惹春愁，無端而念及終身，無端而感動目前，不知後日將以公之公子為歸耶，抑別有謂于歸者在耶？此少女人人心中所有事，並不為褻。」**殆及公子同歸**。殆（dài）：通「迨」，趁。《爾雅·釋言》：「迨，及也。」參《召南·摽有梅》注。又方玉潤《原始》：「曰『殆及』者，或然而未必然之詞也。」公子：或專指「豳公」之子，或泛指，或指意中男子，皆通。歸：嫁。《孔疏》：「婦人謂嫁為歸。」或曰「歸」，回。參見《周南·桃夭》、《齊風·南山》注。

七月流火，八月萑葦。萑葦：朱熹《集傳》：「蒹葭也。」參《秦風·蒹葭》注。句中「萑葦」前省去了動詞。《夏小正·七月》「秀萑葦」，夏緯瑛：「葦，即今之蘆葦，萑是葦之小者。據《管子·地員篇》說植物與地勢之關係而曰：『葦下於萑』，同今蘆葦生長情況相對照，知萑與葦本是一種植物，一因生於淺水之中科株高大而名葦，一因生於乾旱之地科株細小而名萑，故『萑葦』二名在古書中往往連用。」（《〈夏小正〉經文校釋》）**蠶月條桑，**蠶月：指夏曆三月。朱熹《集傳》：「蠶月，治蠶之月。」馬瑞辰《通釋》：「《夏小正》『三月妾子始蠶』，故《詩》以三月為蠶月。」條桑：《鄭箋》：「枝落之採其葉也。」馬瑞辰《通釋》：「條桑，《玉篇》『挑，撥也』引作『挑桑』，云『本亦作條』，是古本有作挑桑者，條乃挑之假借。《說文》：『挑，一曰摷（chāo）也。』《廣雅》：『摷，取也。』……《箋》云『枝落之採其葉』者，採亦取也，正訓條桑為取桑。」近世多有訓「條桑」為「修剪桑樹」者，均通。夏緯瑛：「『蠶月條桑，取彼斧斨，以伐遠揚』講的是修整桑樹枝條。修整桑樹，要以斧斨伐去其肆生徒長的枝條。」**取彼斧斨，**斨（qiāng）：方孔的斧。方孔者曰斨，圓孔者曰斧。《毛傳》：「斨，方銎（qiōng）也。」陳奐《傳疏》：「《說文》云：『銎，斧空也。』空即孔字，斧孔曰銎。方孔者則曰斨也。」**以伐遠揚，**遠揚：指遠揚之枝條。《毛傳》：「遠，枝遠也。揚，條揚也。」朱熹

《集傳》：「遠揚，遠枝揚起者也。」馬瑞辰《通釋》：「桑性斬伐而益茂，故遠揚既伐，下即言『猗彼女桑。』」戴震讀『猗』如『有實其猗』之猗，謂盛貌，是也。」「有實其猗」《小雅·節南山》句。**猗彼女桑。**猗：茂盛。或曰「猗」通「掎（jǐ）」，引枝摘取。女桑：嫩桑葉。《毛傳》：「女桑，荑桑也。」陳奐《傳疏》：「荑者，初生之稱。」參《邶風·靜女》「自牧歸荑」注。**七月鳴鵙，**七月：當為「五月」之誤。《鄭箋》：「伯勞鳴……五月則鳴。」《孔疏》引王肅：「蟬及鵙皆以五月始鳴，今云七月，其義不通也。古五字如七。」《逸周書·時訓解》：「芒種之日，螳螂生；又五日，鵙始鳴。」芒種在夏曆五月。鵙：《毛傳》：「伯勞也。」《夏小正》五月「鴂則鳴」，《傳》：「鴂者，伯鷯（liáo）也。」洪震煊疏：「鴂當為鵙，鷯當為勞。皆聲近假借字也。《爾雅·釋鳥》云：『鵙，伯勞也。』」伯勞及「鶗鴂（又作鵜鴂〔jué〕），俗稱「布穀鳥」，季鳥，其聲如「布穀」、「勃穀」之音。小滿、芒種時節，北方黃土高原山野鄉間能聞其啼鳴之聲。傳說聽到幾聲，使盼測畝田能得幾斗糧食。《離騷》王逸注：「鶗鴂……常以春風鳴也。」「春風」當在夏曆二月，蓋因南北地域春之遲早使然。王逸為南郡宜城人氏，今屬湖北，其地春早。參《曹風·鳲鳩》注。**八月載績。**載：始。績：績麻，將麻搓成綫。《毛傳》：「載績，絲事畢而麻事起矣。」朱熹《集傳》：「麻熟而可績之時，則績其麻以為布。」陳奐《傳疏》：「絲曰紡，麻曰績。絲所以成帛，麻所以成布。」《漢書·食貨志上》「民既入，婦人同巷，相從夜績，女工一月得四十五日」，顏師古注引服虔：「一月之中，又得夜半為十五日，凡四十五日也。」參《陳風·東門之枌》注。**載玄載黃，**載：乃、則。玄：《毛傳》：「黑而有赤也。」朱熹《集傳》：「而凡此蠶績之所成者，皆染之，或玄或黃。而其朱者尤為鮮明，皆以供上而為公子之裳。」**我朱孔陽，**朱：赤色。陽：鮮明。《毛傳》：「陽，明也。」《孔疏》：「八月之中，民始績麻，民又染繒（zēng），則染為玄，則染為黃，云我朱之色甚明好矣，以此朱為公子之裳也。績麻為布，民自衣之。玄黃之色，施於祭服。朱則為公子裳。皆是衣服之事，雜互言之也。」繒，絲織品總名。《漢書·灌嬰傳》「灌嬰，睢陽販繒者也」，顏師古注：「繒者，帛之總名。」**為公子裳。**為：做。《孔疏》：「為公子裳，厚於其所貴者說也。」

　　四月秀葽，秀：草木抽穗吐花。《論語・子罕》「苗而不秀者有矣夫，秀而不實者有矣夫」，朱熹注：「穀之始生曰苗，吐華曰秀，成穀曰實。」葽：即遠志。《爾雅・釋草》「葽繞，蕀菟（jíyuān）」，郭璞注：「今遠志也。」**五月鳴蜩**。蜩：《說文》：「蜩，蟬也。……《詩》曰：『五月鳴蜩。』」**八月其穫**，其穫：其，語助詞。穫，收穫。其穫，言各種農作物將要收穫了。**十月隕蘀**。隕：墜落。參《衛風・氓》注。蘀：落葉（動）。《毛傳》：「隕，墜。蘀，落也。」陳奐《傳疏》：「隕蘀，謂草木墜落也。《說文》云『草木凡皮葉落陊（duò 墮）地為蘀』。」戴震《考證》：「草木之將落者曰蘀。」但王夫之在《稗疏》中認為「蘀」為草名。參《鄭風・蘀兮》注。**一之日于貉**，于：往，引為獲（獵）取。《毛傳》：「于貉，謂取狐狸皮也。」《鄭箋》：「于貉，往搏貉以自為裘也。」《孔疏》：「于謂往也。于貉言往不言取，狐狸言取不言往，皆是往捕之而取其皮。故傳言于貉謂取狐狸皮，並明取之意也。」**取彼狐狸，為公子裘。二之日其同**，同：集合、匯合。《鄭箋》：「其同者，君臣及民因習兵俱出田也。」馬瑞辰《通釋》：「同之言會合也，《廣雅》：『集、合，同也。』謂冬田大合眾也。……冬田之言同，猶春田之言蒐也。」參《秦風・駟驖》注。**載纘武功**。載：則、乃。纘：《毛傳》：「繼。」《孔疏》：「至二之日之時，君臣及其民俱出田獵，則繼續武事。年常習之，使不忘戰也。」朱熹《集傳》：「纘，習而繼之也。」武功：武事。陳奐《傳疏》：「武功，田獵之事也。」**言私其豵**，言：語助詞。私：私而有之，用作動詞。豵：本義指一歲的小豬，此處或泛指小獸。《毛傳》：「豕一歲曰豵，三歲曰豜。大獸公之，小獸私之。」參《召南・騶虞》注。**獻豜于公**。豜：此處或泛指大獸。公：相對於上句之「私」而言。

　　五月斯螽動股，斯螽：亦稱「螽斯」。《爾雅・釋蟲》邢昺疏：「《周南》作『螽斯』，《七月》作『斯螽』。雖字異文倒，其實一也。……陸璣云：『幽州人謂之春箕。春箕即春黍，蝗類也。長而青，長角，長股，股鳴者也。或謂似蝗而小，斑黑，其股似瑇瑁（dàimào）。又五月中，以兩股相切作聲，聞數十步者是也。』」周人誤以為螞蚱以腿摩擦發聲。螞蚱以腿曲伸跳躍，

振翅（摩擦）而鳴。股：腿。「斯螽動股」，意即螞蚱始現於田間。參《周南・螽斯》注。**六月莎雞振羽。**莎（suō）雞：黃中松《詩疑辯證》：「莎雞即紡織娘，其鳴如機急織之聲。《考工記》所云『以翼鳴者』也。」見《梓人》。**七月在野，**野：或指田野，野外，或指《爾雅・釋地》「牧外謂之野」之「野」。《食貨志上》：「在野曰廬，在邑曰里。……春令民畢出在野，冬則畢入於邑。」參《周南・兔罝》注。**八月在宇，**宇：屋簷。陸德明《釋文》「宇，屋四垂為宇。」朱熹《集傳》：「宇，簷下也。」**九月在戶，**戶：單扇門。單扇為戶，雙扇為門。此泛指門。戶即戶下，門內。**十月蟋蟀入我床下。穹窒熏鼠，**穹（qióng）：通「窮」，窮盡。窒（zhì）：填塞，堵塞。指堵塞鼠穴。《毛傳》：「穹，窮；窒，塞也。」《孔疏》：「言窮盡塞其窟穴也。」陳奐《傳疏》：「穹窒熏鼠者，謂窮盡鼠穴而塞之灼之也。」馬瑞辰《通釋》：「《詩》以『穹窒』與『熏鼠』及下『塞向』、『墐戶』四者相對成文。穹，窮也；窮，治也，盡也。……是穹謂除治之盡也。」**塞向墐戶。**塞：堵塞。向：朝北之窗。《毛傳》：「向，北出牖也。」《說文》同。陸德明《釋文》引《韓詩》：「向，北向窗也。」參《召南・采蘩》注。墐（jìn）：用泥塗抹。因所居簡陋，門以冠木枝條編製，故冬日以泥塗抹其縫而御風寒。《毛傳》：「墐，塗也。庶人蓽（篳）戶。」《孔疏》：「《儒行》注云『蓽戶，以荊竹織門。』」以其荊竹通風，故泥之也。」**嗟我婦子，曰為改歲，**曰：句首發語詞，有嗟歎之意。改歲：更改年歲，指快要過年了。**入此室處。**處：用為動詞，居住。

　　六月食鬱及薁，鬱：即鬱李，薔薇科小灌木，果實暗紅色，可食。薁：一種木質藤本植物，即蘡（yīng）薁，俗稱野葡萄。《毛傳》：「薁，蘡薁也。」王念孫《廣雅疏證》卷十上：「蘡薁自是葡萄之屬，蔓生、結子（籽）者耳。」**七月亨葵及菽。**亨：「烹」之本字，煮。《藝文類聚》卷八十二、《太平御覽》卷八百四十一均引作「烹」。參《檜風・匪風》注。葵：即冬葵，一種重要菜蔬。賈思勰《齊民要術》將《種葵》列為蔬類第一篇。王禎《農書》稱其為「百菜之王。」菽：大豆。朱熹《集傳》：「菽，豆也。」**八月剝棗，**

剝：通「撲」，擊打。《毛傳》「剝，擊也。」嚴粲《詩緝》：「就樹擊而落之。」**十月穫稻。為此春酒**，春酒：冬釀春成之酒，米酒類。《毛傳》：「春酒，凍醪也。」馬瑞辰《通釋》：「周制蓋以冬釀，經春始成，因名春酒。」**以介眉壽。**介：助，引為祈祝。《鄭箋》：「介，助也。」朱熹《集傳》：「介眉壽者，頌禱之辭也。」姚勉《奉題呂氏宜老堂》有「春酒盡堪眉壽介，斑衣長似乳時嬉」句。眉壽：指長壽。人年老眉毛長（zhǎng）長，故詩稱長壽為眉壽。《毛傳》：「眉壽，豪眉也。」豪眉，即長眉。借指高壽。**七月食瓜，八月斷壺**，斷：指摘下。壺：瓠瓜，即葫蘆。《毛傳》：「壺，瓠也。」《孔疏》：「以壺與食瓜連文，則是可食之物，故知壺為瓠，謂甘瓠，可食，就蔓斷取而食之。」**九月叔苴。**叔：拾取，收。《毛傳》：「叔，拾也。」姚際恆《通論》：「叔，當訓『收』，聲之轉也。」苴：《毛傳》：「麻子也。」此麻即「續麻」之麻，子實可榨油，味極香。古以桑麻、五穀為重。陶淵明《歸園田居》「相見無雜言，但道桑麻長」。范大成《四時田園雜興》有「晝出耘田夜續麻，村莊兒女各當家」句。**采荼薪樗，**荼：苦菜。參《邶風‧谷風》注。薪：薪柴。此處用為動詞，即砍伐薪柴。樗：一種落葉喬木，俗稱臭椿。《陸疏》：「樗樹及皮皆似漆，青色，其葉臭。」陳奐《傳疏》：「樗，今俗之臭椿。」**食我農夫。**食：供養。

九月築場圃，場圃：打穀場。《毛傳》：「春夏為圃，秋冬為場。」《鄭箋》：「場圃同地耳，物生之時，耕治之以種菜茹，至物盡成熟，築堅以為場。」朱熹《集傳》：「築堅之以為場而納禾稼。」陳奐《傳疏》：「春夏之圃，至秋冬作場以治穀，是謂之築場圃。」孟浩然《過故人莊》：「開軒面場圃，把酒話桑麻。待到重陽日，還來就菊花。」孟浩然之「場圃」，應指「場」和「圃」，即穀場、菜園。或指農家院落，中有菜園、禾場也是常見之景。《詩》之「場圃」，應單指打穀場。場、圃同地，春夏為圃，秋冬為場，歷代解詩者之想像。其實專門的打穀場到秋天也是要整修築堅後才能使用的。**十月納禾稼。**禾稼：泛指黍稷菽稻等各種糧食作物。**黍稷重穋，**黍：即糜子，有白、紅、黃、黑數種，性黏與不黏者皆有。《說文》：「黍，禾屬而黏者也。……孔子曰：

『黍可為酒，禾入水也。』」意即黍字是由禾、入、水三字會意而成。「孔子曰」未知出處。段注：「此說字形之異說也，凡云『孔子曰』者，通人所傳。」稷：穀子，其子實去殼即小米。郝懿行《爾雅義疏》：「以今北方驗之，黍為大黃米，稷為穀子，其米為小米。」或曰稷，高粱。參《王風・黍離》注。重：通「穜（tóng）」，先種後熟的穀類。《毛傳》：「後熟曰重。」陸德明《釋文》：「先種後熟曰重，又作種，音同。」穋（lù）：晚種早熟的穀類。《毛傳》：「先熟曰穋。」陸德明《釋文》：「穋，本作稑（lù）。後種先熟曰穋。」《說文》：「稑，疾熟也。……《詩》曰：『黍稷種稑。』」**禾麻菽麥。** 禾：指穀類者。陳奐《傳疏》：「禾者，今之小米。」穀子品種甚多，秭（fū）殼有紅、橙、黃、白、紫、黑等色，去殼即成小米，米色有黃、白、黑等，性有黏與不黏者，新米其味極香。**嗟我農夫！我稼既同，** 同：聚集，收齊。《鄭箋》：「既同，言已聚也。」**上入執宮功。** 上：通「尚」。俞樾《平議》：「上、尚古字通。上下之上可以『尚』為之，尚庶之尚亦可以『上』為之。『上入執宮功』，言野功既畢，尚入而執宮中之事也。」尚，庶幾也。執：從事。宮：房屋的通稱。《易・繫辭下》：「上古穴居而野處，後世聖人易之以宮室。」《爾雅・釋宮》：「宮謂之室，室謂之宮。」朱熹《集傳》：「宮，邑居之宅也。」馬瑞辰《通釋》：「古者通謂民室為宮，因謂民室之事為宮事。」按：漢始謂「宮」為帝王之皇宮、宮殿、宮廷。《漢書・谷永傳》「宮室車服，不逾制度」。功：指修繕、建造宮室之事。朱熹《集傳》：「功，葺（qì）治之事也。」葺，本義為用茅草覆房頂，引為修善。**晝爾于茅，** 爾，語助詞。于：往，引為取。《鄭箋》：「當晝日往取茅歸，夜作絞索，以待時用。」**宵爾索綯，** 宵：夜裏。《毛傳》：「宵，夜。」索：繩索，用為動詞，即搓製繩索。《小爾雅》：「大者謂之索，小者謂之繩。」綯：繩索。朱熹《集傳》：「索，絞也。綯，索也。」王引之《述聞》（卷五）：「索者，糾繩之名，綯即繩也。索綯猶言糾繩，于茅、索綯，文正相對。」綯音見《召南・野有死麕》注。**亟其乘屋，** 亟：通「急」。《鄭箋》：「急當治野廬之屋。」乘（chéng）：指上房頂修善。《毛傳》：「乘，升也。」《孟子・滕文公上》引《詩》趙岐注：「及爾閑暇，亟而乘蓋爾野外之屋。春事起，爾將始播百穀矣。」朱熹《集傳》：「蓋以來歲將復始播百穀，

而不暇於此故也。不待督責而自相警戒，不敢休息如此。」**其始播百穀。**
其：代詞，指不久之後的第二年開春時節。

二之日鑿冰沖沖，沖沖：摹鑿冰聲。《天官・凌人》：「掌冰政。歲十有二月，令斬冰，三（引按：所需量三倍）其凌（藏冰窖）。春始治鑒（盛冰塊的大口罌）。」罌（yīng），大腹之盛器。迎賓、用餐、喪葬、祭祀等都要使用到冰，大夫以上者春夏皆可享冰。**三之日納于凌陰。**凌陰：藏冰的地窖。《毛傳》：「凌陰，冰室也。」朱熹《集傳》：「豳土寒多，正月風未解凍，故冰猶可藏也。」**四之日其蚤，**蚤：通「早」。陳奐《傳疏》：「蚤，早古今字。」《孔疏》：「四之日，其早朝獻黑羔於神，祭用韭菜而開之，所以禦暑。」**獻羔祭韭。**羔：羔羊。祭韭：以韭而祭。周代一年四季祭祀很多，某種祭祀要用到韭菜等蔬類。《禮記・月令》二月：「仲春之月……毋竭川澤，毋漉陂池，毋焚山林。天子乃鮮羔開冰，先薦寢廟（引按：先在寢廟舉行薦禮。宗廟之正殿稱廟，後殿稱寢，合稱寢廟）。上丁（第一個丁日），命樂正（樂官之長）習（教練）舞，釋菜（舉行祭祀先聖先師的釋菜之禮，祭祀時用芹藻類）；天子乃帥三公、九卿、諸侯、大夫，親往視之。」又《左傳・昭公四年》：「古者，日在北陸而藏冰，西陸朝覿（覿音 dí，現）而出之。其藏冰也，深山窮谷，固陰沍寒（指寒氣凝固），於是乎取之。其出之也，朝之祿位（指卿、大夫等有祿位者），賓、食（膳食）、喪、祭，於是（此）乎用（取用）之。其藏之也（當藏冰的時候），黑牡（黑公羊）、秬（jù）黍（黑色黍子），以享司寒（祭祀冬神）。」按：古選取黃道、赤道附近的二十八個星宿作為觀時標誌。按東、西、南、北四個方位分作四組，每組七宿。四個方位分別與蒼龍、白虎、朱雀、玄武（龜蛇）四種動物形象和四種顏色青、白、紅、黑相配，稱為四象或四陸。東方蒼龍七宿為角、亢、氐、房、心、尾、箕；西方白虎七宿為奎、婁、胃、昴、畢、觜、參；南方朱雀七宿為井、鬼、柳、星、張、翼、軫；北方玄武七宿為斗、牛、女、虛、危、室、壁。「日在北陸」，即太陽至屬於「北陸」的星宿位置，杜預注：「日在虛、危。」夏曆十二月，約小寒前後，天寒地凍。「西陸朝覿」，即屬於「西陸」的星宿拂曉時現於天

際，杜預注：「謂夏三月，日在昂、畢，蟄蟲出而用冰。春分之中，奎星朝見東方。」天氣漸熱。**九月肅霜，**肅霜：霜始降而始肅殺。《毛傳》：「肅，縮也。霜降而收縮萬物。」《孔疏》：「九月之時，收縮萬物者，是露為霜也。」朱熹《集傳》：「肅霜，氣肅而霜降也。」一說霜同「爽」。肅爽，指秋高氣爽。王國維《觀堂集林》（卷一）「肅霜滌場說」：「九月肅霜，十月滌場……此二句乃與『一之日觱發，二之日栗烈』同例，而不與『七月流水，九月授衣』同例。肅霜、滌場皆互為雙聲，乃古之聯綿字，不容分別釋之。肅霜，猶言肅爽，滌場，猶言滌蕩也……『九月肅霜』謂九月之氣清高顥（hào）白而已，至十月則萬物搖落無餘矣。」顥，白。《楚辭·大招》「天白顥顥，寒凝凝只」。**十月滌場。**滌場：滌掃打穀場。《孔疏》：「在場之功畢，已入倉，故滌埽其場。」**朋酒斯饗，**朋：《毛傳》：「兩樽曰朋。」陳啟源《稽古編》「蓋《七月》詩歷言豳民農桑之事，於其畢也，終歲勤動，乃得斗灑相勞。」「朋酒」為泛指，不僅兩尊。**曰殺羔羊，**曰：發語詞。**躋彼公堂，**躋：《鄭箋》：「升也。」參《秦風·蒹葭》注。公堂：公聚之堂。王夫子《稗疏》：「《周禮》黨正『以禮屬民，而飲酒於序』。序者，西序也，在國之西郊，故《毛傳》曰：『公堂，學校也。』『殺羊』者，大夫之禮。黨正，下大夫也（引按：周時地方組織長官），而蒞其事，故牲用羊。『朋酒』者，《鄉飲酒禮》所謂『尊兩壺於房戶間』也。既非夫夫井井而具羊酒，亦君所不臨，民以自修其歲事，繫之滌場納稼之後，適相協合。」又朱熹《集傳》：「公堂，君子之堂也。……張子曰：『此章見民忠愛其君之甚，既勸趨其藏冰之役，又相戒速畢場功，殺羊以獻於公，舉酒而祝其壽也。』」王夫之在《稗疏》中不以為然：「然環一國之民，並具羔羊朋酒，既大勞費，而集於君子堂上，竟舉觥以獻醻。野人無禮，喧豗（豗音 huī，轟響）狼籍，豈復有上下之章？且豳國雖小，但有千井，即有萬夫，阿房、建章（漢長安宮殿名）之大不足以容，而況豳公之堂乎？」**稱彼兕觥，**稱：舉。馬瑞辰《通釋》：「稱者，偁（chēng）之假借。《爾雅》：『偁，舉也。』」兕觥：兕，犀牛一類的獸，一說即犀牛。兕觥，或指兕角做的酒器，或指形狀似兕的酒器。參《周南·卷耳》注。**萬壽無疆！**

豳風 · 鴟鴞

武王死，成王繼位，周公攝政——管叔、蔡叔（自然有武庚的作用）、霍叔就有流言，說周公將對年幼的君王採取行動。周公對太公望、召公奭說，我如果不攝政，無以告慰我們的先王。其間管、蔡就行動了。周公平亂，兩年後將「三監」和武庚獲拿。之後寫了一首詩送給成王，名《鴟鴞》。這是《周書·金縢》故事，史遷《魯周公世家》據此有紀，《毛序》遂搶注以「成王未知周公之志，公乃為詩以遺王……」

《尚書》「古文」有偽，「今文」便全是真的嗎？《金縢》究竟作於周初還是戰國？究竟是「歷史」還是小說呢？歷史就這樣被神奇地「創造」著——謊言無一例外地披著「道德」之外衣並以「文化」之面目出現，人們心知肚明而維護之。春秋時世的《鴟鴞》之恨，又豈止周初「三監之亂」堪比？「天下」也早已不為文、武之姬家所獨有。

鴟鴞鴟鴞， 鴟鴞（chīxiāo）：朱熹《集傳》：「鴟鴞，鵂鶹（xiū liú），惡鳥，攫鳥子而食者也。」與下文聯繫，似為一種肉食性鳥，或為鷹、鵰一類的厲鳥。戴震《考證》：「鴟鴞者，今之鷂鷹。」**既取我子，無毀我室。** 室：指鳥巢。朱熹《集傳》：「鳥自名其巢也。」**恩斯勤斯，** 恩勤：苦辛護愛、惜愛。《毛傳》：「恩，愛。」《鄭箋》：「殷勤於此稚子，當哀閔之。」朱熹《集傳》：「恩，情愛也。勤，篤厚也。……以我情愛之心，篤厚之意，鬻養此子，誠可憐憫。今既取之，其毒甚矣，況又毀我室乎！」斯：語助詞。**鬻子之閔斯。** 鬻（yù）：從粥從鬲（音 lì，炊器），養育。朱熹《集傳》：「鬻，養。」閔：憐憫，指憐憫其稚子。

迨天之未陰雨， 迨：及，趁著。《毛傳》：「迨，及。」參《七月》注。**徹彼桑土，** 徹：剝取。《毛傳》：「徹，剝也。」朱熹《集傳》：「徹，取也。」馬瑞辰《通釋》：「徹與撤通。《廣雅》：『撤，取也。』《毛傳》訓剝，剝亦取也。」桑土：土，「杜」之假借。《韓詩》「土」作「杜」。桑杜，即桑根。《毛傳》：「桑土，桑根也。」**綢繆牖戶。** 綢繆：纏縛。參《唐風·綢繆》注。牖（yǒu）：窗。朱熹《集傳》：「牖，巢之通氣處。戶，其出入處也。」**今女下民，** 女：汝。下民：巢下之「民」。《鄭箋》：「我至苦矣，今女我巢下之民，

寧有敢侮慢欲毀之者乎？」朱熹《集傳》：「我及天未陰雨之時，而往取桑根以纏綿巢之隙穴，使之堅固以備陰雨之患，則此下土之民，誰敢有侮予者？」**或敢侮予？**《孔疏》：「寧或敢侮慢我，欲毀我巢室乎？」

　　予手拮据，拮据：苦辛勞作致手不能伸屈自如。陳奐《傳疏》引《玉篇》：「拮据，手病也。」**予所捋荼。**捋：用手握著枝條抹取葉、籽。參《周南·芣苢》注。荼：蘆花。《毛傳》：「荼，萑苕也。」《孔疏》：「萑苕，謂亂之秀穗也。」亂，初生的荻。《爾雅·釋草》「葭，亂」，郭璞注：「似葦而小，實中。」朱熹《集傳》：「荼……可藉巢者也。」參《衛風·碩人》注。**予所蓄租，**蓄：積聚。朱熹《集傳》：「蓄，積。」王先謙《集疏》：「蓄租與捋荼，義正相承。」租：通「苴（chá）」，浮草，枯草。《大雅·召旻》「如彼歲旱，草不潰茂，如彼棲苴」，《毛傳》：「苴，水中浮草也。」《孔疏》：「苴是草木之枯槁者，故在樹未落及已落為水漂皆稱苴也。」**予口卒瘏，**卒：通「瘁（cuì）」，勞累，累而病。《小雅·北山》：「或燕燕居息，或盡瘁事國。」瘏：勞累致病。《毛傳》：「瘏，病也。」馬瑞辰《通釋》：「『卒瘏』與『拮据』相對成文。……卒、瘏皆為病，猶拮、据並為勞也。」參《周南·卷耳》注。**曰予未有室家。**室家：指巢。朱熹《集傳》：「室家，巢也。……作巢之始，所以拮据以捋荼蓄租、勞苦而至於盡病者，以巢之未成也。」

　　予羽譙譙，譙譙（qiáo）：羽毛稀疏脫落貌。《毛傳》：「譙譙，殺也。」**予尾翛翛。**翛翛（xiāo）：羽毛焦枯凋敝貌。《毛傳》：「翛翛，敝也。」《鄭箋》：「手口既病，羽尾又殺敝，言己勞苦甚。」**予室翹翹，**翹翹：高而危之貌。《毛傳》：「翹翹，危也。」《鄭箋》：「巢之翹翹而危。」**風雨所漂搖，予維音曉曉！**曉曉（xiāo）：因驚恐而發出的叫聲。《說文》、《廣韻》皆解「曉」為「懼聲」並引《詩》。《毛傳》：「曉曉，懼也。」《鄭箋》：「音曉曉然，恐懼告訴之意。」朱熹《集傳》：「曉曉，急也。……羽殺尾敝以成其室，而未定也，風雨又從而漂搖之，則我之哀鳴安得而不急哉？」

豳風 · 東山

　　與後世《樂府詩集》中的《十五從軍征》相比，《東山》要平和許多，並無「八十始得歸」的淒愴。於歸途情景平靜而親切的敘述和對往事的追憶，使得「零雨其濛」之細細的雨絲有了一種溫熱的感覺，這是屬於普通人的情懷而無關《周書·大誥》之戰前動員和《多方》之戰後「講話」——「人民」並沒有那般高尚；因為「天下」最終歸於「王」而不是歸於民，所以「說（悅）以使民，民忘其死」〔1〕充滿了欺騙，騙民「忘其死」的同時也騙世人相信其發動的戰爭是「人民義戰」……

　　我徂東山，徂：往。參《衛風·氓》注。東山：魯國山名，亦名蒙山，泰山山脈的分支。朱熹《集傳》：「東山，所征之地也。」王先謙《集疏》：「東山者，魯之『東山』，其先為奄之『東山』。《孟子》書『孔子登東山而小魯』，閻若璩《四書釋地》云：『費縣西北蒙山，在魯四境之東，一曰東山。』是東山即蒙山，亦即此詩之『東山』也。」所言「其先為奄之『東山』」之「奄」，古國名，一作郔（yǎn），嬴姓，商的盟國。周成王即位時，奄隨同武庚和東方夷族反抗周朝，為周公所滅。**慆慆不歸。**慆慆：《毛傳》：「言久也。」馬瑞辰《通釋》：「慆與滔同。《太平御覽》引《詩》作『滔滔不歸』。……《楚辭·七諫》『年滔滔而自遠兮』，義亦為久。」按：劉向將屈原、宋玉以及模擬者的作品合編為《楚辭》，「年滔滔而自遠兮」者署名「東方朔」。**我來自東，零雨其濛。**零雨：落雨淋淋。其濛：即濛濛。朱熹《集傳》：「零，落也。」陳奐《傳疏》：「零當為霝（líng）。《說文》引《詩》作『霝雨其濛。』濛，微雨。」霝，「零」之本字，落雨。《說文》：「霝，雨零也。」引《詩》同上。**我東曰歸，我心西悲。**西悲：繫念西方而悲。《鄭箋》：「我在東山常曰歸也，我心則念西而悲矣。」朱熹《集傳》：「我之東征既久，而歸塗又有遇雨之勞，因追言其在東而言歸之時，心已西向而悲。」**制彼裳衣，**裳衣：指非戎裝之裳衣。馬瑞辰《通釋》：「蓋制其歸途所服之衣，非謂兵服。」黃焯《平議》：「云『制彼裳衣』，謂其可禦裳服而釋介冑，云『勿士行枚』，喜今之不事戰陣耳。」**勿士行枚。**士：同「事」，用為動詞。《毛傳》：「士，事。」行枚：即銜枚。枚：行軍時為防止士卒喧嘩出聲而使其銜在口中類似

筷子的短棍，兩端有帶，繫頸上。《夏官·大司馬》「遂鼓行，徒（步卒）銜枚而進」，《漢書·高帝紀》「章邯夜銜枚擊項梁定陶，大破之」。**蜎蜎者蠋，**蜎蜎（yuān）：蠕動貌。《毛傳》：「蜎蜎，蠋（zhú）貌。」《鄭箋》：「蠋蜎蜎然特行，久處桑野，有似勞苦者。」蠋：《說文》、《太平御覽》（卷五十五）引作「蜀」，即野蠶，似蠶而色青。朱熹《集傳》：「蠋，桑蟲如蠶者。」**烝在桑野。**烝：久。《鄭箋》：「蠋蜎蜎然特行久處桑野，有似勞苦者。」或曰烝，發語詞。**敦彼獨宿，**敦（duī）：身體蜷宿貌。《鄭箋》：「敦敦然獨宿於車下。」朱熹《集傳》：「獨處不移之貌。」**亦在車下。**

我徂東山，慆慆不歸。我來自東，零雨其濛。果臝之實，果臝（luǒ）：植物名，即栝樓，又稱瓜蔞。開白花，葫蘆科蔓生植物。《爾雅·釋草》：「果臝之實，栝樓。」**亦施于宇。**施：蔓延。朱熹《集傳》：「施，延也。蔓生延施于宇下也。」參《周南·葛覃》注。宇：屋簷。《易·繫辭下》「上古穴居而野處，後世聖人易之以宮室，上棟下宇（引按：上有棟樑下有簷宇），以待風雨」。**伊威在室，**伊威：亦作「蛜蝛（yīwēi）」，一種生在陰暗潮濕處的蟲子。體圓而扁，灰色多足。《陸疏》：「伊威，一名委黍，一名鼠婦，在壁根下甕底土中生，似白魚者是也。」《本草綱木》中紀為「濕生蟲」、「地雞」等。**蠨蛸在戶。**蠨蛸（xiāoshāo）：一種長腳的小蜘蛛，又稱喜蛛。朱熹《集傳》：「蠨蛸，小蜘蛛也。」陳奐《傳疏》引《爾雅》郭璞注：「小蜘蛛長腳者，俗呼為喜子。」**町疃鹿場，**町疃（tǐngtuǎn）：又作「町畽（tuǎn）」，田舍旁邊的空地，禽畜常踐棲於其上。《毛傳》：「町疃，鹿跡也。」朱熹《集傳》：「町畽，舍旁隙地也。無人焉，故鹿以為場也。**熠燿宵行。**熠燿（yìyào）：螢光閃爍貌。《孔疏》：「熠燿者，螢火之蟲，飛而有光之貌。」馬瑞辰《通釋》：「《說文》：『熠，盛光也。』『燿，照也。』『熠燿』為螢光，與『町疃』為鹿跡相對成文。螢火之名熠燿，蓋後人因《詩》以熠燿狀螢火，遂取以為名耳。」宵行：蟲名，即螢火蟲。朱熹《集傳》：「宵行，蟲名，如蠶，夜行喉下有光如螢也。」按：朱氏言「夜行喉下有光如螢」，實際上螢火蟲雌蟲發光器在腹部第七節，雄蟲在第六和第七節。螢火蟲發光的機理是由於其呼吸時使一種

稱為「熒火素」的發光物質氧化所致。《鄭箋》：「此五物者，家無人則然，令人感思。」**不可畏也，伊可懷也！**伊：是，此。《鄭箋》：「『伊』當作『繄』。繄猶是也。」參《邶風·雄雉》注。俞樾《古書疑義舉例》：「言室中久無人，荒穢如此，可畏亦可懷也。」懷：《鄭箋》：「懷，思也。室中久無人，故有此五物，是不足可畏，乃可為憂思。」

我徂東山，慆慆不歸。我來自東，零雨其濛。鸛鳴于垤，鸛（guàn）：形似鶴，又稱鸛雀。《陸疏》：「鸛，鸛雀也。似鴻而大，長頸赤喙，白身黑尾翅，樹上作巢，大如車輪，卵如三升杯。」《鄭箋》：「鸛，水鳥也。將陰雨則鳴。」王夫之《稗疏》：「其本名鸛者，知雨之鳥。其大如鶴，俗謂老鸛……時雨將降，則得其所而鳴。」垤（dié）：小土山。《孟子·公孫丑上》「泰山之於丘垤，河海之於行潦，類也」。行潦，山澗中的流水。《召南·采蘋》「于以采藻，于彼行潦」。**婦嘆于室。**婦：指詩中征人之婦。朱熹《集傳》：「行者之妻，亦思其夫之勞苦而歎息於家，於是灑掃穹室以待其歸，而其夫之行，忽已至矣。」**灑埽穹窒，**灑埽：灑水打掃。穹：窮盡。窒：堵塞（鼠穴）。《鄭箋》：「穹，窮。窒，塞。……穹窒鼠穴也。」參《豳風·七月》注。嚴粲《詩緝》：「天將陰雨，鸛性好水，長鳴於丘垤之上，亦道間遇雨所見也。此時想其婦在家必念行人而悲歎，且曰今當灑掃其室，窮塞鼠穴。」**我征聿至。**聿：句中助詞。嚴粲《詩緝》：「我征夫將至矣，望我之歸也。聿者，將遂之辭，實未至也。」**有敦瓜苦，**有敦（tuán）：敦敦，狀苦瓜敦團之貌。《毛傳》：「敦猶團團也。」《鄭箋》：「團團如瓜之繫綴焉。」《孔疏》：「敦是瓜之繫蔓之貌。」吳闓生《會通》：「敦，猶團也。」瓜苦：即苦瓜。《毛傳》：「言我心苦，事又苦也。」《鄭箋》：「瓜之瓣有苦者，以喻其心苦也。」王夫之在《稗疏》引《墨子》「甘瓜苦蒂，天下物無全美」，認為「瓜苦」即瓜蒂：「瓜為人割去，僅留其蒂於棚上，敦敦然聚現，秋色荒涼之象見矣。」**烝在栗薪。**烝：眾。栗薪：砍下削成棍的栗樹枝。苦瓜為葫蘆科一年生草本植物，其蔓攀附於插在地上的棍架上，瓜垂懸而生。又朱熹《集傳》：「因見苦瓜繫於栗薪之上，而曰：自我之不見此，亦已三年矣。栗，周土所宜木，

與苦瓜皆微物也，見之而喜，則其行久而感深可知矣。」**自我不見，于今
三年。**

　　我徂東山，慆慆不歸。我來自東，零雨其濛。倉庚于飛，
倉庚：鳥名，即黃鶯。參《豳風·七月》注。于：語助詞。參《周南·葛覃》
注。**熠燿其羽。**熠燿：光彩鮮明。《鄭箋》：「熠燿其羽，羽鮮明也。」**之
子于歸，**此句始，以下為征人憶及昔日迎新之情景。之子：此子，是子。
于：往。歸：謂婦人嫁人。參見《周南·桃夭》注。**皇駁其馬。**皇：亦作
「騜（huáng）」，毛色黃白的馬。《爾雅·釋畜》「黃白，騜」，郝懿行疏：「黃
色兼有白者名騜。」駁：毛色赤間有白的馬。《爾雅·釋畜》：「騜白，駁。」
《毛傳》：「黃白曰皇，騜白曰駁。」《孔疏》：「騜白曰駁，謂馬色有騜處，
有白處。」騜，同「驑」。參《秦風·小戎》注。**親結其縭，**縭：《毛傳》：
「婦人之褘也。」即帨巾。《爾雅·釋器》「婦人之褘謂之縭」，郝懿行疏：「褘
本蔽膝，齊人謂之巨巾。田家婦女至田野用以覆首，故亦名巾，女子嫁時用
絳巾覆首，古曰結縭，即今所謂上頭也。」參《召南·野有死麕》注。王夫
之在《稗疏》中認為「親結其縭」之「親結」者為嫁女之夫而非其母，「結」
為解（「古語多相反借用」）。「縭，緌也。緌亦纓也。此『結縭』者，即《昏
禮》所云『主人入，親說（脫）婦纓』之纓也。女子十五許嫁，笄因著纓，
明有繫，故既嫁而婿親說（脫）焉。」緌音見《齊風·南山》注。**九十其
儀。**九十：泛指多。儀：儀式，禮節。《毛傳》：「母戒女施衿結帨，九十其
儀，言多儀也。」衿，衣帶。見《儀禮·士昏禮》。《鄭箋》：「女嫁，父母既
戒之，庶母又申之。九十其儀，喻丁寧之多。」《孔疏》：「其母親自結其衣
之縭，九種十種，其威儀多也。」是解以為上句「親結其縭」之「親」為嫁
女之母親。**其新孔嘉，**新：指新婚，或指新婚之人。嘉：美好。《鄭箋》：
「嘉，善也。其新來時甚善，至今則久矣，不知其如何也。」**其舊如之何？**
舊：久。

　　〔1〕《毛序》：「《東山》，周公東征也。周公東征，三年而歸，勞歸士，大夫美
之，故作是詩也。一章言其完也，二章言其思也，三章言其室家之望女也，四章樂男

女之得及時也。君子之於人，序其情而閔其勞，所以說也。『說以使民，民忘其死』，其唯《東山》乎？」

《易·兌卦》彖辭：「兌，說（悅）也。剛中而柔外，說以利貞。是以順乎天而應乎人。說以先民，民忘其勞；說以犯難（赴難），民忘其死。說之大，民勸（勉力）矣哉！」

孔穎達疏：「先以說豫撫民，然後使之從事，則民皆竭力忘其從事之勞，故曰『說以先民，民忘其勞』也。『說以犯難，民忘其死』者，先以說豫勞民，然後使之犯難，則民皆授命，忘其犯難之死，故曰『說以犯難，民忘其死』也。施說於人，所致如此，豈非說義之大，能使民勸勉矣哉！故曰『說之大，民勸矣哉』。」

豳風·破斧

武庚糾集東方屬國起兵是必然的。於周王室來說，不能釋然的是「三叔之叛」，這應該是周人一個抹不去的傷痛（如果「典籍」沒有撒謊）。東征歸來後的心情是複雜的，歌讚周公的同時，但更多的是「既破我斧，又缺我斨」和「哀我人斯，亦孔之將」的集體的居功與慨歎。（以其所敘寫，《東山》、《破斧》應歸屬《雅》詩，但其字句風格表明創作時間甚晚，或春秋中期某種「紀念」性作品。列於《豳風》者，寫、編因素皆有多種可能）

既破我斧， 既：與下句「又」連用，表並列。破：損壞。陳奐《傳疏》：「於斧言破，於斨言缺，互詞。」斧：《毛傳》：「隋（tuǒ 橢）銎曰斧。」銎，斧孔。**又缺我斨。** 缺：缺損，用為動詞。斨：方孔的斧。《毛傳》：「斨，方銎也。」《說文》：「斨，方銎斧也。……《詩》曰：『又缺我斨。』」參《七月》注。**周公東征，** 周公：周武王弟姬旦。東征：指東征平叛。**四國是皇。** 四國：四方之國。《毛傳》：「四國，管、蔡、商、奄也。」按：《毛傳》所訓「四國」，拘於字。周公所征，除管、蔡、霍之轄外，並有東夷之奄、薄姑、豐、徐等眾國。《逸周書·作洛解》：「周公立，相天子，三叔及殷東徐奄及熊盈以略（畔，叛）。」陳逢衡《逸周書補注》：「立者，立為冢宰也。孰立之？成王立之也。天子，成王也。此與《紀年》『成王元年命冢宰，周文公總百官』一語，均足破千古不解之惑。殷，武庚所封；東，管叔所建也。三叔舉其人，殷、東舉其地。其不曰殷東徐奄及三叔，而曰三叔及殷東徐奄者，罪三叔也。

三叔為王室懿親，三叔不畔，則殷東徐奄不敢狡焉思啟，故以三叔為禍首也。……徐、奄舉其國，熊、盈舉其姓，徐奄之為國二，熊盈之為國十有七。蓋殷東之叛，則三叔煽之；熊盈之叛，則徐、奄因之，一首事一從亂也。」皇：通「匡」，匡正。《毛傳》：「皇，匡也。」《爾雅·釋言》「皇，正也」，郭璞注引《詩》：「四國是皇。」陳奐《傳疏》：「匡，讀如『一匡天下』之匡。」「一匡天下」自《論語·憲問》，「管仲相桓公，霸諸侯，一匡天下，民到於今受其賜」。**哀我人斯**，斯：語氣詞。**亦孔之將**。將：《毛傳》：「大也。」陳奐《傳疏》：「言哀我民人，遭此破缺之害，則征匡之德（功）甚大也。」王引之《述聞》：「大與美義相近，《廣雅》曰：『將，美也。』首章言將，二章言嘉，三章言休，將、嘉、休皆美也。將、臧聲相近，『亦孔之將』猶言亦孔之臧耳。」

　　既破我斧，又缺我錡。錡（qí）：類三齒鋤的兵器。王先謙《集疏》：「錡之為物蓋如茬而有三齒，與茦（huá）之有兩刃者相似。……今世所用鋤，猶有三齒、五齒者，蓋即是物。」**周公東征，四國是吪**。吪（é）：《魯詩》作「訛」。改變，引為「順化」。《毛傳》：「吪，化也。」**哀我人斯，亦孔之嘉**。嘉：美。

　　既破我斧，又缺我銶。銶（qiú）：似鍬之兵器。《毛傳》：「木屬曰銶。」胡承珙《後箋》：「毛以『銶』為『木屬』，……竊疑『木』為『茦』字之誤。《說文》：『茦，兩刃茬也。』……《方言》『茬，宋魏之間謂之鏵』，『茦』『鏵』蓋古今字。今人猶謂之『鏵鍫（qiāo）』。《釋名》：『茬，插也，掘地起土也。』銶蓋亦起土之物。……《管子·輕重乙》云『一車必有一斤（斧）、一鋸、一釭（gāng）、一鑽、一鑿、一銶、一軻，然後成為車』……或即《管子》之『一銶』，皆鍬茬之類，故《傳》以『銶』為茦屬歟？」鍫，同鍬。所引《輕重乙》者皆指一個造車的工匠必須具備的工具。**周公東征，四國是遒**。遒（qiú）：固，安。《毛傳》：「遒，固也。」《孔疏》：「言四國之民，於是斂聚而不流散也。」朱熹《集傳》：「遒，斂而固之也。」**哀我人斯，亦孔之休**。休：善。

豳風‧伐柯

　　從《齊風‧南山》中的「析薪如之何，匪斧不克。取妻如之何，匪媒不得」看，首章四句當是其時格式化的復現套語。次章「其則不遠」之「則」即「匪斧不克」之道。一首語言和情感皆顯虛乏的關於婚事的歌謠。但因附和《毛序》「美周公」說，「諸儒之說此詩者，悉牽強支離，無一確切通暢之語。」（方玉潤《詩經原始》）

　　伐柯如何？柯：樹枝。如吳均《與朱元思書》「橫柯上蔽，在晝猶昏；疏條交映，有時見日」、陶淵明《讀山海經》「洪柯百萬尋，森散覆暘谷」之「柯」。又《毛傳》：「柯，斧柄也。禮義者，亦治國之柄。」按：訓柯為「柄」，是認為此詩「美周公」而在邏輯上的需要。《孔疏》：「斧喻周公，柄喻禮義。斧能伐得柯，喻周公能得禮。……既能得禮，周公又能執禮以治國，以此美周公也。」「伐柯之法，其則不遠，喻治國之法，其道亦不遠。何者？執柯以伐柯，比而視之，舊柯短則如其短，舊柯長則如其長，其法不在遠矣。」皆牽鑿之言，此不論。**匪斧不克。**匪：非。**取妻如何？**取：通「娶」。**匪媒不得。**

　　伐柯伐柯，其則不遠。其則不遠，意伐柯非斧不克之則人皆知之，道理很淺近。**我覯之子，**覯：《鄭箋》：「見也。」參《召南‧草蟲》注。之子：是子，所追慕和嚮往的女子。**籩豆有踐。**籩：狀如高腳盤的竹編盛器，祭祀或宴會時用以盛果類食物。《天官‧籩人》：「掌四籩之實。」籩音見《邶風‧靜女》注。豆：亦食器，木製或青銅製的高足碗，祭祀或宴會時用以盛肉或熟菜。朱熹《集傳》：「籩，竹豆也。豆，木豆也。」有踐：即踐踐，陳列整齊貌。朱熹《集傳》：「踐，行列貌。」陳奐《傳疏》：「行列即陳列。」參《鄭風‧東門之墠》注。「籩豆有踐」是設想之情景。

豳風‧九罭

　　「君子之道，或出或處，或默或語，二人同心，其利斷金；同心之言，其臭如蘭。」（《易‧繫辭上》）於友道的推崇基於十分複雜的社會心理，以致儒家對友朋現象顯得有些顧慮，歡欣「有朋自遠方來，不亦樂乎」（《論語‧

學而》）的同時，又誡之「君子周而不比（鄭玄注：「忠信為周，阿黨為比」），小人比而不周」（《為政》）、「君子和而不同，小人同而不和」（《子路》）、「君子矜而不爭，群而不黨」（《衛靈公》）……但是，一個唯其追慕權力的社會裏，「忠信」當中又有多少公平與正義？宗法社會至春秋中後期已是各式各樣，宗法關係大面積鬆弛；《九罭》之辭，「設有言而非志」──血族間的矯情曲意每相承附早已司空見慣。

九罭之魚鱒魴。九罭（yù）：罭：捕小魚用的細眼網。九，泛言多。《毛傳》：「九罭，緵罟（zōnggǔ），小魚之網也。」馬瑞辰《通釋》：「《爾雅》：『緵罟謂之九罭。』九罭，魚網也。緵，本或作總，緵、數一聲之轉，即《孟子》所謂『數罟』，趙岐注『數罟，密網也』是也。」見《梁惠王上》。按：緵：布帛在二尺二寸的幅匹以內，以八十根經綫為一緵，緵數越多布帛越密（雷鱒《古經服緯》）。《孝景本紀》「令徒隸衣七緵布」，七緵即二尺二寸幅匹僅五百六十縷經綫，謂粗布。鱒（zūn）：即赤眼鱒，鯉科魚類的一種，體大。魴，即鯿魚，身闊。《毛傳》：「鱒、魴，大魚也。」參《陳風‧衡門》注。**我覯之子，**覯：遇。參《伐柯》注。之子：是子，指下句「袞衣繡裳」之人。**袞衣繡裳。**袞（gǔn）衣：本指天子及上公的禮服，此借指衣服華貴。《毛傳》：「袞衣，卷龍也。」《鄭箋》：「畫為九章，天子畫升龍於衣上，公但畫降龍。」《孔疏》：「畫龍於衣謂之袞，故云袞衣卷龍。」見《春官‧司服》。朱熹《集傳》：「袞衣裳九章，一曰龍；二曰山；三曰華蟲，雉也；四曰火；五曰宗彝（yí），虎蜼（wèi）也，皆繢於衣。六曰藻；七曰粉米；八曰黼；九曰黻，皆繡於裳。天子之龍，一升一降；上公但有降龍。以龍首卷然，故謂之袞也。」見《虞書‧益稷》。原文為：「予欲觀古人之象（引按：衣服上的圖像），日、月、星辰、山、龍、華蟲，作會（繪），宗彝，藻、火、粉米、黼、黻（《周禮‧司服》鄭玄注：「古天子冕服十二章」），絺（絺音 zhǐ，通「黹」，刺繡，縫）繡，以五采彰施于（為）五色，作服（作成禮服），汝明（傳：「以五彩明施于五色，作尊卑之服，汝明制之」）。」宗彝：宗廟祭祀酒器，上繪虎、蜼，因以借稱。蜼，一種體形較大的長尾猿，傳其性孝。繢，同「繪」。《考工記‧畫繢》「畫繢之事，雜五色」。藻：五彩。粉米：白色米形繡紋。

黼：黑白相間的如斧形花紋。黻，黑青相間的「弜」形花紋，即象兩弓字相背。《畫績》「白與黑謂之黼，黑與青謂之黻」。

鴻飛遵渚，鴻：大雁。遵：沿著。參《周南・汝墳》、《鄭風・遵大路》、《豳風・七月》注。渚：水中的沙洲。參《召南・江有汜》注。**公歸無所，**公：指上「袞衣繡裳」者。無：勿。所：處所。公歸無所，即「公無歸所」之倒文。**於女信處。**女：汝。信：誠，言其誠心。《毛傳》：「再宿曰信。」《鄭箋》：「信，誠也。」處：同處。聞一多《類鈔》以為「是燕飲時主人所賦留客的詩」。

鴻飛遵陸，陸：高而平之陸地。王先謙《集疏》：「《韓》說曰：高平無水曰陸。」**公歸不復，**即「公不歸復」之倒文。不，不要。復：返。**於女信宿。**

是以有袞衣兮，是以：因此。承上二章而語氣陡增強烈。有：收，藏。聞一多《類鈔》：「有，藏之也。」參《周南・茉苢》注。**無以我公歸兮，**以：使、令。**無使我心悲兮！**悲：傷心。

豳風・狼跋

　　《左傳》宣公二年（前 607 年），春天，鄭受楚命伐宋，大夫華元等禦之。將戰，殺羊犒賞兵士，華元的車夫羊斟沒有吃到。等到打起仗來，羊斟說：「前天的羊，是你作主；今天的打仗，是我作主。」說完驅車入鄭師，宋軍大敗，華元被囚。「宋人以兵車百乘、文馬百駟（杜預注：「畫馬為文，四百匹。」孔穎達疏：「謂文飾雕畫之，若朱其尾鬣之類也」）以贖華元於鄭。半入（引按：送去一半的時候），華元逃歸」。

　　宋國築城，華元巡檢工地，築城的人們見了他就唱道：「瞪著兩隻大眼睛，腆著一個大肚子，丟盔棄甲逃回來！絡腮鬍鬚滿臉長，丟盔棄甲逃回來！」華元覺得難堪，就讓手下的人回敬一下，「有牛就有皮，犀牛兕牛多得是，丟盔棄甲又怎麼？」人們又唱道：「即便有牛皮，哪裏去找大紅漆？」華元無奈說：「走吧，他們人多，我們說不過他們。」

不太厚道的揶揄和調弄的背後，實則是一種逆來順受的善良與寬容——豳地山脊上當午鋤禾的吟詠者們，讓遠處這位「赤舄幾幾」的老公孫給春秋的歷史記憶中增加了一絲趣意和暖色。不知是《詩經》的編者匠心為之還是無意，以《狼跋》作為《國風》的最後一篇收尾，像一齣情景劇一樣卻又顯得亦真亦幻——碩膚赤舄、東倒西歪的老「公孫」獨自出場，他迷離而捉摸不定的笑容裏，於歷史又幾許自嘲、幾許無奈？

狼跋其胡，跋（bá）：踐，踩。朱熹《集傳》：「跋，躐（liè）。」躐，踐踏。《九歌·國殤》「凌余陣兮躐余行」。胡：獸頷下下垂的體肉。朱熹《集傳》：「胡，頷下懸肉也。」《漢書·郊祀志上》「有龍垂鬍髯下迎黃帝」，顏師古注：「胡謂頸下垂肉也。」**載疐其尾。**載：通「再」。王符《潛夫論·考績》「古者諸侯貢士，一適謂之好德，載適謂之尚賢，三適謂之有功，則加之賞」。疐（zhì）：同「躓（zhì）」，踩、牽絆。《說文》：「躓，跲（jiá）也。……《詩》曰：『載躓其尾。』」《毛傳》：「疐，跲也。老狼有胡，進則躐其胡，退則跲其尾。」《孔疏》：「退則跲其尾，謂卻頓而倒於尾上也。」跲，牽絆。《呂氏春秋·不廣》「北方有獸，名曰蹶（jué），鼠前而兔後，趨則跲，走則顛」。**公孫碩膚，**公孫：泛指其為周室後代。碩膚：大而肥胖。《毛傳》：「碩，大。膚，美也。」馬瑞辰《通釋》：「膚，當讀如『膚革充盈』之膚。碩膚者，心廣體胖之象。」《禮記·禮運》原文為：「四體既正，膚革充盈，人之肥也。」**赤舄幾幾。**赤舄（xì）：舄，一種複底鞋。赤舄，紅色而以金為飾的鞋。《毛傳》：「赤舄，人君之盛屨也。」又王先謙《集疏》：「赤舄，以金為飾，謂之金舄。」崔豹《古今注·輿服》：「天子赤舄，凡舄色皆象於裳。」幾幾：狀鞋飾堅固盛美。《廣雅·釋訓》：「幾幾，盛也。」《毛傳》：「幾幾，絇（qú）貌。」絇，鞋頭上的裝飾。朱熹《集傳》：「幾幾，安重貌。」馬瑞辰《通釋》：「詩蓋以狀盛服之貌。」

狼疐其尾，載跋其胡。公孫碩膚，德音不瑕？德音：指品德、聲譽。參《邶風·谷風》注。瑕：本義為玉上的斑點、疵點，引為缺點、過失。《毛傳》：「瑕，過也。」不瑕：無過，譏諷之語。抑或無譏諷之意，意其差強人意也。

後　記

　　在「經濟時代」和物慾紛擾的社會裏，人多謀食不謀道，精神和思想的良田多被擱置和荒蕪了——這也原本在情理之中，有誰願意在滾滾人流毫不理會你的情況下兀自守其「高地」而空餓肚子呢？除非你已成為某個層級的權貴，某種緣由的被供養者和食利者。

　　我本從事的是經濟管理工作，與「文學」和歷史毫不搭界。但讀書也可能是現代性進程中人的一種本性，據說閱讀已成為人們被遮蔽的本真「返鄉」的某種途徑，甚至有人將「經典」與「精神港灣」之類聯繫起來說事。是否真的這樣不知道，但「知識」和「娛樂」之下，「思想不死」也是事實，似乎還有「市場」之希望。於我來說近年除經濟和管理學外，先秦兩漢的東西讀得多一些，《詩經》、《尚書》並「經學」之說及相關思想史便也在列。這大概與我青年時代的先秦史和先秦文學情結有關，也可能是心境使然——

　　我生於上世紀 60 年代初，70 年代前的艱難時世裏的記憶也不單是遍地之飢餓（人禍甚於天災）和青春的苦澀，也有蔚藍的天空和乾旱的山地裏艷艷盛開的山丹丹花——使我對人生和這個世界始終充滿了期待與嚮往並為之不懈努力。如果說以土地、村莊、鐮刀、麥子、山嶺、太陽為意象的現代詩是工業時代下於土地的一種深層懷念和精神眷戀的話，我以為《詩經》裏或許有更多的「故鄉」的親切與溫暖，寧靜與祥和；也以為至少會少一些當世之傾軋與爭奪，利己與損人，卑鄙與無恥。但遺憾的是真正閱讀和體味之後，卻是在這個意義之上的另外諸多感受。《詩經》遠非「文學」所能概言，她在反映歷史的同時更多提供的是一種政治和社會學意義上的豐富而複雜的「全息」信息；中國「傳統」自商周一路走來，「歷史」原來並不遙遠，現實被時

時「照亮」得一覽無餘——而況又有漢以降兩千餘年的儒家「經學」之說。於是不揣譾陋將這些感受用文字記錄了下來，讀《詩》的熱望變成讀「史」的「冷眼看世界」。文字或不合傳統和「官學」之規範套路，所言或也難免偏頗。然而「國學」或不至於是「國將不國之學」（原本偽題卻是一個用意深遠的旗號），但至少須得覺醒！這是一個關於中國「文化」的大話題，此且不論。

　　在多年筆記和卡片的累積基礎上，成書用了近三年所有的雙休日、節假日和無數個夜晚——「謀食」的工作還得要做，而且要力求做好。從世俗功利的意義上講，這真是自討苦吃而十分沒有必要。關於先秦文學和《詩經》的學術著作如林，大家雲集，文獻浩如煙海，以「民間」之形式再作考索，實在可有可無和無足輕重；當今敢寫「書」的人太多，在遍地是「印刷品」的年代出幾本書，自然也不會浪得什麼虛名，讀者自會甄別和鑒識（真正有閱讀價值的又能有多少呢）。一個無法迴避的事實和理由是：學術於我生命當中有著持久的誘惑與感召力——「雖不能至，然心嚮往之」。人一旦選擇心之所屬而堅守，不管你從事什麼樣的工作，以什麼途徑和手段來謀生，境況如何，便注定要踏上鑽研與思考的苦役之路。寤寐以求，夙夜以作，雖知無用而未能忘情——累並快樂著！

　　當我在計算機的鍵盤上劈啪敲打就要結束這篇「後記」的時候，墻上掛鐘的時針又指向了凌晨四點。「小寒」甫過，時下正是陝北高原最寒冷的時候，屋子裏卻是溫暖的，妻睡得正熟。我披衣站在窗前，抬眼望，遠天之星辰耀眼而明亮。天將曉——以其時序和節令推算，春天也該快來了。

2010 年 1 月 6 日　榆林